筑摩選書

落合淳思
Ochiai Atsushi

古代中国　説話と真相

古代中国　説話と真相　目次

古代中国　説話と真相

はじめに

本書の表題にある「説話《せつわ》」とは、神話・伝承・物語などの総称である。説話の定義は一律ではないが、本書では、「歴史上の事実として伝えられたが、実際には事実ではないもの」の意味で使っている。この点は、あらかじめご承知おきいただきたい。

古代中国史について言えば、実際の歴史よりも説話の方が有名な場合が少なくない。そして、本書でも取り上げる《酒池肉林《しゅちにくりん》》や《臥薪嘗胆《がしんしょうたん》》などの説話が事実として信じられていることが多いのである（本書では説話やそれに由来する成語を《　》で表示する）。一方、実態としての「周祭《しゅうさい》」や「賜与金文《しよきんぶん》」、あるいは「弭兵《びへい》の会」や「艾陵《がいりょう》の戦い」などの歴史用語は、ほとんど知られていないだろう（これらの用語は本書の第三章と第七章で解説する）。

説話には面白い話が多く、また教訓になる話も少なくない。そうであるから、説話が信じられても問題はないように思われるかもしれないが、実は歴史学における大問題なのである。その理由は、学術としての歴史学の存在意義に関わるからである。

歴史学とは、ひとことで言えば、過去の社会の総合研究である。例えば、現代の政治の研究は

「政治学」と呼ばれ、独立した研究分野になっているが、歴史上の政治の研究は「政治史」と呼ばれ、歴史学の内部の分野になっている。同様に、現代の社会を研究する分野が「社会学」であるのに対し、歴史上の社会の研究は歴史学の内部分野の「社会史」が担当している。そのほか、現代の「経済学」に対応して「経済史」があり、「法学」に対応する「法制史」がある。

このように、歴史学というのは過去の社会全般が研究可能な学術であるが、一般には「社会科学《しゃかいかがく》」（主に社会を研究する分野の総称）ではなく、「人文科学《じんぶんかがく》」（主に文化を研究する分野の総称）に分類されている。要するに、「歴史資料を分析するだけの分野」として扱われているのである。

その原因のひとつに説話がある。説話を事実として信じてしまえば、それをどれだけ詳しく研究しても、科学的な社会研究にはならない。作り話からは社会の実態を明らかにすることができないのである。そのため、説話と事実を区別することは非常に重要なのであるが、実のところ、専門の研究者でもそれに対してあまり積極的ではないのが現状である。

それぞれの研究者も、もとは歴史が好きな生徒・学生だったのであり、説話に興味を持って歴史学に入門したという人も多い。そのため、説話の虚構性を指摘することに積極的になれないという場合もある。また、世の中には説話が好きな人が多いので、そうした「お客」に配慮して、説話を事実として一般書に書いてしまう所謂《いわゆる》「確信犯」の研究者もいる。そのほかにも、説話と事実を区別できず、ただ歴史資料の内容を垂れ流すだけという質の低い研究者もいる（日本には少ないが、中国や欧米の中国史研究者に多い）。

このように、悪意がないもの、悪意があるもの、実力不足によるものなど様々であるが、結果として説話と事実が区別されないまま歴史が語られるため、その内容は実在した歴史上の社会とは離れたものになってしまっている。

本書は、中国の古代史を時代順に解説するものであるが、こうした現状を踏まえ、創作された説話と実態の歴史を対照させることに重点を置いた。各章の第1節でその時代に関係する説話とその虚構性を指摘し、そのうえで、第2節で実際の歴史について述べる。そして章末のコラムでは、なぜそうした説話が作られたのかを取り上げる。

時代としては、第1部の第一〜四章が新石器時代（紀元前六〇〇〇〜前二〇〇〇年ごろ）から西《せい》周《しゅう》代（紀元前十一〜前八世紀）、第2部の第五〜八章が春秋《しゅんじゅう》時代（紀元前八〜前五世紀）であり、第3部の第九〜十二章が戦国《せんごく》時代と秦《しん》王朝（紀元前五〜前三世紀）である。また序章では、古代の説話とその作者について概説する。

歴史学は人文科学の枠組みだけに留まるものではなく、社会科学にも橋渡しをする学際分野であると筆者は考えている。そこで本書では、古代中国と現代社会とで共通する点についても一部の章で取り上げている。

過去と現在では、科学技術の発達や政治制度の進化などの違いがあるので、全く同じ社会状況にはならない。しかし、古代から現代を通して社会を形成するのは同じ人類であり、「似たような状況は似たような結果をもたらしやすい」ということは間違いなく言える。歴史学によって、人間社会の一定の法則化が可能なのである。

長きにわたって蓄積された歴史学の知見が現実社会から遊離したままでは、あまりにも惜しいことである。本書は、歴史学の成果を現実社会にも還元したいという目標も執筆動機のひとつになっている。

なお本書の内容は、筆者の研究だけではなく、多くの先達《せんだつ》の研究を利用しており、「巨人の肩に乗る」の喩《たと》えの通りである。ここに感謝と敬意を表したい（個々の文献・論文については本書末尾に掲載した）。

本書の凡例

参考にした現代の書籍・論文は、（　）内に著者の姓と出版年によって表示しており、本書末尾の主要参考文献に対応している。ただし、古代中国史において常識的な知見、および信頼できる歴史資料（各章参照）から得られる情報については、基本的に出典表示を省いた。

《　》内は後代に創作された説話、またはそれに由来する成語である。ただし、長文の場合には行頭を下げた段落で表示し、《　》は省いた。

図表は章内で通し番号にした。数字の表記については、西暦（紀元前含む）および甲骨文字・金文の原典資料の番号は桁表示を省いた。

序章
古代中国の説話

古代中国における説話の創作

古代中国については、実態としての歴史・社会よりも、《酒池肉林》や《臥薪嘗胆》などの説話（創作された物語）がよく知られている。それでは、誰がそれらの説話を作ったのだろうか。

実は古代中国の説話の多くは、古代中国の人々が作ったものなのである。もう少し詳しく言うと、春秋時代までの説話は主に戦国時代に作られ、戦国時代の説話は主に戦国時代後期から前漢代に作られている（時代関係は**図表0－1**に挙げた）。

要するに、戦国時代になって説話が多く作られるようになったのだが、その直接の理由は知識人階層の飛躍的な増加である。

春秋時代までは貴族制の社会であり、支配階層は家柄によって決まっていた。家系の間で上下関係が変わることはあっても、高位の貴族以外が支配階層に入ることは極めて困難であった（吉本二〇〇五・宇都木二〇一二など）。

しかし、戦国時代になると貴族制が崩壊し、高位の世襲貴族も多くが没落した（この点は本書

年代	時代
	新石器時代（第一章）
前2000年頃	二里頭文化（第二章）
前1600年頃	殷王朝（第三章）
前11世紀	西周王朝（第四章）
前8世紀	春秋時代 初期（第五章） 中期（第六章） 後期（第七章） 末期（第八章）
前5世紀	戦国時代 前期（第九章） 中期（第十章） 後期（第十一章）
前221年	秦王朝（第十二章）
前206年	項羽政権 → 前漢王朝

図表0–1 古代中国史の概要年表
（カッコ内は本書で扱う章）

の第八章で述べる）。それに変わって大きな権力を得たのが君主であり、また君主個人によって登用された官僚層、すなわち新興の知識人階層であった。家柄にかかわらず、君主によって能力を認められた人物が官僚や大臣に任命されるようになったのである。

この時代には、何百年にもわたる貴族制が終わり、新しい社会が始まったため、どのような社会制度が最適かについて、知識人によって様々な議論がおこなわれた。そして、多種多様な政治思想が出現し、多くの学説が発表されたのだが、当時の知識人は自分の学説を発表する際に、自分の名前ではなく、過去の有名人の著作という形にした。これを「仮《か》託《たく》」という。無名の知識人が書いた著作は信用されなかったので、過去の偉人や賢者の著作として発表したのである。

しかも、戦国時代の社会に役立つ（と当人が思っている）政策を説話にするのであるから、その内容は仮託した時代ではなく、説話が作られた戦国時代の社会を反映していなければならない。

こうして、春秋時代以前の「歴史記述」の大部分が戦国時代以降の説話によって形成されるようになったのである。

当時の知識人は、知識を得て官僚になること、さらには政治思想によって大臣にまで出世することを目標とすることが多かったのだが、官僚や大臣の人数には定員があり、無制限には採用できなかった。さらに、戦国時代中期以降になると、知識人階層が益々増加して「人余り」の状態になった。彼らは、いわば「就職浪人」になったのである。没落した貴族層の一部も「就職活動」に加わったため、競争はさらに激しくなった（森一九七八・平凡社二〇〇七など）。

そこで、就職活動の一環として自身の考えを文章にし、それを携えて遊説《ゆうぜい》する者も現れた。これも説話増加の一因になった。しかも、新規の雇用を獲得するためには独自の学説を展開する必要があり、戦国時代に作られた説話には珍奇なものも少なくない。

そのほかにも、説話が作られた経緯には数々の理由がある。古代の知識人階層にも昔話を好む人は多く、就職活動とは別に説話を作る者もいた。つまり、「小説家」の出現であり、これも説話が増加した要因である。

また、君主のための説話ではなく、官僚層の処世術としての説話も見られる。権力としては君主が握っていたのだが、人口としては官僚層が圧倒的に多く、確実な需要があった。そのほか、本来は「歴史に対する解釈」だったものが、いつの間にか「実際の歴史」として信じられるようになった例や、地方で作られた昔話が「実在の王朝の歴史」として思想書に記録された例などもある。

戦国時代の社会変化と説話の内容

このようにして、古代中国では戦国時代以降に多くの説話が作られ、それが各種の文献に収録された。正確な数字はいまだに判明していないが、少なくとも戦国時代の段階で数千巻が存在し、前漢代になると一万巻を超えるようになった（『漢書《かんじょ》』芸文志《げいもんし》の統計による）。しかも、近年には戦国時代〜前漢代の竹簡《ちっかん》（文字を書いた竹の札）が多数出土しているが、従来は知られていなかった内容も少なくない。この数字は、将来的にはもっと増えると考えられる。

一方で、実際の歴史を記録した資料も存在したのだが、絶対数が少なかった。そのうえ、中国を統一した始皇帝によって、他国の記録を燃やす「焚書《ふんしょ》」がおこなわれ、多くが失われた（本書の第十二章で述べる）。結果として、実際の歴史を反映した記録よりも遥かに多くの説話が残ったのである。

説話の一部はあまりにも荒唐無稽《こうとうむけい》なものだったため、早い段階から疑問視され、また否定された。しかし、多少なりとも現実性《リアリティ》がある説話は生き残り、あるいは各種の歴史資料に引用されることで、後世において「史実」と信じられてしまったのである。

これに対し、現在の歴史学研究では、説話と事実を一定程度の確度で区別する方法が開発されている。中国古代の記述について言えば、それが説話かどうかを判断する重要な基準として、当該時代の社会として矛盾がないかという視点がある。

例えば、前述のように戦国時代に官僚制が成立したので、逆に、春秋時代以前の社会として官僚制が描かれていれば、それは戦国時代以降に作られた説話だと判断できる。

それ以外にも、戦国時代における社会変化は劇的であり、ありとあらゆる要素が変わったと言っても過言ではない。世襲貴族の没落、君主権の強化、官僚制の普及、思想家の出現などのほか、文化・戦争・農業・商業など社会の多くの面に変化が見られる（**図表0−2**参照）。こうした比較可能な情報があれば、個々の記述が作られたおおよその年代を推定することが可能である。

		春秋時代以前	戦国時代以後
統治機構	支配体制	貴族制	専制君主制
	君主権力	比較的小さい	絶大な権力
	世襲貴族	大きな権力	多くが没落
	人事登用	家柄中心	能力中心
	法律	慣習法	成文法と判例
	地方統治	貴族の領地	官僚の行政区画
	命令	貴族を通して	直接の文書命令
思想家	思想家	ほとんどいない	多種多数が存在
	外部登用	ほとんどなし	比較的多い
	文化伝統	伝統を重視	新規の文化が出現
戦争形態	主力兵種	貴族の戦車戦	徴兵農民の歩兵戦
	将軍	上級貴族	大臣
	部隊長	中級貴族	官僚
	兵法	ほとんどなし	高度に発達
農村	人口	停滞的	大幅に増加
	開拓地	比較的少ない	積極的に開拓
	農耕	木器などの人力	鉄器牛耕の普及
	農民身分	貴族に従属	自営が多い
都市	商業	小規模	大規模かつ遠距離
	取引形態	主に物々交換	青銅貨幣を使用
	貴金属	青銅を重視	金・銀なども普及
	都市人口	比較的少ない	多い

図表0−2 戦国時代の社会変化

また、言語学的な分析も可能である。その資料に使われている文字や熟語について、年代が確定している資料と比較することで、おおよその作成年代を推定することができる。また、すでに説話と判断された記述と比較し、それとの引用・継承関係がある記述であれば、それも説話であるという判断方法もある。

そのほか、出土文字《しゅつどもじ》資料《しりょう》との比較も有効である。出土文字資料とは、文字が書かれた資料が近現代に土の中から発見されたものであり、出土した地層や書かれた字形などから作成年代を特定する方法がほぼ確立している。そこで、説話かどうかを判断したい記述と対応する年代の出土文字資料を比較し、社会の状況や文字・熟語などに矛盾があれば、後代に作られた説話という判断が可能になる。逆に、矛盾がなければ当時の記録として扱える可能性が高いことになる。

人間社会としての整合性

こうした専門的な知識がなくとも、説話であることを判断できる場合がある。分かりやすいものとして、人間では不可能な行為や状態が記されていれば、当然、それは創作された説話ということになる。例えば、古代日本史で有名なものとして《聖徳太子が一度に十人の訴えを聞き分けた》（『日本書紀』巻二十二）があるが、これは明らかに創作された説話であり、聖徳太子（厩戸《うまやどの》皇子《おうじ》）の神聖性を高めるために作られたものであろう。

同様に古代中国史にも、例えば《追い詰められた項羽《こうう》は漢軍と戦い一人で数百人を殺した》（『史記』項羽本紀《ほんぎ》）のような記述があるが、これも項羽の武勇を強調した説話であり、実際の記録に基づくものではない。

また、中国の歴史資料では《帝堯《ていぎょう》は百十八歳まで生きて、在位は九十八年だった》(『史記集解』五帝本紀)や、《劉備《りゅうび》は後ろを見ると自分の耳たぶが見えるほど長かった》(『三国志』蜀志先主伝)など、人体として特殊な記述も見られるが、これも説話の一種である。

説話を判断する基準としては、内容に論理的矛盾がないかどうかを分析するという方法もある。これに抵触する記述として、よく見られるものが《酒色に溺れた暴君の説話》である。

歴史上には暴君が出現することもあるが、それは大抵の場合、権力欲によって暴君になるのであって、酒色に溺れて権力の行使を自ら放棄するようなことはしない。「酒色に溺れる」と「暴君」は、親和性が高いように見えて、実は矛盾する内容なのである。もし本当に酒色に溺れていたとしたら、それは「暴君」ではなく、権力を扱えなくなった「暗君」に分類《カテゴライズ》すべき存在である。

そのほか、確率のきわめて低い偶然が起こったという内容や、記録されるはずがない密談が記録されているなど、あり得ないような状況《シチュエーション》の記述も説話であることを判断する基準になる。また、人物を善悪で評価している場合も、説話であることが多い、完全な善人はいないし、完全な悪人もまたいない。善か悪かで歴史をとらえようとすることは、それ自体が非科学的な評価と言えるだろう。

歴史学における説話の利用方法

このように、さまざまな方法で説話かどうかを判断し、事実と区別することで、歴史上に実在した社会の復元・研究が可能になる。そして、歴史学は人文科学の枠組みに留まらず、社会科学の一部になることも可能となるだろう。

一方、事実と区別された説話の方はどうなるのか。当然ながら記述対象の時代の研究には全く役に立たないが、説話は説話として、それが作られた時代の研究に使うことができる。説話からは、その元になった思想や歴史観が研究でき、また説話が作られた時代（説話が対象とした時代ではなく）の社会を研究する手がかりにもなる。本書でも、説話の虚構性を指摘するだけではなく、なぜ後の時代にその説話が作られたのかについても各章末尾のコラムで解説する。

近現代に偽作されたものは別だが、そうでなければ歴史資料には捨てるところはない。研究の分野や目的に応じて適切に使うことが重要なのである。

図表0-3は、古代中国で作られた主な文献資料について、各文献が扱っている年代と、実際に著作された年代をまとめたものである。なお、「著作の推定年代」は作り始められてから基本部分が完成するまでの年代である（年代の細部には諸説あり）。

『春秋』や『論語』など、比較的近いものもあれば、『尚書《しょうしょ》』や『六韜《りくとう》』など、時代が離れすぎていて同時代資料としては全く信頼できないものもある。また、『史記《しき》』や『詩経《しきょう》』のように原資料を集めて編纂《へんさん》されたものもあれば、『孟子《もうし》』や『呂氏春秋《りょししゅんじゅう》』のように短期間で著述されたものもある。そして、『商君書《しょうくんしょ》』や『墨子《ぼくし》』のように思想の成立が比較的古いものもあれば、『管《かん》子《し》』や『孫子《そんし》』のように思想自体が新しいものもある。古代中国の文献は、一律に扱えない点には注意が必要である。

特に難しいのは、古代中国史の基本資料である『史記』である。前漢代中期（紀元前九〇年ごろ）に司馬遷《しばせん》によって編纂され、上古から前漢代中期までの歴史をまとめているが、各篇はまさ

	文献名	記述対象の年代	著作の推定年代
歴史	史記	五帝〜前漢代	前漢代中期
	竹書紀年	五帝〜戦国時代	戦国時代中期
儒家文献	詩経	西周代〜春秋時代	春秋〜戦国時代
	尚書	五帝〜西周代	春秋時代
	春秋	春秋前期〜後期	春秋時代末期
	春秋左氏伝	春秋前期〜後期	戦国時代前期
	国語	西周末〜春秋末期	戦国中期〜後期
	周礼	西周代初期	戦国時代後期
	論語	春秋時代末期	戦国時代初期
	孟子	戦国時代中期	戦国時代中期
	荀子	戦国時代後期	戦国時代後期
諸子百家	管子	春秋時代初期	戦国中期〜前漢代
	商君書	戦国時代前期	戦国時代後期
	韓非子	戦国時代後期	戦国後期〜秦代
	老子	春秋時代末期	戦国前期〜中期
	荘子	戦国時代中期	戦国時代後期
	墨子	春秋末〜戦国初期	戦国時代後期
	戦国策	戦国時代	前漢代
	六韜	殷末期〜西周初期	戦国時代後期
	孫子	春秋時代末期	戦国時代中期
	呉子	戦国時代前期	戦国時代後期
	呂氏春秋	戦国時代後期	戦国時代後期

図表0-3 文献資料における対象と著作の年代差

に玉石混淆《ぎょくせきこんこう》であり、高い信頼性がある部分もあれば、主に創作された説話で構成された部分もある。『史記』は、中国における正史《せいし》の筆頭であり、司馬遷の高い編纂能力があって初めて作成可能な文献であった。しかし、『史記』はさまざまな資料から情報を集めて作られた文献であるため、各篇の原資料の信頼性に左右されてしまうのである。

本書も古代中国史を扱う以上、『史記』が基本資料になるのであるが、よく知られた物語ほど創作された説話であることが多い点には注意が必要である。

なぜ人間は作り話を信用するのか

ところで、そもそも、なぜ人間は説話を信用するのだろうか。その原因として、人間社会そのものの成り立ちを指摘することができる。

人類は、新石器時代の初期に集落を構成するようになり、当初は数十人から百人程度の人口であった。集落の構成員については、かつては「実際の血縁で結ばれた氏族制社会」だと考えられていたが、近年の考古学や文化人類学などの研究により、原始社会の「氏族（クラン）」とは「《同じ祖先から分かれたという説話》を共有する社会」であることが明らかになっている。例えば『広辞苑』でも、「共通の祖先を認め合うことによって連帯感をもつ人々」であるが、「成員が相互の具体的な系譜関係を認識していない」と説明している。

より具体的に言えば、複数の小血縁集団（ごく近い親戚の集団）が集まり、祖先説話の共有によって一つの社会（集落）が形成される。そのため、小血縁集団の間には必ずしも実際の血縁関係がないのである（泉二〇〇二・落合二〇一二など）。

人間社会では利害の対立が発生しやすく、少々の問題でも分裂を引き起こす。そこで、《互いに同じ血筋である》という説話を共有することで、社会の分裂を回避したのである。

要するに、原始的な社会は、ありもしない祖先を説話として信じることで維持されたのである。もしその説話を信じない者がいた場合には、社会の維持が難しくなるので、迫害されたり追放されたりしただろう。こうして、約一万年におよぶ淘汰圧（あるいはあらかじめ獲得された前適応かもしれないが）により、「信心深い個体」が生き延びたのである。

このようにして、人類は「説話を信用できる能力」が高くなったのであり、逆に、いったん信じられた説話を否定することは難しい。本能的に、事実であろうがなかろうが、多くの人が信じていれば自分も信じるという状態になりやすいのである。

科学的な歴史分析について

一方で、歴史学を実態の社会科学研究としておこなう場合には、説話か事実かを見分けることが必要であり、「説話を信用する」という本能を停止させなければならない。

しかし研究者も人類の一個体であるから、それが難しいこともある。個人として精神的抵抗感があったり、研究者集団の共同幻想だったり、理由は様々であるが、現在でも創作された説話が検証されずに残っていることがある。それどころか、最新の研究ですら、説話の真偽を明らかにしないまま使っている場合も見られる。

もっとも、筆者は幸か不幸か信心深くない人間であり、原始社会であれば、おそらく真っ先に追放されるタイプである。そうであるから、説話に対してそれが事実かどうかを検証することに抵抗がない。本書のような内容を書くためには、「説話を信用できる能力」が低いことが必要なのかもしれない。

ただし、前述のように、説話といっても全く意味のない記述ではなく、それが作られた時代の研究には使うことができる。また、事実を元にして話を膨らませた説話の場合には、事実を述べた部分（本書はこれを「地の文」と呼ぶ）については歴史研究に役立てることができる。このように、文献資料の記述は、事実として信頼できる文章、完全に創作された文章、事実を元に膨らませた文章など多様であり、作られた時代や経緯を踏まえた上で研究に応用しなければならない。

なお、古代中国史については出土文字資料や考古学資料も活用が可能であり、これらの方が信頼性が高い。地層などによって作成時代を特定でき、また後世の説話が混入しないためである。本書でも、歴史の実態を解説する場合には、可能な限り信頼できる資料を使うようにしている。

第1部

上古の時代

第一章

三皇五帝——禅譲・放伐

1 《三皇五帝》の説話とその虚構性

《三皇五帝》の説話

中国の神話として《三皇五帝《さんこうごてい》》が知られている。いずれの帝王も非常に古い時代を想定しており、西暦で言えば紀元前二〇〇〇年よりも前である。

その中でも、より古い時代とされるのが《三皇》であり、例えば『荘子《そうし》』という文献では《祝融《しゅくゆう》・伏羲《ふくぎ》・神農《しんのう》》とし、『列子《れっし》』は《庖犠《ほうぎ》（伏羲と同一）・女媧《じょか》・神農》とする。このように諸説あるのは、古代中国にあった多様な神話から三名を選んだためであり、ほかにも文献によって様々な選び方がされている。

《三皇》の後に現れたとされるのが《五帝》であり、こちらも諸説あるが、《黄帝《こうてい》・顓頊《せんぎょく》・嚳《こく》・堯《ぎょう》・舜《しゅん》》の五名を指すことが多い（『呂氏春秋』や『史記』など）。

《三皇五帝》については、超自然的な説話や荒唐無稽な設定が多い。例えば、《伏羲と女媧は人面蛇身だった》（『史記索隠』）とか、《堯の時代に十個の太陽が出現して草木が枯れた》（『淮南子《えなんじ》』）、あるいは《舜の妻の羲和《ぎわ》が十二個の月を生んだ》（『山海経《せんがいきょう》』）などである。

ただし、『史記』（紀元前九〇年ごろに成書）の著者である司馬遷は、実際の出来事としてあり得ない記述を排除しており、三皇は本紀《ほんぎ》（帝王・王朝の年代記）すら立てていない。版によっては「三皇本紀」が入っているが、これは唐代中期（八世紀）に追加されたものである。

もっとも、『史記』の段階では歴史研究が未熟であり、説話を排除しきれなかった。次に挙げたものは《五帝》の記述であり、『史記』五帝本紀からの抜粋・要約である。実際の出来事としてありそうな記述であるが、結論を先に言えば、すべて後世の創作である。

当時、神農の子孫が統治する時代だったが、衰微しており、諸侯《しょこう》（地方領主）の内乱が起こっていた。そこで軒轅《けんえん》（黄帝の名）は挙兵し、従わない諸侯を討伐し、最終的に神農の子孫も倒し、天子に推戴された。

黄帝は中国全土を統治した。暦を作り、それによって農耕を指導した。土徳《どとく》の瑞祥《ずいしょう》があったため、「黄帝」と号した。黄帝には二十五人の男子があり、そのうち十四人が後に「姓」の始祖になった。

黄帝の死後、孫の顓頊が帝位を継承した。顓頊の死後には、黄帝の曽孫の嚳が継承した。嚳も顓頊も高徳であり、鬼神《きしん》（死者の霊魂）を敬い、天下の全てが服従した。嚳の死後、いったんは長子の摯《し》が後継者になったが、優秀ではなかったため、その弟の堯が継承した。堯もまた高徳であり、暦を制定して農耕を指導した。

堯は、年老いてから娘婿の舜（顓頊の子孫）を登用した。舜は暦や祭祀儀礼を定め、天下を巡察し、天下の全てが服従した。そこで、堯は自身の子ではなく、舜に帝位を譲った。舜は当初は堯の子を立てたが、全ての諸侯が舜に服したため、帝位を継承した。

舜は、禹《う》（夏《か》王朝の初代）、契《せつ》（殷《いん》王朝の祖先）、后稷《こうしょく》（周王朝の始祖）らを登用し、天下を治めた。舜もまた自身の子ではなく、最も大きな功績があった禹に帝位を譲った。

黄帝が神農氏を討伐したように、悪徳の王を追放したり討伐したりすることを「放伐《ほうばつ》」と言う。また、堯が舜に帝位を譲《ゆず》り、舜が禹に譲ったように、子弟ではない人物に位を譲ることを「禅《ぜん》譲《じょう》」と言う（「禅」も「譲」も「ゆずる」の意味）。

時代的な矛盾

五帝の説話は、《高徳の為政者が中国全土を統治した》というものであるが、紀元前二〇〇〇年以前の中国は、実際には新石器時代の末期であり、ようやく各地に都市国家が出現（本章後述）したころである。当然、中国全土を統治するような王朝は出現していない。それどころか、紀元前二〇〇〇～前一六〇〇年ごろの二里頭《にりとう》文化や、それに続く殷王朝・西周王朝も中国全土を領有していない（本書の第二～四章で述べる）。

その後の春秋時代でも、南方（長江流域）の楚《そ》や越《えつ》などは、黄河流域とは異なる文化を維持しており、ようやく戦国時代になってから同化が進んだ（第六章で述べる）。つまり、《中国全土を統治した》という説話は、文化的に一体化が進んだ戦国時代になって初めて作成可能なのである。また、《天下》や《天子》といった用語そのものが、西周代以降に普及した《天命《てんめい》思想》（第三章で述べる）を前提にしており、この点でも後代性が明らかである。

《禅譲・放伐》の説話も、本章末尾のコラムで述べるように、後代の創作である。そもそも、紀元前二〇〇〇年以前の遺跡からは漢字資料が発見されていないので、禅譲・放伐などの詳しい記録が残っていることは期待できない。漢字の成立年代には諸説あるが、おそらく二里頭文化ごろであろう（高一九九六・落合二〇二二など）。

そのほかにも、五帝本紀には実際の歴史との矛盾が多く、《黄帝の子の十四人が「姓」の始祖になった》というのもそれに該当する。「姓」とは、形式上は父系《ふけい》血縁集団（男性が家督を継承する形態）であり、同時に婚姻組織でもある。同姓の男女は結婚できず、異姓間で結婚することが義務づけられており、この制度は近代まで続いていた。

しかし、殷王朝の資料である甲骨文字《こうこつもじ》（亀の甲羅や動物の骨に刻んだ文字）には、婚姻組織としての「姓」の記録が見られない。当時は、女性は個人名または出身の地名（あるいはそれに女偏をつけた文字）で呼称されていた。一方、西周王朝の資料である金文《きんぶん》（青銅器の銘文）では、早い段階から女性が姓によって呼称されており、「姓」制度がすでに存在していたことを示している。例えば周王の配偶女性は「王姜《おうきょう》」や「王姒《おうじ》」などと呼ばれており、「姜」や「姒」が姓である。

西周王朝は、西方から進出して殷王朝を滅ぼして建国した。つまり、殷代において西方の一部地域でおこなわれていた婚姻制度が「姓」なのであり、周王朝の成立後、徐々に全中国的に普及したのである（落合二〇一二）。そして、王室と諸侯、あるいは諸侯間・貴族間での政略結婚では、同姓か異姓かが重要になったため、本来は「姓」を持たなかった土着勢力も便宜上、何らかの姓を名乗る必要が生じた。

つまり、《黄帝の子の十四人が「姓」の始祖になった》というのは、「姓」の制度が全中国的に普及してから作られた説話なのである。具体的には、戦国時代に作られた『国語《こくご》』という文献に《黄帝の子は全部で二十五人であり、そのうち姓を得た者が十四人で、十二姓（同一姓の重複の二人分を差し引いた数字）になった》（晋語四）という記述があり、『史記』五帝本紀はこれを元にしている。

また、《土徳の瑞祥》も後代の創作であり、「五行説《ごぎょうせつ》」に基づいている。これは戦国時代以降に流行した思想であり、世界の全てを「木・火・土・金・水」の五種で説明しようとしたものである。例えば方角は東が木、南が火、中央が土、西が金、北が水であり、色は青が木、赤が火、黄が土、白が金、黒が水である。また惑星の木星・火星・土星・金星・水星の名も五行説に基づく。

そして、王朝も五種の徳があるとされ、《夏王朝が木徳》や《殷王朝が金徳》などとされた。中央を司《つかさど》る土徳が最も尊いとされており、それが《黄帝》と名付けられたのは、五行説が広まった戦国時代になってからの発想である。

『史記』の著者である司馬遷には非凡な才能があったが、当時（前漢代）はまだ資料分析の技術が発達しておらず、また現在のような豊富な考古学資料・出土文字資料もなかった。そのため、主に戦国時代に作られた説話について、是非を判断することが難しかったのである。

2 新石器時代の実態

新石器時代の各地の文化

それでは、紀元前二〇〇〇年以前の中国は、実際にはどのような社会だったのだろうか。

中国では、紀元前六〇〇〇年ごろに、各地で新石器文化が起こった。黄河中流域の磁山《じざん》・裴李《はいり》崗《こう》文化、下流域の後李《こうり》文化、長江中流域の彭頭山《ほうとうざん》文化、下流域の河姆渡《かぼと》文化などが知られている。各々の考古学文化は、代表遺跡によって命名されることが多い（**図表1−1**を参照）。

当時は農耕や牧畜が始められ、集落には旧石器時代よりも多くの人々が生活していた。新石器時代初期の集落の人口は、現状では正確な統計は困難であるが、数十人から百人程度が一般的だったと推定される。それでも生産力が低い狩猟・採集社会では維持が困難な人口であり、農耕・牧畜の生産性の高さを知ることができる。

主食の穀物は、長江流域は稲作が中心であり、黄河流域は畑作（粟《あわ》や黍《きび》など）が中心であった。家畜は豚が多く、牛や鶏なども飼われていた。そのほかにも、各地では多様な動植物が飼育・栽培されており（甲元二〇〇一・劉／稲畑二〇〇五など）、人々が工夫や試行錯誤を繰り返していたと考えられる。

道具としては、新石器（磨製石器）のほかに土器・木器・骨角器などを使っていた。また麻や獣皮などで衣服を作り、一部地域では絹の生産も始まっていた（宋ほか二〇〇四・中国社会科学院考古研究所二〇一〇など）。

建築については、冷涼・乾燥が特徴の黄河流域では、暖かい竪穴住居の遺構が多い。逆に、高温・多湿の長江流域では、水が溜まらず風通しのよい平地住居や高床住居が多く見られる（林一九九五・中国社会科学院考古研究所一九八四など）。

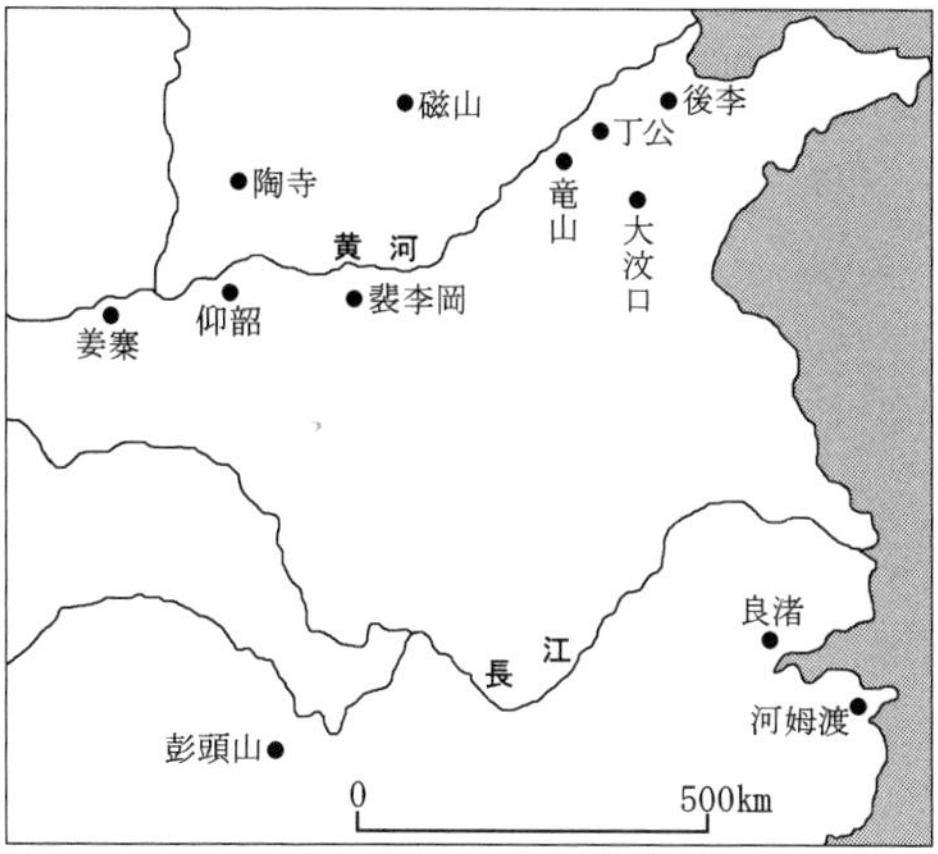

図表 1-1 新石器時代の代表的な遺跡の分布
（小澤ほか 1999 を元に筆者が作成）

その後、新石器時代の中期（紀元前四〇〇〇年ごろ）になると、集落の規模が拡大する傾向が見られる（小澤ほか一九九九・中国社会科学院考古研究所二〇一〇など）。その理由としては、農耕などの生産力の増大による自然増もあっただろうが、序章でも述べたように「氏族」は必ずしも実際の血縁を必要としないので、祖先神話の共有による集住もあっただろう。

この時代には、黄河中流域に仰韶《ぎょうしょう》文化が広がっていたが、その代表的な遺跡である姜寨《きょうさい》遺跡（**図表1―2**）などでは集落内部に複数の住居群遺

図表 1-2 姜寨遺跡の発掘図
（中国社会科学院考古研究所 1984 から引用）

構が見られ、集住の状況を知ることができる。

　また、この時代には、貴石を加工した玉器《ぎょくき》や、着色した土器である彩陶《さいとう》などが作られるようになった。彩陶には、文字の前身である記号が刻まれたものも見られる。

　さらに、新石器時代末期（紀元前二五〇〇年ごろ）になると、より大きな集落（都市）が出現し、周辺の集落（農村）を支配するようになった（岡村二〇〇八・王二〇一一など）。これが所謂《いわゆる》「都市国家」である。都市国家の出現は、黄河中流域の河南竜山《かなんりゅうざん》文化、下流域の山東竜山《さんとうりゅうざん》文化、長江下流域の良渚《りょうしょ》文化などに見られる。ちなみに、かつては黄河中流域と下流域をまとめて「竜山文化」としていたが、その後に別の文化圏であることが判明しており、区別されるようになった。

　この時代になると、都市では支配者が出現しており、その墓からは豪華な副葬品が出土している（小澤ほか一九九九・劉／稲畑二〇〇五など）。また土器についても、高温になる特殊な窯《かま》を使った黒陶《こくとう》が作られるようになっており、そのほか後述する城壁の建築技術も出現した。

何が社会を発達させたか

このように、中国の新石器時代では、長い時間をかけて社会が発達したのだが、その原因は何だったのだろうか。

かつては余剰生産が重要であると考えられていた。「農耕・牧畜の技術向上により、余分に食糧が生産できるようになり、指導者階層や戦士階層などの非生産階級が出現した」、という想定である。このように、生産体制が社会体制を規定し、生産の変化が社会の変化をもたらすとする考え方は、「唯物史観《ゆいぶつしかん》」と呼ばれる。

しかし、基本的に自給自足の原始社会では、外部からの影響がなければ、食糧を余剰に生産する動機がなく、また指導者や戦士も必要とされない。十九世紀に登場した唯物史観は、それまで軽視されていた生産体制に注目したという点では意義があったが、社会の全てを生産体制だけが規定すると考えたのは、あまりにも非科学的な極論であった。

実際には、中国の新石器時代には集落間で戦争が起こるようになっており、それを反映して防御施設が発達している。もう一度、新石器時代中期の姜寨遺跡（**図表1－2**）に着目すると、集落の周囲に二重線があることが分かる。これは集落を取り囲む空堀であり、「環濠《かんごう》」と呼ばれる。

環濠には水流があった形跡がない（西安半坡博物館ほか一九八八）ので、上水や下水の設備ではなく、戦争に備えた防御用の施設であることが明らかである。ちなみに日本でも同様であり、弥生時代中期になると戦争が多発し、集落の周囲に環濠が作られるようになった（都出二〇一一・

藤尾二〇一五など)。神奈川県の大塚遺跡や大阪府の池上曽根遺跡などが有名である。

集落規模の拡大そのものも、戦争が原因と考えられる。集落間での戦争は、当然、人口が多い方が有利であるから、戦争が起こるという前提であれば、できるだけ多くの人々が集住することになる。

戦争がほとんど起こらない社会では、強い指導力《リーダーシップ》は必要とされないため、社会の階層化も進まないことが多い。日本では縄文時代がこれにあたり、約一万年もの間、社会の明確な階層化がなく、国家も発生しなかった。

一方、戦争が一定頻度で起こるようになると、強力なリーダーシップによって部隊を統率しなければ敗北し、略奪や破壊の対象になってしまう。つまり、戦争の発生は必然的に指導者の権力を強くするのである。

別の言い方をすれば、戦争が発生する状況では、リーダーが存在しない集落よりもリーダーが存在する集落の方が有利なのであり、前者は後者によって征服されるか、後者の形態に移行せざるを得ない。いずれにせよ、村民が平等な集落は消滅していくことになる。こうして、戦争と指導者層は表裏の関係として発達したと考えられる。

つまり、余剰生産が先にあって階層化が進んだのではなく、戦争への対策として階層化の必要性が先に存在したのである。唯物史観の想定とは逆に、余剰生産は非生産階層を維持するための結果であった。

さらに新石器時代末期の都市国家では、台地の上に都市を築き、その周囲を城壁で囲むようになる。当時の城壁は、目の細かい泥を丁寧に突き固める「版築《はんちく》」と呼ばれる工法で建設されていた。例えば竜山遺跡(城子崖遺跡)では、約二キロメートルにわたって版築城壁が建設されており(許二〇〇〇・杉本二〇〇二など)、延べ二百万人/日程度が動員されたと推定される(計算式は岡村二〇〇八による)。仮に千人が毎日働いたとしても、五年以上かかる計算である。

こうした城壁は、リーダーが都市国家の人々を動員した結果であり、戦争の激化を示すとともに、リーダーの権力の増大も表している。

現代は平等が重視され、それが先進国のひとつの特徴になっているが、新石器時代には逆に、格差がある方が先進的だったのである。

宗教的権威の獲得

戦時におけるリーダーは、平時には何をしていたのだろうか。当初は他の村民と大きな格差はなかったと推定されており、新石器時代の中期前段までは、墓の規模や副葬品に大きな違いは見られない。しかし、中期後段ごろから墓の大きさや副葬品に違いが出るようになる(小澤ほか一九九九・宮本二〇〇五など)。リーダー格の人物は他の村民よりも豊かな生活を送り、それに比例して死後の墓も豪華になったのである。

副葬品として、日用品以外で特徴的なものが、神や祖先を祭る物品である。それは黒陶のような高度な技術による土器であったり、神の姿を模した玉器であったり、あるいは神の意志を知るための占いの道具であったりと様々である。

図表 1-3 竜を模した玉器
（NHK ほか 2000 から引用）

このことは、戦時の軍事的リーダーが、平時には宗教的リーダーになっていたことを示している。平時にも神や祖先を祭ることで、指導者としての地位を恒常的に維持できるようになったのである。

現在でこそ宗教の非科学性が明らかになっているが、原始社会においては、《神の存在》は疑うべくもない事実であった。それへの祭りを司《つかさど》ることは、集落全体の緩やかな支配につながったはずである。また、序章で述べたように、原始社会の集落は《同じ祖先から分かれたという説話》を共有することで維持されていたのであるから、祖先祭祀は集落の一体性を高める効果があったと考えられる。**図表1-3**に、新石器時代末期に作られた玉器の一例を挙げた。想像上の神格である竜を表しており、蛇を神格化したものである。このように神を視覚化し、それを祭ることで、宗教的リーダーとしての権威を獲得・維持していたのである。

ちなみに、蛇は水辺にいることが多いためであろうが、そこから竜は《降雨や天候を司る神格》とされた。黄河中流域では、自然の降雨に頼った農耕（天水農法《てんすいのうほう》）が主流であり（岡村二〇〇八・柿沼二〇二一など）、しばらく雨が降らないだけで不作になるため、降雨の有無には強い関心が持たれた。殷代の甲骨文字でも竜神などに対する雨乞いが多く記されている（孟二〇〇九・落合二〇一六など）。

なお、長江流域では蛇ではなく鰐《わに》を竜のモデルにすることがあり、その場合には手足が描かれた（王／西山二〇〇八）。蛇も鰐も水辺の生き物であるが、後代においては後者の描写法が主流になり、竜に手足が表現されるようになっている。

軍事と宗教は、言い換えれば権力（物質的支配）と権威（精神的支配）であり、近代以前の社会では、常に統治における車の両輪であった。のちの時代でも、軍事制度と祭祀制度は王朝における重要な関心事であり、それは新石器時代から始まっていたのである。

原始社会は母系社会か

ところで、新石器時代の社会について、現代の中国では、《新石器時代の初中期は母系社会であったが、後期に文明の発達によって父系社会に転換した》とする言説が見られる（人民教育出版社歴史室／小島ほか二〇〇四・劉／稲畑二〇〇五など）。これは中国が国是《こくぜ》とする唯物史観に則《のっと》ったものである。

「母系社会」とは、女性の血縁によって形成される社会であり、ひらたく言えば女性が家を継ぐ社会である。「父系社会」はその対義語であり、男性の血縁によって形成される。

日本でも、女性解放運動家であった平塚らいてうの《元始、女性は実に太陽であった》（『青鞜』創刊号・一九一一年）という言葉がよく知られている。

群れを作る哺乳類は、ニホンザルやライオン、あるいはマッコウクジラなど、ほとんどが母系社会（メスが群れを継ぐ形態）なので、古い時代ほど母系社会だったとするのは、一見すると整

	アフリカ	環地中海	東ユーラシア	太平洋諸島	北米	南米	合計
父系	176	57	68	43	42	15	401
母系	37	7	8	28	34	7	121
双系	13	30	17	43	143	65	311
他	12	2	1	13	0	2	30
合計	238	96	94	127	219	89	863

図表1-4 現代の文化人類学による原始社会の出自体系
（マードック/内藤1978による）

合性があるように思われる。

しかし、文化人類学の研究によれば、人類の原始社会は必ずしも母系ではない。地域ごとに比率は異なるが、世界各地の原始社会の統計で父系社会が母系社会よりも多かった（**図表1-4**を参照）。そのほか、双系社会（父方・母方の両方の系譜が認識される社会）も多く見られる。

さらに言えば、人類の近縁種であるチンパンジーも父系社会であり、オスが群れを継ぎ、メスは成長すると別の群れに移動する（ウェイド／安田ほか二〇〇七）。ここから推測すると、人類も何百万年もの間、父系社会が一般的だった可能性が高い。

原始社会における男女の権利については、共同で生産して公平に分配するという、《原始共産制》という概念もあるが、これも事実ではなく、近代になって提唱されたもので、一種の説話である。実在の原始社会では、母系であっても社会的地位としては男性が権力を握る「母系父権社会」が圧倒的に多い（山下ほか一九九七）。これは、ライオンが母系社会でありながら、ボスであるオスが群れの中で権力を持っているのとよく似ている。

要するに、原始状態では、力がある者が多くを得るのである。寿命の男女差で見ても、新石器時代の段階から女性よりも男性の方が長かった（辛二〇〇四）。女性が男性を上回るのは中世以降のことである)。

このように、法律や国家が存在しない原始社会では、筋力の差が権力の差につながってしまう。人類は、発生以来の数百万年、完全な男女平等は経験していないと考えられる。

それでは、なぜ近代になって女性の発言権が増し、男女平等が理想とされるようになったのだろうか。その直接的な原因は、機械の普及であろう。内燃機関や電気機器の普及により、筋力が社会の絶対的な要素ではなくなることが、男尊女卑でなくても効率的な社会を構成できるための必要条件と考えられる。

また、資本主義経済の発達も重要である。国内全体の総生産(GDP)が重視される状況では、より多くの労働力が必要とされる。そのため、女性も労働・生産に参加することが求められ、社会における権利の増大につながった。

つまり、高度な文明の発展が男女平等思想を生み出したのである。男女平等を本当に実現しようとするなら、それはありもしない《原始共産制》ではなく、より高度な文明によってしか達成されないはずである。

しかし、男女平等を目指す人々は、全く逆の自然回帰思想や共産主義思想と結びつく傾向が強い。いまだに百年以上も前の《元始、女性は実に太陽であった》という説話が影響しているのかもしれない。

コラム

なぜ《禅譲・放伐》の説話が作られたのか

各地の神話

中国の神話には《三皇五帝》だけではなく、非常に多くの種類が見られる。黄帝と戦って敗れたという《蚩尤《しゆう》》、黄帝の臣下で漢字を発明したという《蒼頡《そうけつ》》、堯の時代に出現した十個の太陽のうち九個を射落としたという《羿《げい》》などが各種の文献に記載されている。古代には各地で多種多様な神話が作り続けられたのである。

そして、春秋戦国時代になって文献に記録されるようになると、相互に知られるようになり、各地の神話を系譜で結びつけるという試みがおこなわれた。こうして、『史記』などに記された黄帝を筆頭とする五帝の系譜になった（**図表1―5**）。なお、こうした系譜も突然に作られたものではなく、長い期間をかけて試行錯誤の末に完成したものである（白川一九七五・浅野二〇〇四Aなど）。

系譜としてつなげる際に、全てを父子関係にすると長すぎるためであろうが、適宜、兄弟関係が設定された。そのため、結果として神話上の系譜は複数の系統に分かれることになった。そして、各系統に帝王が配置（あるいは各系統から帝王が選択）されたため、《血縁が離れた帝位継承》が発生した。これが《禅譲説話》が出現する必要条件になっている。

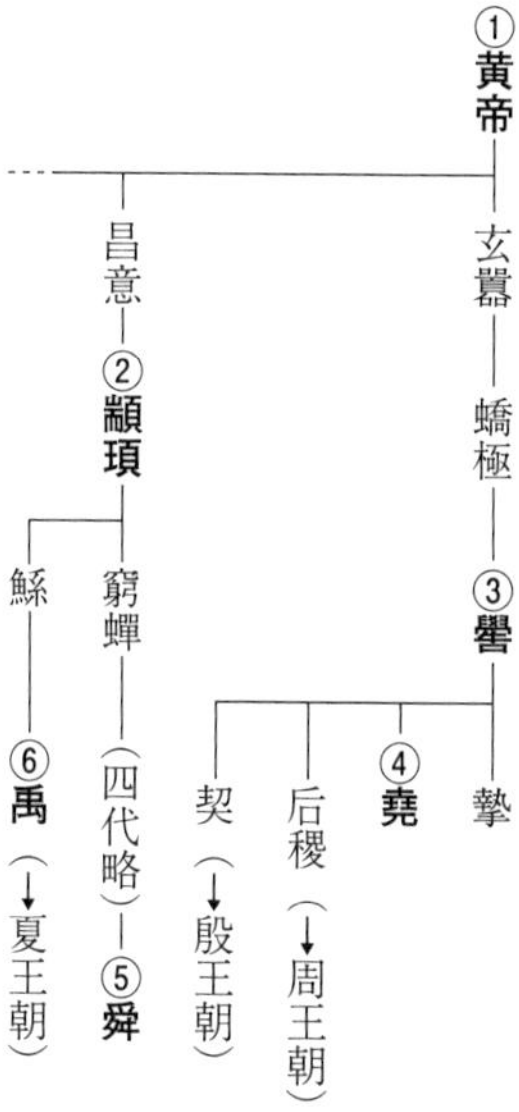

図表1-5『史記』五帝本紀による五帝などの系譜（太字は帝王とその継承順。異説も多い。禹は第二章参照）

なお神話や説話は、古い時代を想定するものほど新しく作られたものであることが多い。これを「加上説《かじょうせつ》」という。新しく神話や説話を作っても、相対的に新しい時代は、すでに作られた神話や説話で占められていることが多く、必然的に古い時代を想定するほかないのである。

加上説は万能の法則ではないものの、一般的な傾向として広く見られる。《三皇五帝》についても、《三皇》の方が《五帝》よりも想定する時代が古いが、作られた年代としては新しい。

《禅譲・放伐》とその利用

ただし、《禅譲説話》の出現は、系譜だけが理由ではない。それが作られたのは春秋時代末期から戦国時代初期ごろであるが、この時代には新興の知識人階層が台頭した。そして、主な思想として儒家《じゅか》・法家《ほうか》・道家《どうか》・墨家《ぼっか》の四種が流行したが、そのうち儒家と墨家が唱えたのが賢者を尊ぶ思想である。

これは、家柄や血縁ではなく、個人として優秀な人物を登用すべしとする思想であり、世襲の貴族制が崩壊しつつあった時代を反映している。ただし、言い換えれば「知識人である我々を優遇せよ」ということになるので、非世襲の官僚層による利権主張《ポジショントーク》と見ることも可能である。この思想の最たるものが《禅譲説話》であり、官僚だけではなく、君主の地位であっても血縁によらずに優秀な人物が担うべきとする考え方である。こうして、儒家や墨家が盛んに堯や舜を讃えた。

もっとも、戦国時代以前の歴史で実際に禅譲がおこなわれたことはなく、直近の王朝交代である殷から周へも軍事力による討伐であった。しかも儒家は、堯や舜だけではなく、夏の桀《けつ》王を滅ぼした湯《とう》王（殷王朝初代）や殷の紂《ちゅう》王を滅ぼした武王（周王朝初代）を高く評価していたが、これは儒家が唱える「忠義」の概念と相反する。

そこで、戦国時代に考え出されたのが《放伐》の概念であり、徳のない王は為政者の資格がないため、「忠義」の対象ではなくなり、討伐が可能になるとする理論である（『孟子』がその代表例）。戦国時代には桀王や紂王の具体的な情報は残っていなかった（第三章で述べる）ので、あくまで理念として唱えられたものにすぎないが、儒家が勢力を増した戦国時代以降に、大きな影響力を持った。

そのため、武力による王朝交代の際には、「いかに前王朝に徳がなかったのか」を強調する必要が生じた。秦の始皇帝や新の王莽《おうもう》などが、文献上で実際以上の暴君として描かれているのは、次の王朝が放伐であることを主張したためである。

そして、より効率的な方法として利用されたのが《禅譲》である。有力者が前王朝から禅譲の形式で帝位を奪うことにより、前王朝への悪評は最小限でよくなり、また自身の「高徳」を主張できるようになった。三国時代の魏（三世紀）から北宋王朝（十世紀）まで、実際にはほとんどが簒奪であったにもかかわらず多数の禅譲形式の王朝交代がおこなわれたのである。

第二章
夏の禹王――九州の治水

1 《夏王朝》の説話とその虚構性

歴史資料における禹の記述

文献資料で中国最初の王朝とされるのが《夏王朝》である。最もまとまった内容は、『史記』のうち夏本紀という篇であり、そこには初代の王である禹《う》の事績などが詳しく記されている。次に挙げたのは、『史記』夏本紀の抜粋・要約である。

夏王朝の初代である禹は、前の帝王である舜によって司空《しくう》（土地や人民を司る大臣）に登用された。禹は諸侯（地方領主）や百官（役人）に命じて人夫を徴発し、治水にあたった。十三年もの間、家にも帰らず質素な身なりで活動した。九つの州を開き、各州で治水し、また山の調査や道路の開削などをおこなった。

都があった冀州《きしゅう》（現在の山西省と河北省）のほか、沇州《えんしゅう》（山東省西部）・青州《せいしゅう》（山東省東部）・

徐州《じょしゅう》（安徽省・江蘇省の一部など）・揚州《ようしゅう》（浙江省・江蘇省の一部など）・荊州《けいしゅう》（湖北省とその周辺）・豫州《よしゅう》（河南省）・梁州《りょうしゅう》（陝西省・四川省の一部）・雍州《ようしゅう》（陝西省・甘粛省の一部）の各州で、川の流れを整え、湿地を干拓し、人々の生活を安定させた。人々は禹を讃え、舜は禹を後継者とした。

その後、舜が死去した際に、いったんは舜の子に譲ったが、諸侯は禹を推戴し、禹は王位についた。禹の死後は、血縁によって王位が継承され、禹の子の啓《けい》が後を継いだ。啓は優秀であったが、その子の太康《たいこう》はそうではなく、国を追われた。その後も夏王朝は続き、合計して十四世代十七人が即位した。

最後の王は履癸《りき》であり、桀《けつ》と呼ばれた。桀は多くの臣下を殺傷したため、湯《とう》（殷王朝の初代の王）に討伐され、逃亡先で死亡した。夏王室の子孫は湯によって杞《き》という土地に封建《ほうけん》され、諸侯になった。

このように、禹は《中国全土（すなわち「九州」）を治水した功績によって夏王朝の始祖になった》とされており、堯・舜などと並び古代の聖王として知られている。ちなみに、日本の「九州」もおそらく禹の説話を意識した呼称であろう。

実在の二里頭文化

一方、中国で最初の王朝は、考古学的な発掘により存在が証明されており、その文化は中心地の名をとって「二里頭《にりとう》文化」と呼ばれている。王朝の首都と推定されているのが河南省で発見された二里頭遺跡であり、巨大な宮殿や当時最先端の青銅器工房などの遺構が発掘されている（**図表2‐1**を参照）。

想定される年代も、文献の《夏王朝》が紀元前一九九二～前一五二二年であるのに対し、炭素同位体の測定による二里頭文化の推定存続期間は、かなりそれに近い紀元前二〇〇〇～前一六〇〇年ごろとされている（中国社会科学院考古研究所二〇〇三など。年代には諸説あり）。そのため、現代の中国では《夏王朝》の存在が当然であるかのように認識されている。日本でも、その実在を信じる人は少なくない。

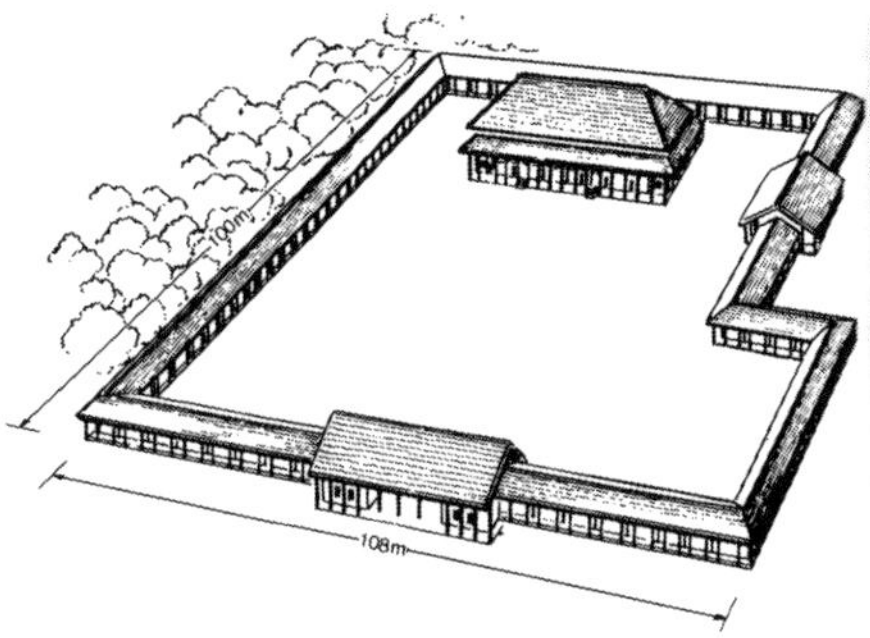

図表2‐1 二里頭遺跡１号宮殿の推定復元図
（樋口 1988 から引用）

しかし、文献に記された《夏王朝》と実在した二里頭文化は、全く違うものなのである。

まず大きく異なるのが支配領域である。文献に記された《夏王朝の九州》は、東は山東省や安徽省、南は湖北省や湖南省の一部、西は陝西省や甘粛省・四川省の一部におよぶ巨大な領域である（地図は本章末尾のコラムで挙げる）。一方、二里頭文化の広がりは比較的小さく、河南省を中心として、そのほか山西省や陝西省の一部などを含むだけと推定されている（**図表2‐2**）。

当然、《夏王朝》と二里頭文化は同じものではない。

想定される年代が近いというだけであり、文献の《夏王朝》は二里頭文化の記録ではないのである（厳密には年代にもやや相違がある）。

また、王朝の中心地も異なっている。文献資料では《夏王朝》の都を現在の山西省とする（『竹《ちく》書紀《しょき》年《ねん》』など）が、二里頭文化の中心地である二里頭遺跡は河南省にある（**図表2-2**を参照）。

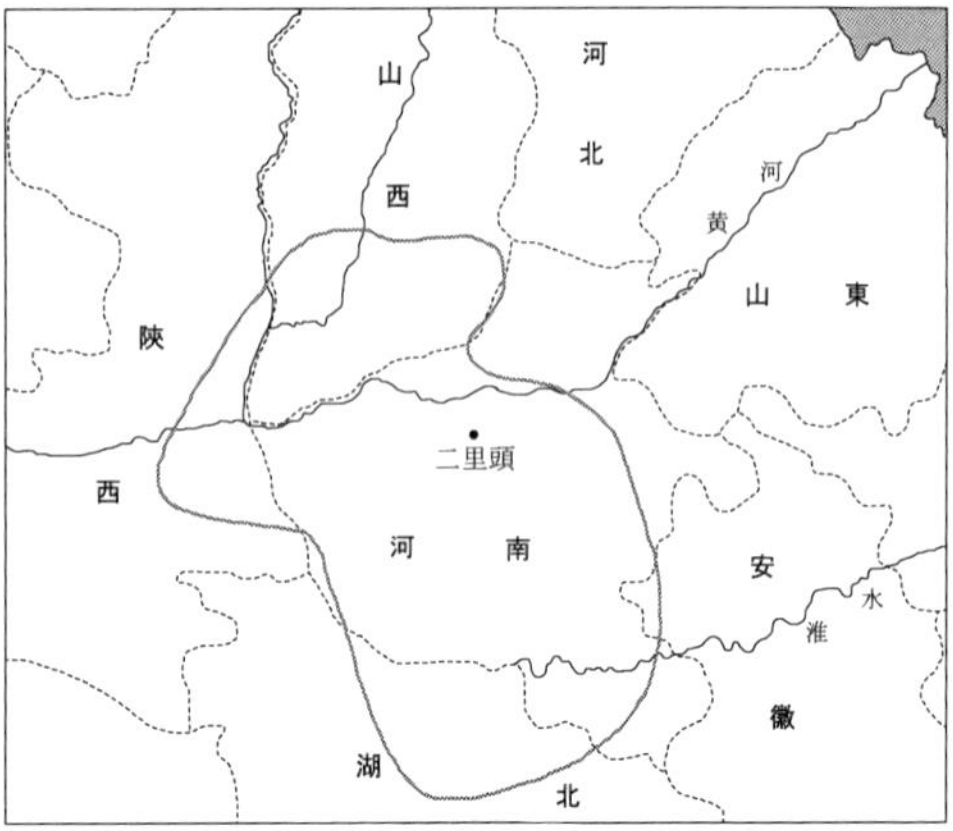

図表 2-2 二里頭文化の範囲
（劉煒/稲畑 2005 を元に筆者が作成）

二里頭文化と《夏王朝》の相違

そのほかにも、文献の《夏王朝》と実在の二里頭文化との相違点は多い。

『史記』夏本紀では、《禹が司空に任命された》とするが、この官職が出現したのは春秋時代になってからである。そもそも、二里頭文化の時代だけではなく、二番目の王朝である殷王朝の時代にも「官職」という概念は存在しなかった。それが出現したのは三番目の西周《せいしゅう》王朝である。

詳しくは第四章で述べるが、西周王朝の中期において、職事に対応する地位に任命する慣習が始まり、それが徐々に広まり、やがて「官職」という概念になった。そして、西周代の司工《しこう》（土木工事などを司る官職）を元に、春秋時代に司空が出現したという経緯である。また、『史記』では《夏王朝の百官》の存在を想定するが、これも官職の概念を前提にしており、殷王朝以前にはあり得ない用語である。

諸侯についても、のちの殷王朝の時代でも自立性が高く、強力な統制は不可能であった（第三章で述べる）。殷王朝ですら不可能だった統制を、それ以前の王朝が可能だったとは考えられない。《夏王室の子孫が封建された》という杞も、その系譜は西周代中期までしかさかのぼれない（『史記』三代世表・陳杞世家など）。殷代から土着勢力として「杞」は存在した（島一九五八・落合二〇一六など）ので、それが西周代中期に諸侯に認定され、そして春秋時代に《夏王朝》の説話が広まった後に、その子孫を自称したのであろう。

さらに、殷王朝や西周王朝で作られた出土文字資料（甲骨文字や金文）には、夏王朝の記述が全く見られない（張二〇一四・落合二〇一六など）ことも挙げられる。つまり、《夏王朝》の説話は、すべて春秋時代以降に創作されたものなのである。

要するに、最初の王朝は二里頭文化に実在したが、それは文献資料に記された《夏王朝》とは全く別のものだったということである。ごく簡単な論理であるが、これがなかなか理解されず、今でも二里頭文化の王朝を《夏王朝》だと思っている人が少なくない。

また、現代の中国（中華人民共和国）では、国威高揚の目的もあって《夏王朝》の存在を公認しており（「夏商周断代工程」など）、これも客観的な分析を難しくしている。

後代の系譜創作

文献資料には《夏王朝の系譜》も記されているが、初代の禹すら実在の人物ではなく、本来は水神であったと考えられている。

「禹」という文字は、古代からその内部に「虫」を含んでいた（現在でも「禹」の二～七画目が「虫」の形である）。そして、「虫」は、本来は昆虫ではなく蛇を表す文字であった。第一章でも述べたように、古代中国では蛇を神格化した「竜」が《降雨を司る神》とされていた。

つまり、本来は「禹」は降雨を司る竜神であり、それが《夏王朝の初代で治水を司った王》とされたと考えられる（白川二〇〇三・同二〇〇四）。古代には、黄河や長江などの大河がたびたび氾濫を起こしており、のちの春秋戦国時代でも治水が難しかった。降雨を司る神が説話で聖王とされたのは、そうした大河を制御する難しさが背景にあったのだろう。

なお、二里頭文化の時代には、そもそも大規模な治水事業が不可能であった。殷王朝の時代にも同様に、洪水は災害の代表であったため、甲骨文字では災害全般を意味する文字として洪水を表す「巛」や「災」などが使われていた（落合二〇一六）。大規模な治水事業が可能になったのは西周代以降のことであり（落合二〇二二）、《大河の治水》も当然、後代の創作である。

そのほかの《夏王朝の王》についても創作であり、それを示すのが世代数である。『史記』などには、《夏王朝》だけではなく、二番目の王朝である殷についても系譜が掲載されており、殷についても建国以前の系譜、すなわち《先公系譜》も記載されている（**図表2-3**を参照）。

そして、《夏王朝の系譜》と《殷の先公系譜》の世代数は、どちらも十四世代で一致している。これは、一見すると歴史的な整合性があるように思われるが、それはあり得ないのである。なぜならば、殷王朝の時代に作られた甲骨文字では、**図表2-3**のうち八世代目の「上甲《じょうこう》」以降しか祭祀の対象になっていないからである（落合二〇〇二A）。つまり、殷王朝の時代にも《先公系譜》は未完成だったのであり、それに世代数を合わせた《夏王朝の系譜》が事実のはずがないのである。

時代順を整理すれば、殷王朝の時代には「上甲～湯王の系譜（七世代）」だけが認識され、西周代になってから《殷の先公の契《せつ》～振《しん》》の七世代が追加されて十四世代になり、それに合わせて春秋時代以降に《十四世代の夏王朝の系譜》が作られたという経緯である（落合二〇一二）。ちなみに、上甲以降の系譜についても、上甲～主癸《しゅき》（甲骨文字では示癸《しき》）の部分は十干《じっかん》の順になっており、理念的に構成された（実在ではない）祖先と考えるのが妥当である（伊藤一九六七・白川一九七二など。甲骨文字では匚丁《ほうてい》が匚丙《ほうへい》の次世代）。

世代数	夏の系譜	殷の系譜
1	禹	契
2	啓	昭明
3	太康・中康	相土
4	相	昌若
5	少康	曹圉
6	予	冥
7	槐	振
8	芒	上甲
9	泄	報丁
10	不降・扃	報乙
11	孔甲・廑	報丙
12	皋	主壬
13	発	主癸
14	桀	湯

図表2-3 夏と殷の系譜
（『史記』による）

なお、系譜にリアリティを持たせるために世代数を合わせることは、ほかにも例が見られる。例えば南方辺境の呉《ご》は、春秋時代に出現した土着の諸侯であるが、西周王室の分家であることを主張し、同じく分家である晋《しん》と西周代初期からの世代数が一致していた。これは、兄弟継承を父子継承に書き直して系譜の世代数を合わせたものと推定されている（吉本二〇〇三）。

また、北方辺境の燕《えん》も、周王室の一員であった召公《しょうこう》の子孫を自称したため、こちらも春秋時代になってから周王室と世代数を合わせた（落合二〇一二）。なお、召は甲骨文字で殷王の支配下の地名として見えるので、そもそも召公は周王室の一員ですらなく、もとは殷の系統の勢力であったと考えられている（白川一九五五）。さらに、金文によれば燕の初代は「克《こく》」という人物であるが、現状の金文資料では召公の子弟か臣下かも明示されていない。召公の子孫という点ですら後代に作った説話かもしれない。

《夏王朝》は、禹以外の王名も、別の系譜（主に殷）をヒントに作られたと考えられている（陳一九四二）。例えば三世代目の《太康《たいこう》》は、殷王の太庚《たいこう》が元になっており、さらにそこからの連想で《中康《ちゅうこう》》と《少康《しょうこう》》が創作された。また四世代目の《相《そう》》は殷の先公の相土《そうど》、最後の王である桀の本名の《履癸》は殷の先公の主癸が元になったようである。十三世代目の《発》については、西周王朝初代の武王の名である発をそのまま使用している。

2　二里頭文化の実態

王朝の成立

ここまでに述べたように、二里頭文化において中国最初の王朝が出現したのであるが、それは文献資料に記された《夏王朝》とは全く別のものであった。文献資料には《夏王朝》の記述が多く、『史記』や『尚書』のほか、『詩経』『礼記《らいき》』『春秋左氏伝《しゅんじゅうさしでん》』などに見られるが、実のところ、二里頭文化の実態を反映したものはただの一文も存在しない。また、二里頭文化で作られた文字資料も現状では文章になったものは発見されていない。

したがって、最初の王朝（仮に本書では「二里頭王朝」と呼称する）の実態は、現状では考古学の発掘による遺物や遺構などから推定するほかないのである。そこで以下は、考古学資料から復元できる二里頭王朝の成立過程について簡単に述べたい。

第一章でも述べたように、新石器時代末期には、大きな集落（都市）が周辺の集落（農村）を支配する都市国家が出現するようになる。さらに紀元前二〇〇〇年ごろに、より巨大な都市が中心になって多数の都市国家を支配する「王朝」が出現した。それが二里頭王朝である。

それでは、なぜ王朝の出現が二里頭だったのだろうか。その経緯は正確には分かっていないが、王朝成立に必要な情報が各地から集積したためと推定される。二里頭文化に影響を与えた可能性があるものとして、黄河の上流方向にある陶寺《とうじ》遺跡、下流方向にある丁公《ていこう》遺跡、長江下流域の良渚《りょうしょ》遺跡を挙げたい（いずれも紀元前三千年紀後半）。

陶寺遺跡では、黄河流域で最も早く青銅器の製作技術が出現していた（宮本ほか二〇〇九）。青

図表 2-4 丁公遺跡の陶文
（張 2006 から引用）

銅器は石器に比べて鋭く、武器にすれば軍事力を強め、工具にすれば生産効率を高めることができた。また、錆《さ》びたときの色の印象が強いために「青銅」と呼ばれるが、銅と錫《すず》の合金であり、錆びる前は綺麗な金色をしている。そのため支配者の権威を示す物品としても効果的であった。

良渚遺跡では、巨大な宮殿が建設されており（中村一九九五・王／柿沼二〇一八など）、これが二里頭文化の宮殿造営に影響を与えた可能性がある。また、この地域では精巧な玉器の生産が盛んであり、それを権威を示すために使用することで、支配体制を構築していた（中村二〇〇三）。青銅器や精巧な玉器のように、支配者の権威を示す物品を「威信財《いしんざい》」という。良渚遺跡やその周辺からは、威信財の効率的な使用方法についての情報も入ってきた可能性がある。

そして丁公遺跡からは、文字を刻んだ陶片（陶文《とうぶん》）が発見されている（**図表2-4**）。漢字とは別系統の文字であり、また漢字の正確な成立時期も不明であるため確実ではないが、漢字の成立に影響した可能性がある。王朝の広大な領域は、一人の王が全てを見回ることは不可能であり、文書による通達や報告が必須であった。文字の出現も王朝の領域を拡大するために必要な条件である。

そして、多くの情報が集積されたのが黄河南岸にあった二里頭遺跡である。東西には黄河によって下流域・上流域とつながり、南には淮水《わいすい》の支流を介して長江流域に到達することが可能であった。各地でそれぞれに発達した政治知識や科学技術が集まったのが二里頭遺跡であり、そこに王朝が成立したと考えられるのである。

もっとも、ある日突然に完成した王朝が出現したわけではなく、徐々に成長していったことが考古学の研究により推定されている。文化としての成立は紀元前二〇〇〇年ごろだが、青銅器の大量生産や大規模な宮殿が作られるようになるのは紀元前十八世紀までくだる（宮本ほか二〇〇九・飯島二〇一二など）。

そのため、王朝の成立時期を紀元前二〇〇〇年ごろではなく紀元前十八世紀とする説もある。ただし、二里頭文化の遺跡からは文章になった漢字資料が発見されていないため、どの段階で世襲的王権が成立したのかは明らかになっていない。

世襲王権と儀礼

二里頭王朝は、広域を支配したというだけではなく、長期間（三百年以上）にわたって存続した。そして、巨大な宮殿を造営したり、また権威を示す青銅器を大量に生産したりしている。このことは、支配者が血縁によって世襲されていたことを示唆する。

おそらく、建国当初の王は、何らかの天才的な才能を持っており、それによって支配権を獲得したのであろう。しかし、子孫がみな有能とは限らない。そこで、世襲王権の成立に必要なものが血統の神聖化であり、そのための物品や儀礼である。

図表2-5 二里頭文化の青銅器
（東京国立博物館ほか2000から引用）

二里頭王朝では青銅器を大量に生産し、神や祖先を祭る儀礼でそれを使うことで、王やその血統を権威づけた。**図表2-5**に挙げたのは二里頭王朝で作られた青銅器であり、煮炊きの器を元にした「鼎《かなえ》」である。

　青銅器の生産やそれを用いた儀礼は、現代から見れば非合理的に見えるかもしれない。どれだけ神を祭っても直接的な加護は得られないので、一見すると無駄な行為である。しかし、古代の儀礼は古代文明なりの合理性を備えていた。

　合理性のひとつは宗教的権威の獲得である。青銅器を用いて神や祖先を祭ることで、当時の王は人々を精神的に支配した。しかも、序章でも述べたように、基本的に人間は信心深い生き物なので、いったん宗教的権威を認めさせれば。それを覆すことは困難である。

　また、青銅器は前述のように「威信財」であった。青銅器の生産においては、銅の産出地は限られているので、そこを支配するか、あるいは交易ルートを確保するだけの軍事力が必要となる。そして、青銅器は土器や木器よりも複雑な工程と高度な技術によって作られるため、専用の工房の建築や専業の技術者の雇用を必要とした。当然、それだけの経済力が必要になったのである。

　このように、青銅器はそれを生産するために大きな軍事力や経済力を必要とした。つまり、青銅器は、それを所持しているだけで大きな権力を持っていることを示せたのであり、これが威信財として機能した要因である。

しかも、青銅器は前述のように作られた当初は金色をしており、土器や木器に比べて非常に美しい。はじめて青銅器を目にした者は、その美しさに驚いたことであろう。その点でも青銅器は威信財として最適であった。

そのほか、宮殿も広い意味での威信財である。巨大な建築は、それ自体が人々に畏怖を与えるものであり、また王の経済力を示す効果があった。王は、宮殿で支配下の人々を集めて諸種の儀礼をおこなうことで、自己の権力を示し、また権威を高めたのである。

ちなみに、かつては王朝の成立について、唯物史観に基づいて生産体制が重要と考えられていた。「生産効率が上昇して余剰生産が増加し、それによって戦士や聖職者など非生産階級が出現し、そして政治組織が発達した」という推定である。

しかし中国の場合には、二里頭文化以前とそれ以後で、生産体制の大幅な変化は見られない(岡村二〇〇八)。それどころか、殷代(紀元前十六～前十一世紀)でもそれほど大きな変化はなく、農民は新石器時代と同じく竪穴住居に住み、主に木器や石器を使って人力で耕作していた(小澤ほか一九九九・黄二〇一〇など)。

ちなみに日本でも同様に、農耕が直接的に都市国家(日本考古学では「クニ」と呼ばれる)を出現させたのではなく、戦争(第一章参照)や威信財としての金属器(銅鐸や銅矛など)が直接の原因になっている(石川二〇一〇・藤尾二〇一五など)。

第一章でも述べたように、現在では唯物史観の欠点が明らかになっているが、日本では一九八〇年代ごろまで（中国では二〇〇〇年代ごろまで）万能視されていた。近現代における説話と言えるだろう。

差別の顕在化

二里頭王朝では、社会の階層化がより進展し、世襲の王権が出現した。軍事力によって政治的権力を構築し、また祭祀によって宗教的権威を獲得したのである。その一方で、社会の階層化は「支配されるもの」も生み出した。一般の農民は王に対する貢納《こうのう》の義務を負うようになっており、支配者はそれを原資として農民に労役をさせることもできた。前述の宮殿などは、そうした支配・被支配の関係が視覚化されたものである。

さらに、農民階層の下には奴隷階層が出現した。戦争捕虜や罪人が供給源であり、王や領主層の家内奴隷として使役された。そして、時には神への犠牲《ぎせい》（いけにえ）とされたのである。二里頭遺跡からは、犠牲として首を切られた人々の遺体が多数発見されている（中国社会科学院考古研究所一九八四・同一九九九など）。

のちの殷王朝でも、甲骨文字には王朝外部の人々として「羌《きよう》」や「南《なん》」などが記されており、そこからの捕虜は同じく神への犠牲にされた（白川一九七二・落合二〇一五など）。殷王朝の都からは、合計して数千体の人牲《じんせい》（人間の犠牲）遺体が発見されている（黄一九九〇・中国社会科学院考古研究所一九九四など）。

西周王朝になると人牲は減少したが、それは農奴制の普及によって捕虜や罪人の「使い道」ができたからであり、差別意識がなくなったわけではない。西周代の金文では農奴身分が「臣妾《しんしょう》」などと呼称されている。

また、西周王朝の外部に対しては、南東方面の人々は「淮夷《わいい》（あるいは南淮夷《なんわいい》など）」という差別的な呼称がされている。北西方面の人々は「犬戎《けんじゅう》」や「玁狁《けんいん》」と呼称されており、こちらも「犬」やその鳴き声の表現であり、差別意識が見える。

ただし、王朝の出現が差別意識をもたらしたのではない。現在の地球上で最も原始的と言われるアマゾン川流域のヤノマミ族ですら、自分たち（ヤノマミ＝人間の意）以外の人々を「ナプ」と呼んで蔑視している（国分二〇一〇）。

人間は、生物として見た場合、社会性がきわめて強いことが特徴である。「自分たちでない者」を区別し、また差別するというのは、社会的動物である人間の本能なのであろう。つまり、王朝の出現によって差別が生まれたのではなく、階層化と王の権力が既存の差別意識を顕在化させたというだけなのである。

なお、かつては殷王朝などを「奴隷制社会」と見なしていたが、これは誤りである。奴隷制社会とは「生産労働の担い手が奴隷である社会制度」（『広辞苑』）と定義されるが、当時は生産の担い手になるほどの奴隷人口はなかった。生産は一般の農民が担っており、殷代の甲骨文字にも奴隷は王や領主層の家内奴隷としてのみ記されている（胡一九四四・落合二〇一五など）。

要するに、「奴隷はいたが、奴隷制社会ではなかった」ということである。かつては唯物史観に基づき奴隷制社会を古代王朝の一般形としていたが、実際にはエジプトや日本など奴隷制社会ではない古代王朝の方が一般的である。

東アジア文明の原点

二里頭王朝では、のちの時代につながる文化が多く形成された。例えば一号宮殿（前掲の**図表2―1**を参照）は、周囲を回廊《かいろう》で囲み、南側の正面に大門があるという構造である。その中央には、当時としては隔絶した規模の殿堂（巨大な建物）があった。

そして、この建築形態は後代にも受け継がれており、西周王朝の宮殿でも、南の大門から臣下が入って北を向き、王が南を向いて儀礼をおこなった。さらに、仏教の伽藍《がらん》建築にも継承されており、日本の法隆寺や東大寺も回廊や南大門を備えている。ちなみに、一号宮殿の裏口がある北東方向（**図表2―1**）は、後代に「鬼門《きもん》（不吉な方角）」とされている。

また、二里頭文化で大量生産が始まった青銅器は、春秋時代までは最先端の芸術であると同時に最高級の威信財であった。前述のように儀礼に使うことで支配者の権威を高める効果があったのである。

その後、戦国時代以降には徐々にその価値を低下させたが、デザインとして一部が後代の陶磁器などに継承されている。例えば、ラーメンの丼などにある模様は青銅器の文様に由来しており、寺院の鐘にある突起（「鍾乳《しょうにゅう》」と言う）も青銅器の飾りに由来している。**図表2―6**は殷代の青銅製の鼎であり、側面に渦巻き状の文様や突起が配されている。

そのほか、二里頭王朝の遺跡からは石磬《せっけい》（石製の打楽器）・銅鈴《どうれい》（銅鐸に近い楽器）・太鼓なども発見されており（中国社会科学院考古研究所二〇〇三・飯島二〇一一など）、音楽儀礼も始まっていたと考えられる。

二里頭王朝は、最終的に東に隣接した下七垣《かしちえん》文化の勢力によって支配され、滅亡に至った（中国社会科学院考古研究所二〇〇三・劉／稲畑二〇〇五など）。前述のように、この時代にはまとまった文字資料が発見されていないため、王朝交代の詳しい経緯は不明である。

図表 2-6 殷代の青銅器
（東京国立博物館ほか 2010 から引用）

そして、下七垣文化の勢力が樹立したのが殷王朝である。殷王朝は、新たな首都として亳《はく》（現在では鄭州商城《ていしゅうしょうじょう》遺跡と呼ばれる）を造営し、前王朝の首都（二里頭遺跡）を管轄する副都（同じく偃師商城《えんししょうじょう》）も建設した。いずれも二里頭文化の圏内に作られており、青銅器や宮殿などの技術も継承された。二里頭文化は、軍事的には敗北したが、文化的・経済的にはやはり最先端だったのである。

コラム

《夏王朝》の創作

中国各地の遺跡

前述のように、二里頭文化の情報は殷王朝や西周王朝には伝わっていなかったのだが、それにもかかわらず、なぜ最初の王朝として《夏王朝》の説話が創作可能だったのだろうか。その理由はおそらく、各地に古い遺跡が残っていたためであろう。

古代中国では、新石器時代の末期（紀元前三〇〇〇～前二〇〇〇年ごろ）に、巨大な城壁を作る技術が普及した。小規模なものでも厚みが数メートルあり、大きなものでは十メートル以上になった。高さも大きなものは十メートル程度あったと推定されている（基盤部分で実測できる厚さとは違い、高さは推定になる）。

しかも、前述のように版築工法によって作られており、手間はかかるが非常に堅い壁を作ることができた。殷王朝の前期（紀元前十六～前十四世紀）に作られた鄭州商城遺跡の版築城壁は、その一部が三千年以上も後の現在でも地上に残っているほどである（河南省文物研究所一九九三・小澤ほか一九九九など）。

《夏王朝》の説話が最初に作られた春秋時代の段階では、中国各地に古い遺跡が多数残っていたはずなので、「殷以前にも王朝が存在した」という発想は自然に出てきたものであろう。

ただし、文献資料では、前述のように山西省に《夏王朝の都》があったと想定しているので、河南省にある二里頭遺跡とは別の遺跡がモデルだったと考えられる。文献資料では、《堯・舜・禹は平陽《へいよう》（現在の山西省臨汾《りんふん》市）に都を置いた》としており（『竹書紀年』や『史記集解』など）、その付近にある陶寺遺跡がモデルになった可能性が高い。

こうして、いったん《夏王朝が存在した》という歴史認識が作られると、それに合わせて多くの説話も作られることになる。そして、最終的には本章冒頭で挙げた『史記』夏本紀のような詳細な歴史として構成されたのである。

なお、中国各地にあった古い遺跡は数多く、《夏王朝》の説話だけでは吸収しきれなかった。それが第一章で述べた《三皇五帝》が創作された理由の一つになっており、例えば『春秋左氏伝』には《顓頊の都の跡》や《少皞《しょうこう》（玄囂《げんごう》の別名とされる）の都の跡》などの記述が見られる。

また、王朝の名である「夏」については、一年の中心の季節であることから、《世界の中心にあった王朝》を象徴して理念的に命名されたと考えられる。春秋戦国時代には、「夏」という文字自体が「文明国」の意味で使われており（『論語』や『春秋左氏伝』など）、特定の地域を指す文字ではなく、理念的なものである。

そもそも、殷代の甲骨文字には「春」と「秋」はあるが、「夏」は見られない（落合二〇一六・同二〇二一など）ので、この点でも《夏王朝》の命名の後代性が明らかである。ちなみに、「冬」も殷代には季節の表示ではなく「おわり」を表しており、のちに「いとへん」

を付けて「糸の終端」の意味で「終」が作られている。

なお、二番目の王朝である殷王朝ですら、王朝全体の呼称がなく（落合二〇〇八・同二〇一五）、「殷」は西周王朝の時代に命名されたものである。当初は中国において王朝は唯一の存在だったため、他者と区別する必要がなかったのであろう。

その後、西周王朝では殷王朝との対比が強調された（第三章末尾のコラムで述べる）ため、命名の必要が生じたのである。当然、二里頭文化の王朝も、当初から王朝の呼称はなかったと推定される。ちなみに、中国では殷王朝のことを「商《しょう》王朝」と呼ぶこともあるが、「商」は殷代後期の首都の名であって、王朝全体の呼称には適していない（殷代前期の首都は「亳」である）。

現状の資料では、最初に《夏王朝》に言及したのは、文献資料である『尚書』のうち最も早く春秋時代の初期に作られたと思われる諸篇（召誥篇《しょうこう》・多士篇など）であり、例えば周公《しゅうこう》（西周初代武王の弟）の言葉として、《我々は夏王朝を先例として学ばなければならない、また殷王朝にも学ばなければならない》（召誥篇）などが記されている。

『尚書』は、五帝〜西周王朝の聖王や賢臣の言葉を記録したと称する書物であるが、すべて春秋時代以降に作られたものである。西周代にまでさかのぼるとする説もあるが、先に挙げた召誥篇についても、西周王朝が健在な状況では、王位に即いていない周公（井上一九五七）を神聖視する理由がない。一方、春秋時代には周王室の権力が低下しており、諸侯が自律的に活動するようになった。周公を神聖視する説話は、周公の子孫が封ぜられた魯《ろ》で春秋時代に作られた説話であろう。

そのほか、近年には禹王について言及した西周代の金文が発見されたという報告もあったが、公開されてみれば、西周代にはあり得ない語句や概念が使われており、明らかに最近の偽作であった（竹内二〇〇六）。

「九州」の由来

《九州治水》の説話はさらに新しく、それが作られたのは戦国時代である。禹が《夏王朝の初代で治水を司った王》とされたことから、詳細な治水説話が作られたことは自然な発想であるが、なぜ「九州」だったのか。

州の数をかぞえたら結果的に九になったというのではなく、まず前提条件として、《上古の時代には中国全土が井桁《いげた》状に区分できた》という説話が存在した。九つの正方形の州があったとする概念である（『詩経』や『礼記』など。**図表2-7**の右）。

そして、この概念と《治水を司った禹王》を合わせることで《禹王による九州治水》という説話

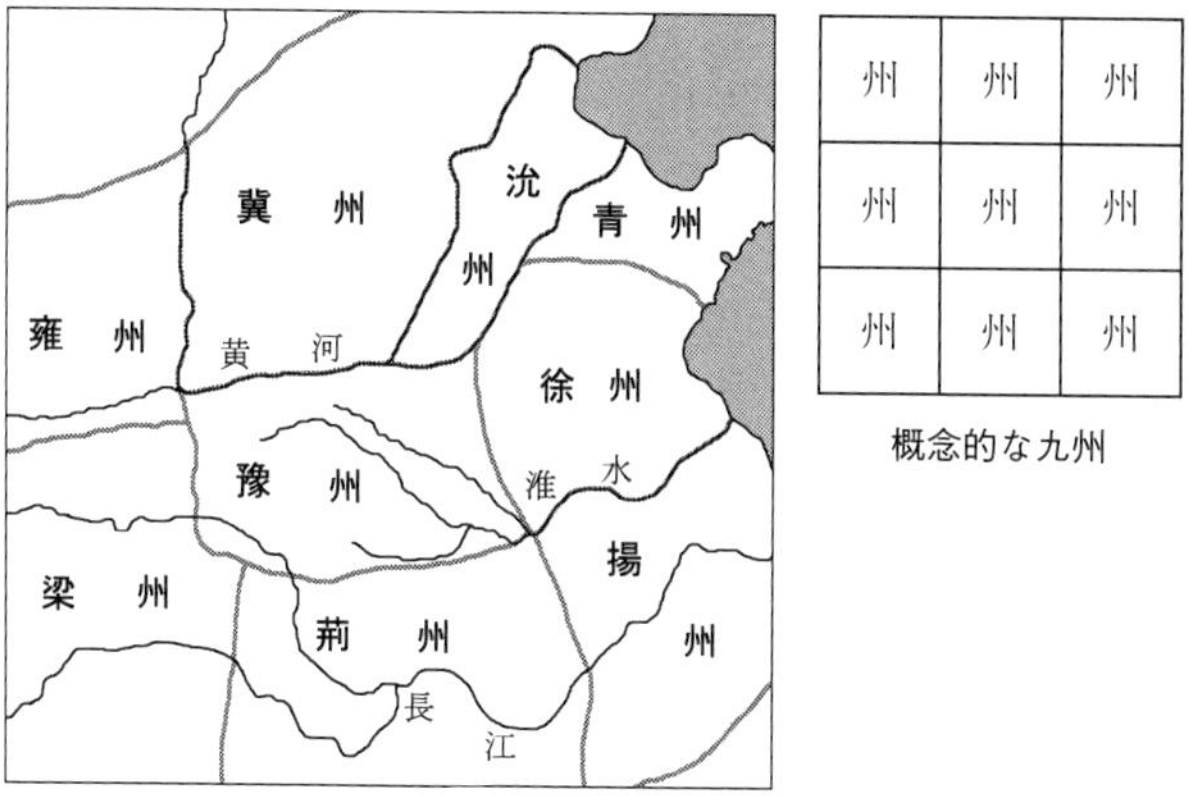

概念的な九州

禹貢の治水説話の九州（箭内 1925 を元に筆者が作成）

図表 2-7 概念的な九州と『尚書』禹貢篇が想定する九州

が作られた。詳細な治水説話は、戦国時代に作られた『尚書』禹貢《うこう》篇に記載されており、『史記』夏本紀はそれを引用する形になっている。

しかも、治水説話が作られた時代には、辺境にも中原《ちゅうげん》（黄河中下流域）の文明が普及しており、西方や南方も文化的一体性を持つようになっていた。逆に、西周代初期に封建された晋は趙《ちょう》・魏《ぎ》・韓《かん》の三国に分裂しており、同様に衛《えい》も領土のほとんどを失っていた。

そこで、実際の地形として「九州」のモデルになったのが春秋時代後期の形勢である。前述の九州のうち、冀州は春秋時代の晋地、沇州は春秋時代の衛地におおよそ該当する。同様に、青州は斉《せい》地、徐州は宋《そう》・魯など、揚州は呉・越《えつ》、荊州は楚《そ》地、豫州は鄭《てい》・陳《ちん》・蔡《さい》や東周首都の洛邑《らくゆう》など、梁州は蜀《しょく》地、雍州は秦《しん》地である（春秋時代の地図は第五章に掲載）。ちなみに、実態としての二里頭王朝の範囲は、《豫州》と《冀州》のごく一部に限定されている（前掲の**図表2-2**を参照）。

なお、禹貢篇が想定する「九州」は、春秋時代後期の形勢を分割したため、領域が井桁状にはならず、いびつになっている（**図表2-7**の左）。また蜀地だけは戦国時代の形勢を反映している。

「九州」の区分が作られた詳細な年代は諸説あるが、蜀が諸侯として活動するようになるのは紀元前四世紀になってからであり、『史記』六国年表《りっこくねんぴょう》によれば紀元前三八七年である。六国年表の年代には若干のずれも見られるが、おおまかに禹貢篇の成立は紀元前四世紀が上限となる。

蜀は、当初は戦争で秦を侵略するなど強盛であったが、やがて秦の方が軍制改革によって強くなり、紀元前四世紀末期に秦によって征服された。その年代を六国年表は紀元前三一六年とする。そして蜀と入れ替わって紀元前三世紀初期に強盛になったのが東北方面（現在の河北省北部・遼寧省西部）の燕であり、「戦国の七雄」のひとつになった。禹貢篇の「九州」には燕地が反映されていないので、成立の下限は紀元前三世紀初期と考えられる（内藤一九二二）。

ちなみに、紀元前三世紀中期以降に作られた『呂氏春秋《りょししゅんじゅう》』や『周礼《しゅらい》』では、蜀地の梁州を除き、それに代えて燕地の幽州《ゆうしゅう》を九州に含めており、当時の地理認識を反映している。なお『周礼』は、名目上は西周代初期に周公が作ったものとされるが、実際には戦国時代後期に編纂された文献資料である。

第三章
殷の紂王——酒池肉林

1　《酒池肉林説話》とその虚構性

紂王の《酒池肉林》

中国で二番目の王朝である殷（紀元前十六〜前十一世紀）にも多くの説話がある。そのうち最も有名なものは、最後の王である紂《ちゅう》王の《酒池肉林《しゅちにくりん》》であろう。次に挙げたのは、『史記』のうち殷本紀と周本紀に見られる紂王の記述の要約である。

　最後の王である帝辛《ていしん》が即位し、紂と呼ばれた。紂は賢く強かったが、人々を見下していた。酒と女を好み、特に妲己《だつき》という女性を寵愛し、その言葉にみな従った。
　音楽師に命じて淫らな音楽を作らせた。また賦税を重くして鹿台《ろくだい》（殿舎の名）を銭で満たし、鉅橋《きょきょう》（倉庫の名）を穀物で満たした。人々から珍しいものを没収し、宮殿に満たした。鬼神《きしん》（死者の霊魂）をあなどった。

沙丘《さきゅう》の離宮で遊びふけり、酒で池をつくり、肉を懸《か》けて林に見立て、男女を裸にしてその間を互いに逐《お》わせ、長夜の酒宴を設けた。

人々は恨み、諸侯には離反するものも現れた。そこで紂は刑罰を重くし、「炮烙《ほうらく》の法」（焼けた銅柱の上を歩かせる刑罰）を作った。

当時、九侯《きゅうこう》・鄂侯《がくこう》と周の西伯《せいはく》が三公《さんこう》（最高位の官職で太師《たいし》・太傅《たいふ》・太保《たいほ》）であった。九侯は美人の娘を紂の妃《きさき》としていたが、淫楽を好まなかったため紂は彼女を殺し、九侯も殺して塩漬け肉にした。それを諫めた鄂侯も殺して干し肉にした。これを聞いてため息をついた西伯は幽閉された。

その後、西伯は釈放され、善政につとめたので、多くの諸侯が西伯に帰順した。一方、紂は酒色に溺れることが甚だしくなり、それを諫めた臣下の比干《ひかん》を殺し、解剖して心臓を取り出した。また箕子《きし》は捕らえられ、多くの臣下が逃げ出した。

周の西伯（のちに文王と追号）の死後、その子の武王が八百の諸侯を率いて紂を討伐した。周の軍勢は四万五千人であったが、紂も七十万人の軍勢を発してこれを防ごうとした。甲子《こうし》の日に牧野《ぼくや》で決戦になったが、紂の軍隊はみな戦意がなく、武王に道を開き紂に反した。紂は逃げて鹿台に登り、火に身を投じて死んだ。

酒で池をつくり、肉を懸けて林に見立てたという《酒池肉林》は、現在でも贅沢の代名詞とされている。しかし紂王に関する記述は、酒色に溺れ、残酷な刑罰をおこない、臣下を殺害するなど、典型的な暴君説話であり、常識的に考えても事実ではない。

さらに、個々の記述を見ても、殷王朝の社会・文化とは矛盾する部分が多いのである。

紂王説話の時代矛盾

殷王朝の時代にはあり得ない記述として特徴的なのは、《七十万人の軍勢を発した》という部分である。殷王朝の時代には、支配領域がまだ中国全土に及んでおらず、人口密度も少なかった。また山間部には王朝に従わない人々も大勢いた。正確な統計はないが、王朝の支配下の人口は数百万人程度と推定される（王二〇一二・上田二〇二〇などから推定）ので、《七十万人》の徴兵は不可能である。

図表3-1 殷王朝における徴兵（『甲骨文合集』6409）

しかも、殷王朝の統治は緩やかなものであり、地方の独立性が強かった。そのため、戦争が起こった場合でも、王都の周辺や利害が一致する地方勢力だけしか動員することができなかったのである（落合二〇一二）。当時の資料（甲骨文字）に記された徴兵人数を見ると、三千～五千人が一般的であり、最大でも一万人程度である（落合二〇一五）。**図表3-1**は甲骨文字の一例であるが、王が「土方《どほう》」という敵対勢力を攻撃する際に五千人（⺈⧗千＝人五千）を徴発するという内容である。

実際に「七十万人の軍勢」を実現できるようになるのは、中国全土を統一した帝国が出現し、数千万人の人口を支配するようになってからのことである。つまり、この説話の成立年代は、最初の統一帝国である秦王朝以降ということになる。

次に目につくのが《鹿台を銭で満たした》という部分である。銭（金属貨幣）が普及したのは商業活動が盛んになった戦国時代以降（林一九九二・江村二〇〇五など）であり、殷代にそれを実践できたはずがない。

さらに、《鉅橋を穀物で満たした》という部分も事実とは考えられない。殷王朝の時代には、すでに税として穀物の徴収はおこなわれており、大規模な穀物倉庫の遺構も発見されている。しかし、余剰に集めた税は公共事業などを通して再分配され、それが権力を構成する重要な基盤になっていた（落合二〇〇八・同二〇一五）。現在でも、税収と再分配は国家統治における最重要事項である。殷王朝の時代であっても、無意味に穀物を貯蔵したはずがない。

そのほか、殷代の文字資料からは《三公》の制度や《炮烙の法》は確認されていない。また《妲己・九侯・鄂侯・比干・箕子》などの人名も見られない（孟二〇〇九・落合二〇一六など）。

唯一、同時代資料に近似の記述があるのは、「甲子の朝（早朝）に周が殷を滅ぼした」ということであり、これは西周代初期の金文（利簋・『殷周金文集成』四一三一）に記されている。ただし、戦地の記述はなく、それが《牧野》だったかどうかは分からない。さらに言えば、たった一日で王朝が滅亡することは考えにくいので、「甲子の朝」すらも、現状では、「早くから周王朝が『甲子の日の朝のうちに殷を滅ぼした』と宣伝していた」ということを示すだけにとどまっている。

帝辛の政治

それでは、最後の王であった帝辛（紂王）は、実際にはどのような人物だったのだろうか。

殷王朝の後期（紀元前十三～前十一世紀）に作られた甲骨文字は、それぞれがどの王の時代のものであるのかの推定が可能になっている。そして、帝辛の時代に作られたと推定される甲骨文字には、定期的な祖先祭祀が記されている。特に重要だったのが「周祭《しゅうさい》」と呼ばれる儀礼であり、始祖の上甲や建国者の湯王に始まり、その後の全ての王を祭るという大規模な祭祀である（島一九五八・落合二〇〇二Bなど）。

帝辛の時代の周祭は、五種類の祭祀をほぼ一年にわたっておこなうもので、それが終わると次の一年の周祭が始まった。つまり、常に祭祀がおこなわれている状態であり、《鬼神をあなどった》というのは、事実としてあり得ない記述である。これも『史記』における暴君の修辞《レトリック》であり、逆に黄帝や禹王などの聖王には《鬼神を敬った》という記述が見られる。

また、帝辛の時代には、頻繁に軍事訓練がおこなわれていた。当時の軍事訓練には二種類があり、ひとつは純粋な軍事訓練、もうひとつは狩猟の形態をとった軍事訓練である。

狩猟の形態をとった理由は、それが支配権を示すことにつながったからである。支配下の土地におもむいて狩猟をおこない、また獲得した獲物を持ち帰ることで、支配者が誰かを明示することができた。同時に、軍隊を動員して獲物を追ったり山林を包囲したりするので、軍事訓練の効果もあった。

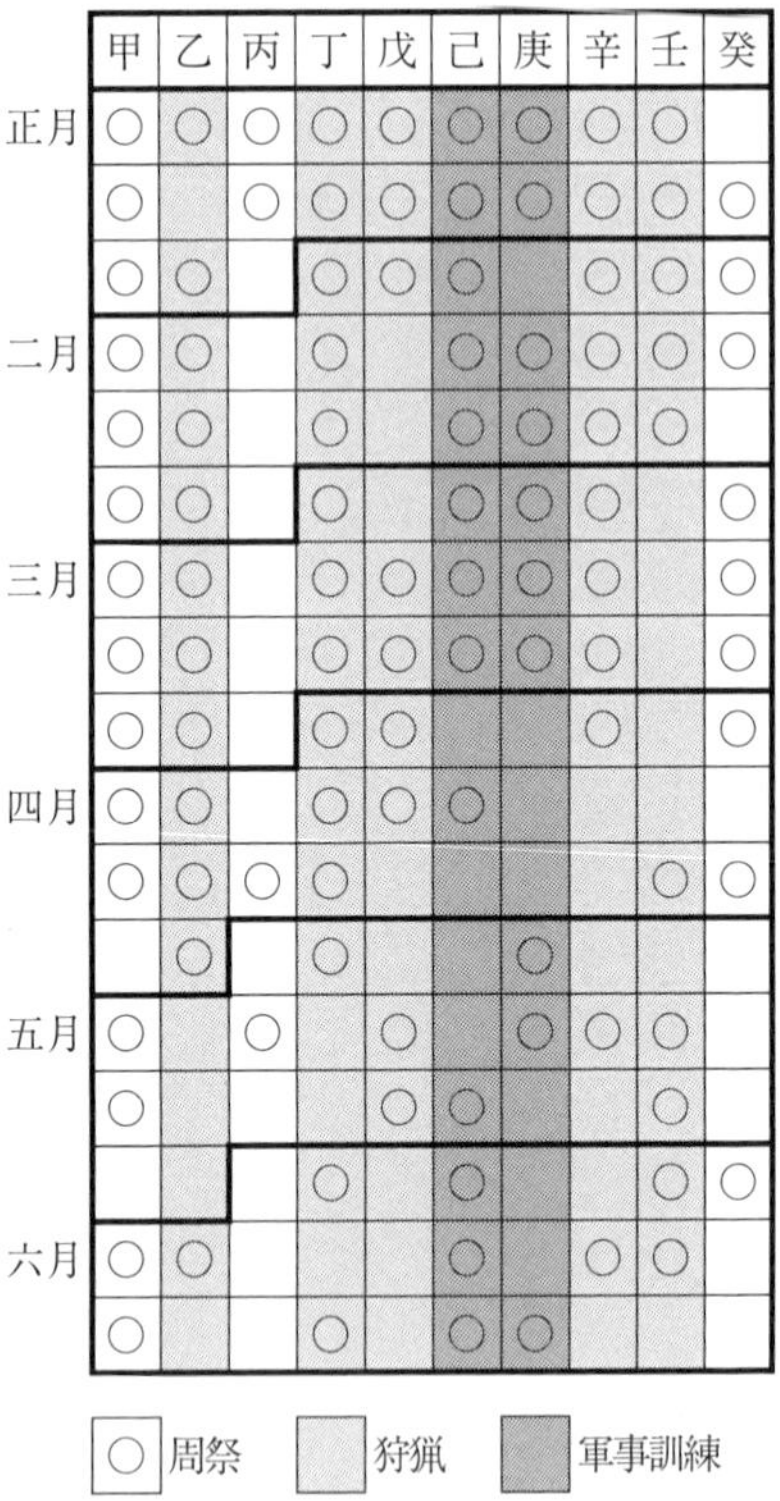

図表3-2 帝辛即位3年目のカレンダー

図表3-2に挙げたのは、帝辛の即位三年目における暦譜《カレンダー》の一部であり、丸印が周祭、網掛けが狩猟と軍事訓練の日程である（松丸一九六三・落合二〇〇二Bによる）。祭祀は世代ごとに人数が違うので旬ごとに挙行日が異なるが、高い頻度でおこなわれた。当時の祭祀は、単なる個人的な信仰ではなく、権力を示したり精神的に人々を支配したりする意味があり、高度な政治活動であった（この点について詳しくは後述する）。

また、帝辛の時代には、一旬（十日）のうち軍事訓練が二日、狩猟形態の軍事訓練が五日であった。悪天候などのときには中止になったが、十日に五日程度は実施されたと推計されている。軍隊を強化することも支配力を強めるものであり、こちらも強い政治的意味があった。

このように、帝辛は支配者としての行動を絶え間なくおこなっていたのであり、とても《長夜の酒宴》などしている暇はなかったのである。

2 殷王朝の実態

殷王朝前期・中期の歴史

ここまでに述べたように、《酒池肉林》は後代に作られた説話であった。それでは、なぜ帝辛（紂王）の時代に殷王朝が滅びたのだろうか。それを考えるためには、まず殷王朝の歴史を知る必要がある。

殷王朝の建国は紀元前十六世紀初期と推定されており、第二章で述べたように、進んだ二里頭文化の政治知識や科学技術などを継承した。そして、さらに領土を広げ、その文化圏は、東と北は黄河下流域、南は長江中流域、西は黄河の支流の渭水《いすい》流域にまで到達した（浅原一九八五・王一九九八Bなど。地図は**図表3-3**を参照）。

二里頭文化の王朝は、第二章で述べたように、王朝（首都）が都市を支配し、都市が農村を支配するという三段階の体制であった。さらに、殷王朝では遠方に支配拠点を造営しており（李ほか二〇〇二・杉本二〇〇二など）、王朝（首都）―拠点―都市―農村という四段階の支配体制を構

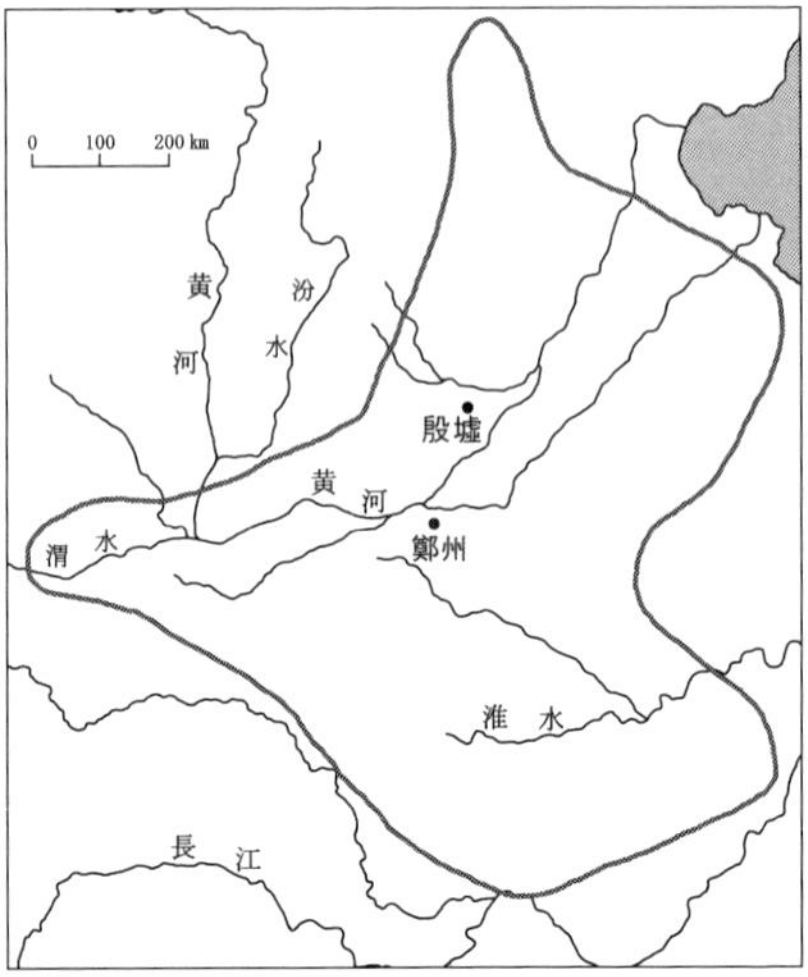

図表3-3 拡大した殷の文化圏
（王 1998Bを元に筆者が作成）

築した。この体制によって、より広大な領域を支配できるようになったと考えられている。

殷王朝は、鄭州商城遺跡に都を置いており、殷代の資料では「亳」と呼ばれている。建国者の湯王は、殷代後期に作られた甲骨文字では「大乙《たいいつ》」や「唐《とう》」などと呼ばれているが、祭祀の対象としてのみ記述されており、具体的な事績は記されていない。『史記』には、《湯王が鳥獣と意思疎通できた》や、《中国全土を統治した》などの記述があるが、いずれも後代の創作である。また湯王を補佐した臣下として伊尹《いいん》という人物が知られており、文献資料では《料理人であった》や、《元は桀王の臣下であった》などとされるが、やはり甲骨文字には詳細な記述はなく、これらも戦国時代に作られた説話である。湯王によって討伐されたとされる《夏の桀王》にいたっては、実在すら確認されていない。

このように、文献資料には殷代前期（紀元前十六～前十四世紀）について信頼できる記述がほとんど見られず、同時代の出土文字資料もごく僅《わず》か（かつ断片的）しか存在しないため、現状では詳細な歴史を復元することは困難である。

その後、殷代中期（紀元前十四世紀後期～前十三世紀前期ごろ）になると、王朝は混乱期を迎える。『史記』などは王朝が遷都を繰り返したとするが、この時期には亳（鄭州商城遺跡）が首都機能を失い、その代わり各地に中規模の遺跡が並行して出現する（唐一九九九・杉本二〇〇二など）ので、王朝が分裂状態になったと考えるのが妥当である。

殷代後期の甲骨文字では、当初はこの時代の先王に対する祭祀は少なくとも三つ（四つの可能性もある）の王統ごとにまとまって実施されており、この点からも王統が分裂したと考えられる（落合二〇〇二A・同二〇一二）。

武丁の中興

殷王朝の混乱を収めたのは、文献資料の『尚書』や『史記』などは盤庚《ばんこう》という王だったとするが、殷代後期の都から発見されている甲骨文字は、すべて武丁《ぶてい》という王以降に作られており（黄一九九一・李ほか一九九六など）、実際には武丁が中興の祖と考えられる。

武丁は、分裂した勢力のひとつと推定され、首都を自身の本拠に近い殷墟遺跡に移した（前掲の**図表3-3**を参照）。甲骨文字では「商」と呼ばれている。長い分裂時代に辺境地域の一部の領土は放棄されたが、武丁は王朝の要地を支配することに成功した。

『史記』に記された殷王朝の系譜を**図表3-4**に挙げた。太字かつ傍線は甲骨文字に見られない名であり、第二章でも述べたように、上甲より前は殷滅亡後に系譜に追加された名である。そのほかにも、中壬《ちゅうじん》・沃丁《よくてい》・稟辛《りんしん》・帝乙《ていいつ》は甲骨文字に全く見られないので、殷滅亡後に創作された説

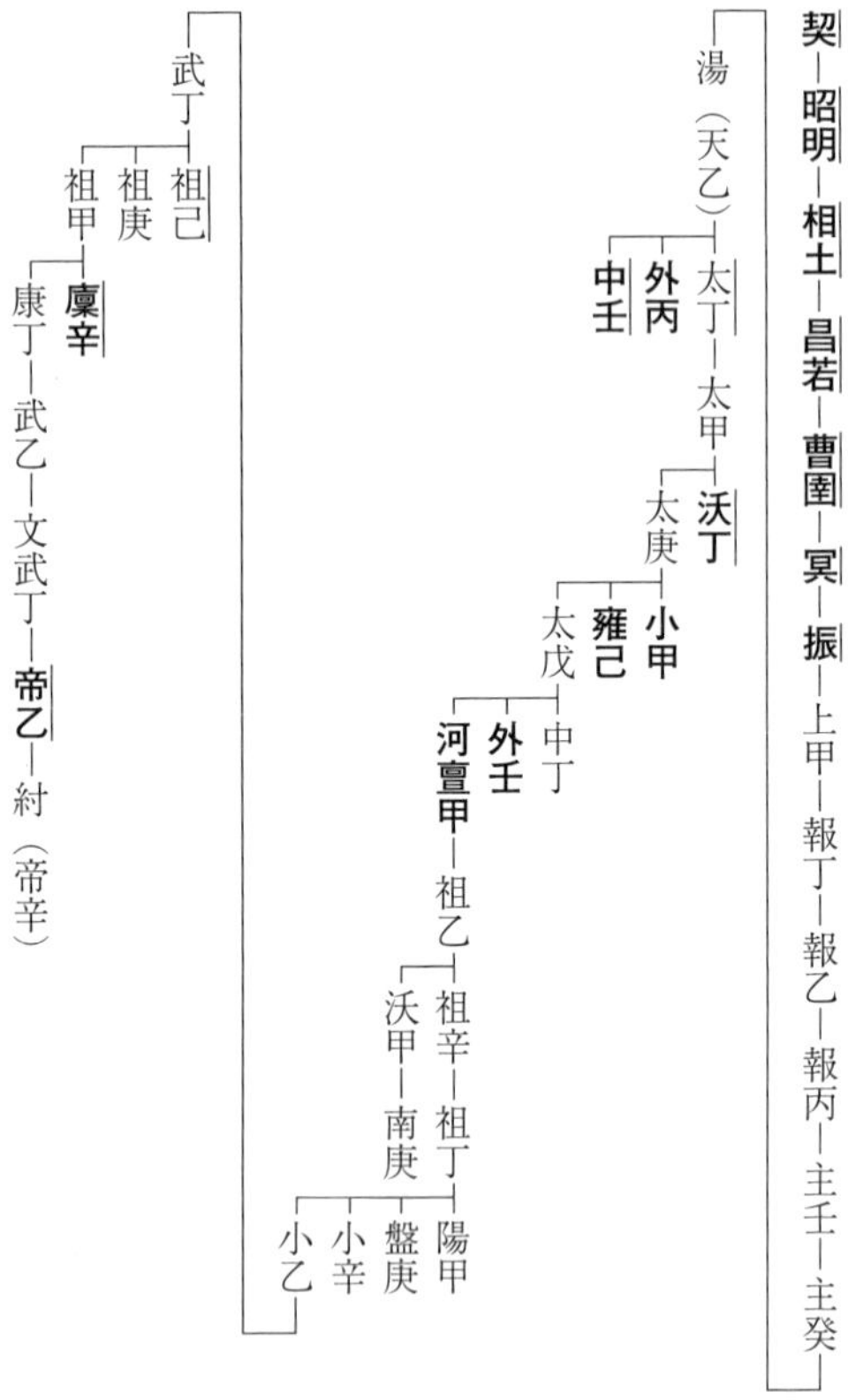

図表3-4『史記』に記された殷王朝の系譜
（太字や傍線は本文参照）

話と考えられる（落合二〇〇二A・同二〇一二）。

また、傍線のない太字は、初期の甲骨文字には見られないが、その後に追加された王名であり、これらも王位に即いた人物ではなく、殷代後期に作られた伝説と考えられる。逆に、傍線のみの太丁《たいてい》（甲骨文字では大丁《たいてい》）と祖己《そき》は、殷代の祭祀では王とされていたが、殷滅亡後に《太子だったが王に即位しなかった》という説話が作られた人物である。なお、甲骨文字には祖己代に作られたものも含まれており、この点からも祖己が実在した王であると考えられる（落合二〇〇二A・

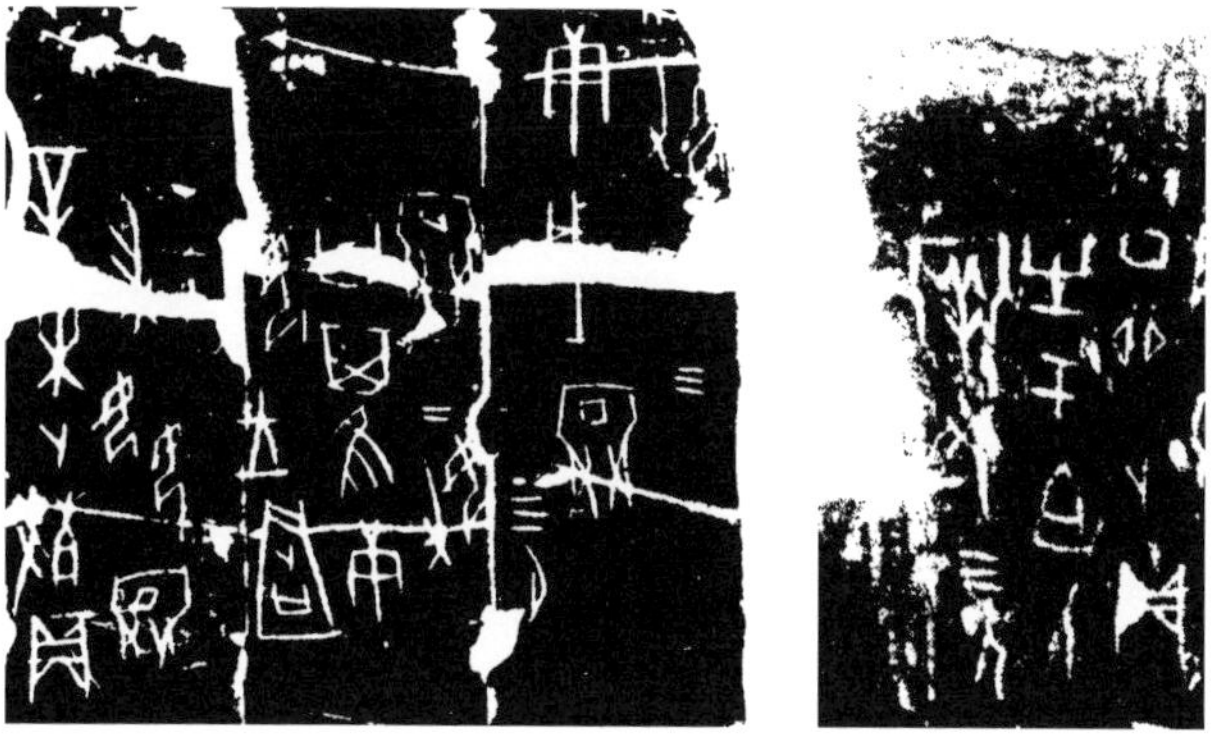

図表3‒5 武丁のカリスマ支配
(右:『甲骨文合集』501、左:同454)

同二〇一五)。そのほか、王名の文字や継承関係(続柄)にも、文献資料と甲骨文字で若干の相違がある。

武丁の時代に作られた甲骨文字には、「基方《きほう》」「土方」「危方《きほう》」「𢀛(𠯑)方」など、周辺地域の敵対勢力が数多く見られる(「方」は敵対勢力の呼称)。武丁は、そうした周辺勢力に戦争で勝利し、その際に敵兵を捕虜として獲得したことが甲骨文字に記されている。

そして、捕虜を奴隷にしたり、神への犠牲にしたりすることで、自身の軍事的能力を誇示したのである(黄一九九〇・落合二〇一五など)。**図表3‒5**の右はその一例で、「祖乙《そいつ》という先王に牢《ろう》(羊と豚のセット)とともに三人の羌《きょう》(西北方面の異族)を犠牲にする」ということが記されている。

また、殷代の文字資料である甲骨文字は、甲骨(亀の甲羅や動物の骨)を使った占いの内容を、使用した甲骨に刻んだものであるが、武丁代の甲骨文字には改《かい》竄《ざん》の形跡が見られる。

図表3‒5の左はその一例で、「辛未《しんび》の日に王(武丁)

が『庚《こう》の日に男児が生まれる』と占い、実際に三十九日後の庚戌《こうじゅつ》の日に男児が生まれた」と記されている。しかし、超音波検査などがない時代に新生児の性別を予測することは不可能である。さらに、現代ですら一カ月以上前に出産日を予測することは困難であり、この甲骨文字は結果が判明してから記録を改竄したことが明らかである（落合二〇一二）。

このように、武丁は軍事的成功や超自然的能力の演出によりカリスマ性を獲得し、それによって再統一した王朝を統治した。

王朝支配の機構化

しかし、「カリスマ性」は特殊な資質をもつ指導者個人に対して人々が服従する状況であり、それは決して機構《システマティック》的な支配体制ではなかった。王朝の安定化のためには、個人の能力に頼らない体制が重要である。

そのため、武丁の死後（祖己代以降）には占いの改竄よりも定期的な祭祀儀礼が重視されるようになった（落合二〇一五）。第一・二章でも述べたように、宗教的権威の確立は、統治において非常に重要である。

また、殷代には家畜を神への犠牲とする祭祀がおこなわれたが、当時は生産力が低かったため、家畜は貴重品であった。特に牛は、豚に比べて成長が遅く、また少産で繁殖力が弱いため、最高級とされた。現代でもそうであるが、牛肉が豚肉に比べて高いのは、味の良し悪しではなく、主に生産コストに由来している。

そして、殷王は多数の牛を使った祭祀を挙行していた。最も貴重な家畜である牛を祭祀で大量に消費することで、最も経済力を持つ存在であることを示したのである（岡村二〇〇五）。

一方で、祭祀で犠牲とされた家畜の肉は、祭祀の種類にもよるが、大部分は参加者に分与されたと考えられる。つまり、家畜の犠牲はその肉の分与を通して上下関係を確認する意味もあったと推定されるのである（落合二〇一五）。このように、殷代の祭祀はいくつもの意味があっておこなわれた政治的行動であった。

支配の両輪のもう一方である軍事については、前述した狩猟の形態での軍事訓練がおこなわれるようになった。当初は旬（十日）に四日の日程（実施は三日程度）であった。

なお、狩猟を軍事訓練と統治の一石二鳥として利用することは、武丁代には見られないものであって、新しい発想である（松丸一九六三）。後代にも狩猟は軍事訓練や支配行為として利用されており、日本でも「鷹狩《たかがり》（鷹を使った狩猟）」や「巻狩《まきがり》（大人数で獲物を包囲する方法）」がおこなわれた。狩猟を支配に利用するという発想は、普遍的な有効性があった。

そして殷王朝では、祭祀や狩猟の実施について、甲骨の占いによって可否を決定した。一見すると占いによって政策を決定していたように見えるため、殷代の政治は「神権政治《しんけんせいじ》」と呼ばれる。

甲骨の占いは、甲骨に熱を加えて出現したひび割れの形で将来を占うものであり、何の加工もせずに熱を加えると、出現するひび割れの形は予測不可能である、したがって、本来は無作為の「占い」だったと考えられる。しかし殷代には、甲骨の背面に加工を施すことで、意図的に「吉兆」を出すことができたのであり、王はそれを利用していた。

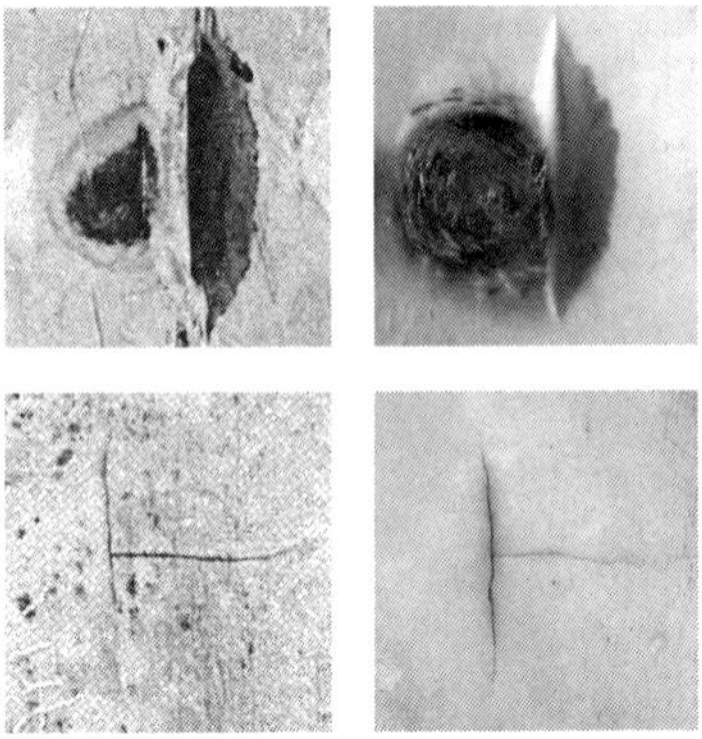

図表3-6 殷代の占いとその再現実験（左上：許1973、左下：中国社会科学院考古研究所 2012、右2点：落合 2006A）

これは筆者が実験によって明らかにしたものであり、殷代の加工方法（**図表3-6**左上）をまねて加工（同右上）して熱を加えると、殷代の吉兆（同左下）と同様の吉兆（同右下）を形成することができた（落合二〇〇六A・同二〇一二）。

つまり、殷代の「神権政治」とは、「占いに頼った政治」ではなく、「王が占いを利用した政治」だったのである。

このように、祭祀と狩猟、そして占いを駆使することで、殷王朝は個人の能力に頼らない安定した体制を獲得した。また、この時代の甲骨文字には戦争の記述が少なくなっており（島一九五八・落合二〇一五など）、何らかの形で周辺勢力との和睦が進んだと考えられる。こうして半世紀あまりにわたって安定した時代が続いた。

文武丁の改革から殷王朝の滅亡へ

しかし、武乙《ぶいつ》代には、再び周辺勢力との戦争が起こるようになった。当時の甲骨文字には「危方」や「羌方」などとの戦争が記されている。

このような状況下で王位に即いたのが紂王の先代の王である。文献資料では《帝乙》とするが、この王名は帝辛代には祭祀の対象になっていない（前掲の**図表3-4**を参照）ので、文武《ぶんぶ》丁《てい》がこれにあたると考えられる（落合二〇〇二Ａ・同二〇一二）。なお、甲骨文字には王の実名が記されないため、代替わりしたことは分かるが、どの王の時代かは異論が出ることもある。

文武丁は、まず軍事訓練の日程を増やした。それまでは一旬に四日だった狩猟を五日とし、さらに軍事訓練に特化した日程を二日加えた（松丸一九六三）。

これにより軍隊の強化に成功したようで、武乙代に出現した敵対勢力の討伐に成功した。**図表3−7**は文武丁代の甲骨文字であり、戦争に勝利して危方の領主である「美《び》」という人物を捕らえ、それを神への犠牲に用いたことが記録されている。

さらに、文武丁は即位十年目に東方辺境にあった「人方《じんぼう》」という敵対勢力にも遠征によって勝利している（陳一九五六・落合二〇〇二Ｂなど）。勝利後の帰還・示威行為まで含めて九カ月にわたる大遠征であった。

図表3−7 対外戦争の勝利
（『甲骨文合集』36481）

また、祖先祭祀である「周祭」については、それまでは不定期だったが、文武丁は毎年実施するようにした。前述のように、祭祀は宗教的権威の確立や経済力の誇示において有効であり、これも支配活動の一環であった。

人方遠征後には、臣下の領主層が作った金文にも、王との関係を記すものが出現するようになった。本来、青銅器は自己の祖先を祭るためのものであり、外部との関係が記されることはなかったのであるが、文武丁が人方遠征に成功すると、王（文武丁）との関係を示して自己の地位を高めようとする臣下が現れたのである（落合二〇〇二B・同二〇一二）。これも、間接的であるが王権の拡大を示している。

なお、金文に記された王と臣下の関係としては、宝貝《ほうがい》（子安貝の貝殻）の賜与《しよ》（臣下に与えること）が多く見られる。宝貝は東シナ海や南シナ海で豊富に産出するので、交易ルートさえ確保できれば安定して輸入できる。そして、当時において交易ルートを握っていたのは殷王である。文武丁は、安定して入手できる宝貝を王権の象徴として賜与することで、支配体制を構築したのである（落合二〇〇六B・同二〇一二）。

金文には、王から与えられた貝を、さらに下位の人物に賜与する例も見られ、個別の賜与・被賜与の関係を通して、より広い統治構造が形成されていた（本田二〇〇二）。

このように、文武丁が改革した軍事・祭祀・賜与などの政策を継承したのが、その子の帝辛（紂王）である。人方遠征に勝利した六年後に文武丁が死去し、帝辛が後継の王になった。当初は文武丁代と同じかそれ以上の繁栄を示しており、甲骨文字に見られる祭祀の例数も多く、帝辛の即位年数を記した青銅器も数多く作製された（落合二〇〇二B・同二〇一二）。

しかし、帝辛の即位七年目に大きな反乱が起こった。支配下の都市であった盂《う》の反乱である。ただし、なぜ盂が反乱を起こしたのかは、王朝側の文字資料に記されていないので、現状では推定に頼るほかない。

一般的に考えれば、王権の強化は支配される側の権力剝奪につながる場合が多い。また狩猟や軍事訓練は支配下の都市でおこなわれたので、訓練日の増加が都市の負担になっていた可能性がある。そのほか、祭祀の増加は、犠牲（いけにえ）に用いられる家畜の納入の強制につながったとも考えられる。あるいは、原因はひとつではなく、いくつもの要因が積み重なって反乱に至ったのかもしれない。

いずれにせよ、盂の反乱が殷王朝の弱体化を招いた。盂の反乱自体は翌年までに鎮圧された（落合二〇〇二B）が、本章末尾のコラムで述べるように、西方辺境にあった周が離反した勢力を吸収するようになった。一方、殷王朝は衰退し、帝辛の即位十四年目になると、甲骨文字すらほとんど作られなくなった。こうして軍事力が逆転し、正確に帝辛の即位何年目かは不明であるが、周によって殷王朝が滅ぼされたのである。

帝辛は、その人格や才能などを資料的に証明することは難しいが、結果として王朝が滅亡したのであるから、文武丁ほどの才能はなかったのかもしれない。あるいは、文武丁がきわめて優れた人物で、そうでなければ維持できないシステムだったのかもしれない。いずれにせよ、後代の文献資料に記された暴君像は説話であり、同時代資料（一次資料）である甲骨文字や金文にはそうした記述が全くないことだけは明らかである。

コラム

《酒池肉林説話》の形成

勝者による宣伝

《酒池肉林》の説話は、どのようにして作られたのだろうか。それには大きく分けて二段階の成立過程がある。ひとつ目は、殷を滅ぼした西周王朝が唱えた《天命《てんめい》思想》である。最も早くに作られた《天命》関連資料は、西周王朝第三代の康王《こうおう》の時代の金文であり、次のような内容である。

> 王（康王）が次のように言った。「文王が天から命を授けられ、武王がそれを継いで建国した。四方を領有し、その人民を教導した。酒を飲んでも溺れることはなく、祭祀にあたって乱れることもなかった。殷が天命を墜《お》としたのは、殷の辺侯甸《へんこうでん》（地方領主）と正百辟《せいひゃくへき》（中央の側近）がみな酒に溺れたからであり、そのため敗北したと私は聞いている。」（大盂鼎・『殷周金文集成』二八三七の部分要約）

周王朝は主神として「天」を設定し、それが発する命令、すなわち「天命」によって王朝が交代するという思想を展開した。《悪である殷が天命を失い、それに代わって善である周が天命を獲得した》という主張である。

実際には、殷王朝の時代には周は地方領主であり、それが殷王朝を滅ぼしたのは、殷から離反した勢力を支配下に入れたことによる軍事力の逆転であった。

例えば、後代に周王室の一員と見なされた召《しょう》は、殷の甲骨文字に配下として見えており、本来は殷の系統の勢力だったことが明らかになっている（白川一九五五）。また西周代の諸侯の斉《せい》も、後代には初代の太公望《たいこうぼう》が《周王の軍師》とされたが、これも甲骨文字に見える地名であり、初期の斉の諡号《しごう》（死後の贈り名）の形式も殷の文化に属している（落合二〇一二・佐藤二〇一六など）。

このように、周が殷を滅ぼして新たな王朝を樹立したのは、一種のクーデターだったのであるが、それを正直に認めてしまうと、周王朝の支配に正統性がなくなってしまう。そこで、周は《天命》という概念を創出し、殷が悪であることを強調して、自らの善性、そして支配の正統性を獲得したのである。

周王朝は、その後も《天命思想》を発展させ、また各地に普及させた。その結果、各諸侯や貴族層も《天命思想》を受け入れるようになり、諸侯や貴族も天命の一端を担っているという認識が共有された（小南二〇〇六）。周王を「天子」と呼ぶのも天命思想による。

このような、勝者が敗者を貶《おとし》めることで、勝者側の正義を主張することは、歴史上でよく見られるものである。のちの時代でも、後漢王朝は王莽を実際以上に悪く描き（『漢書』など）、また唐王朝でも隋《ずい》の煬帝《ようだい》を悪く評価した（『貞観政要』など）。周王朝による殷の悪評も、実態ではなく、政治的宣伝《プロパガンダ》だったのである。

勧善懲悪の教訓説話

ただし西周代の段階では、殷の支配層全体が酒に溺れて天命を失ったという主張であった。これに対して、春秋時代以降になると教訓説話が求められるようになった。特に、君主として望ましい姿や、逆にあるまじき姿が、画一的《ステレオタイプ》な名君説話・暴君説話として盛んに作られたのである（田村一九八一・谷口一九九九など）。

そのため、殷王朝についても、紂王個人の失政・暴政が王朝の滅亡を招いたという認識に変化した。次に挙げたのは、春秋戦国時代に作られた代表的な紂王の説話である。

紂は天命を誤り、民を大切にせず、人々の恨みにも態度を変えず、身勝手にして無法をおこない、酒宴ばかりして権威を失い、民はみな心を痛めた。（『尚書』酒誥篇）

昔、殷の紂王は、上は天を誹《そし》り、鬼神を侮《あなど》り、下は天下の人々を殺し、老人を見捨て、幼児を殺害し、罪のない者を火あぶりにし、妊婦の腹を裂いた。（『墨子』明鬼篇下）

いずれも資料的な根拠や歴史的な実態がある記述ではなく、「暴君」のイメージから作られた説話である。

そして、本章冒頭に挙げた『史記』の紂王説話の元になったのは、次のような記述である。

紂は比干を解剖して箕子を捕らえ、炮烙の刑罰を作って処刑を続けたため、臣下は生きた心地がしなかった。（『荀子』議兵篇）

昔、鬼侯《きこう》・鄂侯・文王の三人が紂の三公であった。鬼侯は美人の娘がおり、紂の妃にしたが、紂は醜いとして鬼侯を塩漬け肉にした。それを諫めた鄂侯は干し肉にした。文王はこのことを聞き、ため息をついたため捕らえられた。（『戦国策』趙策三）

紂は肉圃《にくほ》（肉の畑）を作り、炮烙（肉を焼く施設と解釈）を設け、糟邱《そうきゅう》（酒糟《さけかす》で作った丘）に登り、酒池（酒で満たした池）に臨み、紂はこうして奢侈《しゃし》によって滅んだ。（『韓非子』喩老篇）

「九侯」ではなく「鬼侯」だったり、「肉林」ではなく「肉圃」だったりという違いはあるが、類似する内容であることは分かりやすい。これらの説話をつなぎ合わせ、さらに脚色を加えたのが『史記』の記述なのである（荻野二〇〇三・落合二〇〇九など）。前述のように、最終的な成立は統一帝国が出現した秦王朝以降であり、おそらく前漢代初期（紀元前二世紀前半）のことであろう。

『史記』の著者である司馬遷は博学であり、多種多様な伝承を集めたのであるが、当時は説話と事実を正確に区別できるような学術手法は存在していなかった。結果として、多くの説話が「史実」として記載されるに至ったのである。

第四章

周の幽王——笑わない褒姒

1 《褒姒説話》とその虚構性

幽王と褒姒の説話

西周王朝は、紀元前八世紀に本家が滅亡し、分家が東方で再興（東周王朝）した。夏の桀王・殷の紂王と並んで、亡国の君主として有名なのが周（西周王朝）の幽王《ゆうおう》である。次に挙げたのは、『史記』周本紀に記された幽王の説話の要約である。

宣王《せんおう》が死去し、その子の幽王が即位した。幽王の即位二年目（紀元前七八〇年）に王都の近くで大地震があり、臣下の伯陽甫《はくようほ》が「亡国の兆しであり、周は十年を過ぎずに滅びる」と予言した。

三年目（紀元前七七九年）、幽王は褒姒《ほうじ》という女性を寵愛し、褒姒は男子の伯服《はくふく》を生んだ。一方、正室であった申后《しんこう》（申侯の娘）には、すでに宜臼《ぎきゅう》という太子が生まれていた。幽王は申后と太子を廃し、褒姒を正室とし、伯服を太子にしようとした。

褒姒は笑うことを好まなかったので、幽王は手をつくして笑わせようとした。あるとき誤って敵の襲来を知らせる烽火《のろし》が挙がり、諸侯がみな駆けつけたが、襲来がないことを知り唖然とした。褒姒はそれを見て大笑いした。幽王は喜び、何度も烽火を挙げたため、諸侯の信用を失った。

幽王は虢石父《かくせきほ》という佞臣《ねいしん》を大臣にして政治をおこなわせたので、国人《こくじん》（都の人々）はみな怨んだ。そして十一年目（紀元前七七一年）に申后と太子を廃した。そのため申侯は怒り、繒《そう》と西夷《せいい》・犬戎《けんじゅう》（夷・戎は野蛮視された勢力）を率いて幽王を攻撃した。幽王は烽火を挙げて兵を集めようとしたが、すでに諸侯の信用を失っており誰も来なかった。そして申侯は幽王を驪山《りざん》のふもとで殺し、褒姒を捕虜とし、周王朝の宝物を持ち去った。

そこで諸侯は申侯の側につき、元の太子の宜臼を擁立した。これが平王《へいおう》である。平王は即位すると戎の襲来を避けて東方の洛邑《らくゆう》に遷《うつ》った。平王の時に周王室は衰え、諸侯のうち斉・楚・秦・晋が強大になった。

説話の矛盾点

この説話も同時代（西周代）の記録ではなく、後代の創作である。分かりやすいのは《伯陽甫が幽王二年に「十年未満で滅亡する」と予言し、実際に九年後の幽王十一年に滅亡した》という点であり、明らかに結果を知った上での予言説話である。そもそも同時代資料である金文《きんぶん》（青銅器の銘文）には、伯陽甫（またはそれに類する名前）の存在すら確認されていない。

また、イソップの《オオカミ少年》のような話も事実とは考えがたい。なお、古代ギリシャのイソップは紀元前六世紀の人物なので、それ以降にイソップの寓話が中国に輸入され、それをヒントにこの説話が作られた可能性がある。

文化的に見ても、烽火が広く使われるようになったのは戦国時代後期以降のことであり（林一九九二）、この点でも西周代の実話とすると矛盾する。

そして、西夷・犬戎を率いた申侯に擁立された平王が、それらを避けて遷都したというのも、論理的に成り立たない（吉本二〇〇五）。

ただし、桀王や紂王の説話とは異なり、ある程度の事実を含んでいることが特徴である。詳しくは後述するが、『史記』以外の史料にも、幽王・伯服と宜臼との紛争があったことや、幽王が諸侯の支持を失ったことが記されており、これらは事実と考えられている。また、幽王が伯服とともに殺されたことや申侯が大きな役割を果たしたことも確実視されている。

西周王朝は、年代として春秋戦国時代に近いため、文献資料にもある程度の事実が伝わるようになっている。同時代資料である金文と後代の文献資料を併用しなければならない点が、西周史研究の難しさである。

男尊女卑の古代文明

古代中国の説話では、《紂王と妲己》や《幽王と褒姒》など、亡国の原因として女性の存在を想定するものが多い。この形式はほかにも見られ、《桀王と妺喜《ばっき》》や《呉王夫差《ふさ》と西施《せいし》》などが知られている。こうした《傾国《けいこく》の美女》は、すべて創作された説話であり、事実ではない。この点でも、褒姒説話の虚構性が明らかである。

古代中国においては、男尊女卑の考えが一般的であり、《女性が政治に関わると良くないことが起こる》という思想が共有されていた。これも《笑わない褒姒》の説話が作られた一因だったのである。

ちなみに、古代文明は程度の差こそあれ、すべて男尊女卑である。古代ギリシャのアテネでは、世界で最も早く選挙制度が施行されたが、選挙権を持つのは男性市民のみであった（小笠原ほか一九八七・橋場二〇二二など）。日本・オリエント・インドなどの古代社会も同様に、やや例外はあるものの、権力者のほとんどが男性である。

古代文明が男尊女卑になった最大の原因は、やはり戦争であろう。古代の戦争は弓矢や刀など、筋力が重要な武器ばかりであった。当然、男女を均等に兵士にするよりも、筋力に勝る男性を兵士にした方が強力な軍隊になる。そして、兵士として軍事力を持てば、それが社会的な権力につながることも当然である。

なお、古代中国では、殷代後期の婦好《ふこう》（武丁の配偶）や西周代初期の王姜《おうきょう》（康王の配偶か）のように、西周代初期までは女性が政治や祭祀に関わる例がいくらか見られる（白川一九七一・落合二〇一五など）。その後、西周代中期以降の男系継承による貴族制（本章後述）が男尊女卑を強め（ファルケンハウゼン／吉本二〇〇六）、さらに戦国時代の男子徴兵制（第九章などで述べる）などによって社会構造として固定化されていった。

また、春秋時代末期に起こった儒学思想（第八章で述べる）が前漢王朝以降に国教となり、思想的な面から男尊女卑を正当化した。『論語』の「女子と小人《しょうじん》（徳がない人）は扱いにくい」（陽貨篇）や、『礼記《らいき》』の「七歳で男女は席《むしろ》（家の中で座るところ）を同じにしない」（内則篇）などが知られている。

2　西周王朝の実態

西周代初期の拡大と賜与

西周王朝がどのようにして滅亡したのかを知るためには、やはり西周王朝全体の歴史を知る必要がある。そこで、西周王朝の初期から時代順に見ていきたい（系譜は**図表4-1**を参照）。

殷王朝を滅ぼして建国したのは初代の武王であり、首都の宗周《そうしゅう》（鎬京《こうけい》）を中心として殷の旧領の支配を進めた。

その死後、第二代成王《せいおう》の時代に、殷の系統の人々が反乱を起こした。当時の金文によれば反乱の中心人物は彔子聖《ろくしせい》（大保簋・『殷周金文集成』四一四〇）であり、文献資料には「紂王の子の禄父《ろくほ》」（『史記』周本紀など）として記されている。成王は、反乱を鎮圧した後、殷の都に近い洛邑

武王—成王—康王—昭王—穆王┬共王—懿王—夷王—厲王——（共和）——宣王—幽王
　　　　　　　　　　　　　　└孝王

図表4-1 西周王朝の系譜（建国後）

に副都（成周《せいしゅう》）を建設した。

成王やその子の康王の時代には、殷の旧領だけではなく、さらに遠方にまで領土を広げた（伊藤一九七五・佐藤二〇二一など）。その際に用いられたのが「封建《ほうけん》」である。これは、王の子弟や功臣を諸侯に任命し、土地や人民を分け与えるという制度である。文献資料では、《五帝や夏王朝の時代から封建があった》（『史記』五帝本紀など）とするが、一次資料で封建が確認できるのは西周代初期の金文（宜侯矢簋・『殷周金文集成』四三二〇、克罍・『近出殷周金文集録』九八七など）が最初である。

なお、西洋のフューダリズム（feudalism）も「封建」と呼ばれるが、これは契約関係であり、西周王朝の封建とは異なっている。あくまで訳語として便宜的に使用されただけである（溝口ほか二〇〇七）。日本史で言えば、江戸幕府の親藩・譜代大名が西周王朝の封建に近い概念である。

西周代初期には、王畿《おうき》（王の直轄地）の金文に「賜与儀礼《しよぎれい》」が多く見られる。これは、上位の者（王や有力者）が下位の者（王畿内の中小領主層）の奉仕に対して、高級品である宝貝や銅塊《どうかい》・名馬などを与える儀礼であり、殷末の宝貝賜与（第三章参照）を発展させた儀礼である。

おおまかに言えば、西周王朝は獲得した土地や財物を臣下に与えることで、上下関係を規定・明示していたのである。この方法は、土地や財物を継続的に獲得する必要があり、安定した制度ではなかった。

成王・康王の時代には、軍事進出した土地に封建領主を任命するという形で領土を拡大したが、第四代昭王《しょうおう》の時代に変化が起こった。長江流域に南征した際に、昭王が死去したのである。同時代資料にも文献資料にも詳しい状況は記されていないが、第五代の穆王《ぼくおう》以降、西周王朝の拡大が停止する（伊藤一九七七・佐藤二〇一六など）ので、王朝が対外進出を諦めるほどの大敗と大損害があったと推定される。

西周代中期の停滞と冊命金文

昭王の敗死は、ただ対外進出を断念するだけでは収まらなかった。それまでは土地や財物の獲得によって王朝の支配が保たれていたため、それが入手できなくなったことで、支配体制そのものの再構築を迫られたのである（落合二〇一二・佐藤二〇二一など）。

このときに西周王朝が選んだ戦略が「賜与から冊命《さくめい》への転換」であった。穆王・共王《きょうおう》の時代以降の金文では、賜与儀礼が激減し、代わりに「冊命儀礼」が増加する。これは、王が中小領主層の人物を「官職」に任命するという儀礼であり、「冊命」とは王の命令を文書（冊）に記録するという意味である。

次に挙げたのは、冊命金文《さくめいきんぶん》（冊命儀礼を記した金文）の一例であり、虎《こ》（師虎《しこ》）という人物が王

図表4-2 冊命金文の例
（師虎簋・『殷周金文集成』4316）

から左右戯《さゆうぎ》繁荊《はんけい》（軍事に関係する官職）に任命されたことを記している（原典は**図表4-2**）。作成者は王ではなく虎である。

元年の六月、王が杜《と》という離宮の大室にやってきた。井伯《せいはく》が入ってきて師虎を右《たす》け、中庭で北に向いた。王は内《ない》史《し》（秘書官）を呼んで言った。「虎に冊命せよ」と。

王は次のように言った。「虎よ、先王の時代に、すでに汝《なんじ》の父祖に命じて左右戯繁荊に任命した。今、私も先王の命令を受け継ぎ、汝にも父祖と同じく左右戯繁荊に任命する。朝から晩まで慎み、私の命令を破ってはならない。汝に儀礼用の赤い靴を賜与する。もって事《つか》えよ」と。虎は最敬礼し、天子（周王）の大いなる賜物《たまもの》に感謝した。これを記念して父を祭る青銅器を作った。子々孫々、永く宝として用いるように。

虎を右《たす》けたという井伯は、虎の補佐役ではなく、むしろ上位者であり、王朝の有力者（大臣クラスの人物）であった。一方、官職に任命された虎は、中小領主層の人物である。それまでの賜与儀礼は個別の上下関係しか示せなかったが、冊命儀礼では、王―有力者―中小領主という王朝の身分階層《ヒエラルキー》が一つの儀礼で表示可能になったのである。

そのほかにも冊命儀礼の利点は多い。それまでの賜与儀礼と違い、官職を象徴する物品（前掲の例では赤い靴）を与える形式になったので、宝貝や銅塊のように外部からの供給に左右されない体制を構築することができた（落合二〇〇六B）。

また、冊命儀礼による「官職」の概念は終身で有効であり、奉仕のたびに返礼としての財物が必要な賜与儀礼よりも上下関係を継続することに効果があった。

当時の「官職」は、支配機構の一部分だけを構成するものであり、しかも、すでに担っていた職事や獲得していた権益を公認するという程度（吉本二〇〇五）だったので、後代（戦国時代以降）の官僚制ほど厳密なものではない。しかし、王朝は中小領主の管理が容易になり、中小領主は王朝の公認を得られるという形になったので、相互に有益な方法であった。

このように、拡大を停止した西周王朝は、冊命儀礼を通して支配の安定化を図ったのである。また、領土拡大の停止に対応して、新規の封建もほとんどおこなわれなくなった（既存の土着領主を諸侯に認定する例は見られる）。

西周代後期の貴族権力

冊命儀礼は、先に述べたように王朝にとって利点が多かったが、長期的に見ると欠点も存在した。有力者や中小領主層の権益を公認し、しかもそれが世襲される場合が多かったため、王朝内の世襲的な権益継承者、すなわち貴族が出現したのである。有力者の家系が大貴族になり、中小領主層は中小貴族になった。

なお、貴族制出現の契機としては昭王の敗死であるが、領土の拡大は無制限ではなく、生産・補給体制や命令系統の発達に依存するので、どこかの段階で停止したはずである。そうであれば、世襲的な権益確保に移行することは必然だったのかもしれない。

貴族制の出現は、血縁集団の形態も変えた。西周代初期までは、仮想の祖先を共有する集団（氏族）であった（序章・第一章を参照）が、西周代中期に世襲の貴族制に移行した結果、実際の血縁（系譜）をたどることができる「宗族《そうぞく》」が出現した（落合二〇一二）。文化人類学では、前者をクラン（clan）、後者をリネージ（lineage）と呼んで区別する。

また、西周代の諸侯や貴族は、各々が「姓」を自称したが、第一章で述べたように、「姓」は必ずしも実際の血縁関係がない仮想の設定である。これ以降の血縁集団は、仮想の「姓」と実際の「宗族」という二重構造になった。

政治的に見ると、西周王朝の後期には、大貴族が勢力を増した。王は領域拡大の停止によって権力をほとんど伸長できなかったのに対し、大貴族は権益を世襲することで王朝内部での権力を増長させていったのである。

さらに、第十代の厲王《れいおう》が追放されるという事態が発生した。次に挙げたのは、『史記』周本紀の要約であるが、実のところ、これも定型《テンプレート》通りの《暴君説話》であって、歴史的根拠がある言説ではない。なお、厲王以降は『史記』の年次表記が整っており、具体的な年数（西暦）を知ることができる。

夷王《いおう》が死去し、その子の厲王が即位した（紀元前八七八年）。利益を好み、同じく利益を好む栄夷公《えいいこう》を大臣にした。厲王のおこないは暴虐で、傲《おご》り高ぶっており、国人は王を謗《そし》った。厲王は怒り、衛《えい》から巫祝《ふしゅく》（シャーマン）を呼び、謗る者を監視させて殺させた。即位三十四年目（紀元前八四五年）に、厲王はますます監視を厳しくしたので、誰も謗らなくなった。「民の口を防ぐのは水の流れを塞ぐのよりも危険である」との忠言にも耳を貸さなかった。その三年後、みな背いて厲王を襲い、厲王は彘《てい》という所に出奔した。

一方、同時代資料である西周代後期の金文は、むしろ周王が権力を失いつつあった状況を示している。

図表4-3 大貴族の権力を示す金文
（卯簋蓋『殷周金文集成』4327）

図表4―3は厲王代の金文であり、《栄夷公》のモデルになったと思われる熒伯《えいはく》がおこなった儀礼が記されている。栄（旧字は榮）と熒は文字史料上で通用する関係にある。

この金文は、大貴族である熒伯が親族の熒季《えいき》を介して卯《ぼう》という人物に家産を治めさせる内容であり、王がおこなう冊命儀礼を模した僭上《せんじょう》行為である（白川一九七二）。また後半に記された「卯は最敬礼して燮伯の賜物に感謝した」という部分も、王から官職に任命された中小貴族が王に感謝する文言と全く同じである。

さらに重要なことは、この金文（青銅器）を作ったのは燮伯や燮季ではなく、家産管理人の卯であったという点である。金文の作成者は、それまでは基本的に中小貴族だったので、西周代後期には、大貴族は私的な家臣すら中小貴族と同等の経済力を持つようになったことを示している。

このように厲王代には、大貴族がきわめて大きな権力を持つようになっていた。当然、燮伯は『史記』が言うような佞臣ではなく、王と権力闘争をしていたと考えられる。

なお厲王は、即位年数や子の宣王の年齢（後述）から見て、幼少時に即位したと推定される。このことも、大貴族との権力闘争において不利に働いたのであろう。

厲王は、失われつつあった権力を取り戻そうとして、淮水《わいすい》流域などへの遠征を繰り返しおこなった（松井二〇〇二・佐藤二〇一六など）。前述のように、領域の拡大停止が王権の相対的低下を招いたのであり、権力を強めようとすれば選択肢は外征しかなかったのである。しかし、それが貴族層の反発を招き、厲王は即位三十七年目（紀元前八四二年）に追放された。

共和時代から宣王時代

厲王の追放後、「共和《きょうわ》」と呼ばれる時代が十四年間（紀元前八四一～前八二八年）つづいた。『史記』は「共《とも》に和《わ》す」と読んで《召公・周公の二人の大臣が行政をおこない、「共和」と号した》と解釈するが、召公・周公は西周代初期の人物であり、当時の金文にはその名を称する人物が見られない（張二〇一四など）。したがって、この解釈は後代の創作ということになる。

実際には、大貴族の「共伯和《きょうはくわ》」という人物が権力を握った時代であった。それを略して「共和」と呼んだのである。

共伯和は、後代に《名君だった》（『呂氏春秋』）と評価されたり、逆に《王位をのっとった》（『竹書紀年』）と言われたりもしたが、共伯和自身の人格について知ることのできる資料は残っていない。

当時の金文によれば、先に挙げた燮伯と同様に冊命を模した儀礼をおこなっており、共伯和が大きな権力を持っていたことだけが分かる。**図表4－4**は、共伯和が家臣の師獣《しき》という人物に命令したという内容である。なお、文中では共伯和が「伯龢《はくわ》」と呼ばれており、和と龢は文字史料上で通用する関係にある。

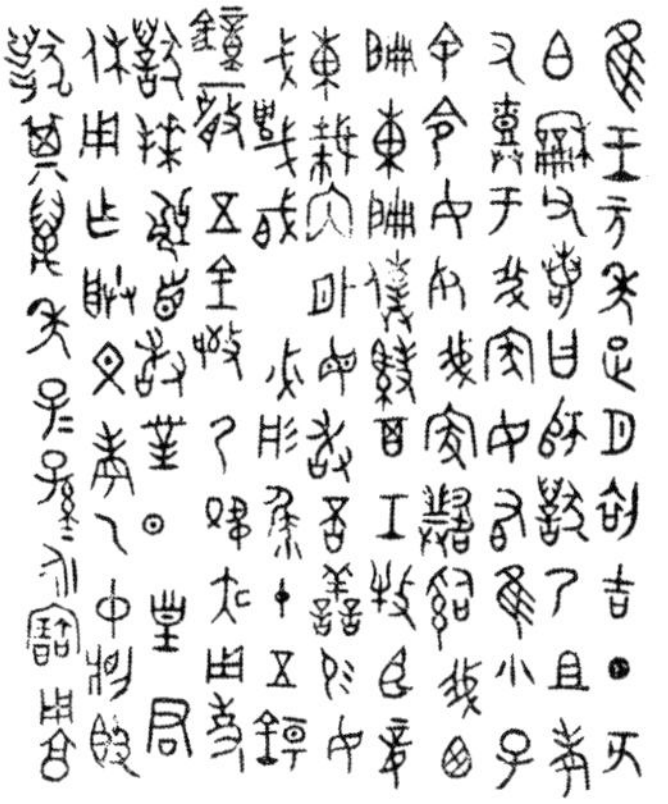

図表4-4 共和時代の金文
（師獣簋・『殷周金文集成』4311）

やはり「師獣は最敬礼して君主（共伯和）の賜物に感謝した」と記されており、王がおこなう冊命儀礼を模している。また、共伯和ではなく私的な家臣である師獣が金文を作っていることも、燮伯の場合と同様である。共伯和の個人としての考えは読み取れないが、権力構造としては、王権が大貴族によって侵食されるという状態が続いていたことが明らかである。

その後、厲王の子の宣王が成人後に王位に即き、共和時代は終わった。宣王の取った方法も厲王とほぼ同じであり、戦争によって権力を獲得しようとするものであった。ただし、厲王と違って宣王は大きな戦果を挙げた。

当時の金文によれば、宣王は即位して五年目（紀元前八二三年）に、西北方面の敵対勢力である玁狁《けんいん》（『史記』で言う犬戎）に戦争で勝利した。十二年目と十三年目にも玁狁に派兵して勝利している。さらに、十八年目には淮水流域の淮夷《わいい》という敵対勢力にも勝った（馬一九八八・李二〇〇七など）。こうして、宣王は戦勝によってカリスマ性を獲得したのである。

また、文献資料によれば、宣王は三十二年目に魯の継承紛争に介入し（『史記』魯周公世家）、近出の金文によれば、四十二年目にも玁狁に勝利している（四十二年逨鼎・『近出殷周金文集録二編』三二八）。こうして、宣王は四十六年目（紀元前七八二年）に死去するまで、大貴族を抑えこんで君臨した。

しかし、王朝として見ると、宣王のカリスマ的支配は個人の能力に頼った体制であり、長期的な問題解決にはなっていなかった。宣王の時代にも権臣としての大貴族が存在し（李二〇〇七・佐藤二〇一六など）、その子の幽王の時代にも相変わらず大貴族の権力は強かった。さらに、地方の諸侯も封建から二百年以上が経ち、農地の新規開拓や小都市の併合によって大きな軍事力を持つようになっていた。

幽王の時代には、内部には大貴族の既得権益という問題を抱え、外部からは諸侯の干渉を受けるようになっていた。しかも、幽王には宣王のような軍事的才能がなかったため、打開策が存在しなかったのである。

第三章では、文武丁の改革政策をその子の帝辛が維持できなかった可能性を示したが、宣王と幽王の関係は確実にその形である。より一般化して言えば、才能のある人物が構築したシステムは、才能のある人物でなければ維持できないということである。こうした例は、後代の中国史にも見られ、秦の始皇帝と二世皇帝や、隋の文帝と煬帝が代表的な例である。

西周王朝の内乱と滅亡

先に述べたように、西周王朝の滅亡は『史記』が言う《オオカミ少年》のような理由ではなかった。滅亡の実際の原因は、長期にわたる内乱である。

西周王朝の滅亡に関して比較的信頼できるのが、『竹書紀年《ちくしょきねん》』という文献である。『竹書紀年』は、もとは戦国時代の魏で作られた年代記の竹簡《ちっかん》であり、『史記』よりも成立年代が古い。それが紀元後三世紀に出土し、文献資料として書写された。

さらに、二〇一三年になって発表された出土文字資料の『繫年《けいねん》』（中国の清華大学が入手した竹簡の一部）によって、より詳しいことも明らかになった。これも戦国時代に作られたものであり、南方の楚の資料である。

この二つの資料から復元できる西周王朝滅亡の経緯を要約すると、次の通りである（系譜は**図表4-5**、地図は**図表4-6**に挙げた）。

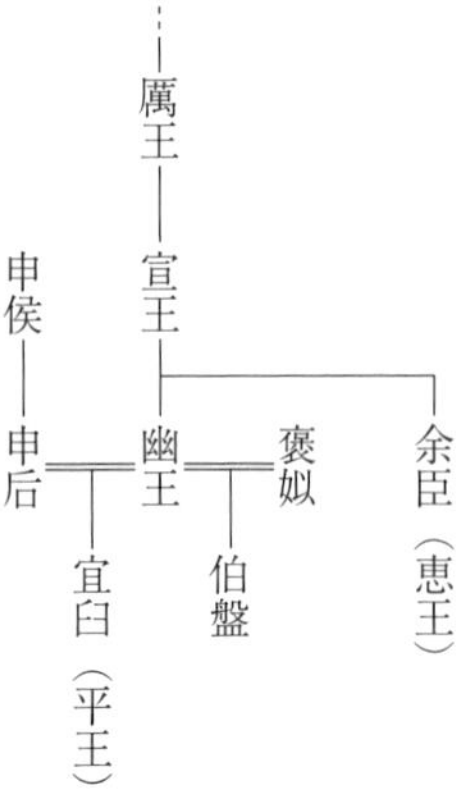

図表4-5 西周末期の系譜（『竹書紀年』と『繋年』による）

幽王は、初め申という諸侯から正室を迎えており、宜臼（平王）を生んだ。その後、幽王はまた褒姒を娶《めと》り、伯盤《はくばん》（『史記』の伯服と同一人物）を生んだ。

褒姒が幽王に寵愛され、即位八年目（紀元前七七四年）に褒姒の子の伯盤を太子とし、元の太子の宜臼は申に亡命した。

幽王は軍隊を発して申を包囲したが、繒という諸侯が西戎とともに幽王を攻撃した。幽王は伯盤とともに戯《ぎ》（岐《き》山《ざん》とされる）で殺され、周王朝は滅亡した（紀元前七七一年）。

そこで、大貴族の虢公翰《かくこうかん》（おそらく『史記』の《虢石父》のモデル）は幽王の弟の余臣《よしん》を擁立した。これが攜《けい》（王都の鎬京とされる）の恵王《けいおう》である。一方、諸侯の申・魯・許《きょ》は宜臼（平王）を申で擁立し、周に二人の王が並び立った。

攜の恵王は即位して二十一年目（紀元前七五〇年）に、平王に味方した晋の文侯（春秋時代の覇者の文公とは別人）によって虢で殺された。

しかし、平王は九年間も周の王都に入ることができず、大臣や諸侯も朝見しなかった。その後、晋は平王を王都に擁立（紀元前七四〇年）したが、早くも三年後には東の洛邑に遷ることになった。晋が西方の旧王畿を治め、また鄭《てい》（周王室の分家）が東方の諸侯を管理した。

こちらは本章冒頭の『史記』の説話と違い、明確な矛盾はないので、細部はともかく、骨子は事実を伝えていると考えられている。幽王の後継者として伯盤と宜臼が争い、幽王・伯盤の死後も、王畿内の大貴族が擁立した余臣と王畿外の諸侯が擁立した宜臼が戦ったのである（犬戎などの影響がどの程度あったのかは諸説あり）。

かつては、『竹書紀年』に基づき余臣の敗死は文侯の即位二十一年目（紀元前七六〇年）と推定されていたが、『繫年』の発見により、余臣の即位二十一年目（紀元前七五〇年）であることが明らかにされた。また、『繫年』によれば平王は九年間も王都に入れず、しかも入城の三年後には東方の洛邑に遷都している。

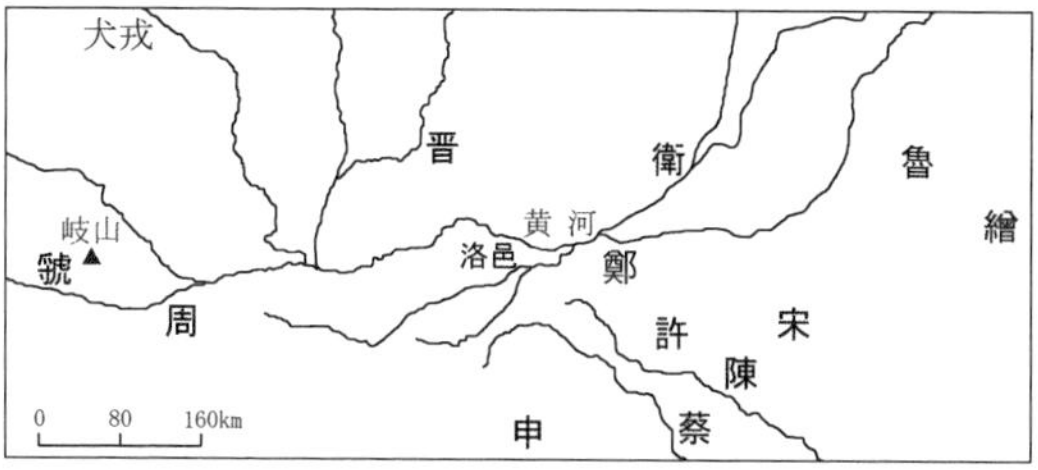

図表 4-6　西周末期の内乱関連図（譚 1982 を元に筆者が作成）

つまり、内乱が二十年以上にわたって続き、その後も十年以上にわたって混乱した時代が続いたのである。しかも平王は、本来の太子であった可能性はあるが、結果として追放されているため、扱いとしては庶子であり分家となる。そのため、平王の即位は、本家（西周王朝）が滅亡し、分家である平王が東方の洛邑で王権（東周王朝）を維持したという形になる。

このように、西周王朝の滅亡は幽王個人だけの問題ではなく、王朝内の既得権益の蓄積により大貴族や諸侯が大きな権力を持ったことが原因であった。その結果、各々が王を擁立し、内乱になったのである。後嗣の変更が内乱のきっかけになったとすれば、幽王に失政がなかったとは言えないが、当時の権力状況を見れば、それがなくてもいずれ何らかの形で内乱になっていたことは明らかである。

コラム

《幽王・褒姒説話》の成立過程

春秋時代の幽王批判

幽王と褒姒の説話も同時代の記録ではなく、後世に創作されたものであった。ただし、紂王の《酒池肉林》とは違い、早い段階から幽王個人への批判が強かった。

しかし前述のように、幽王代よりも前の段階で、大貴族や諸侯が大きな力を持つようになっており、王であっても制御が困難な状況になっていた。また、幽王死後の混乱は合計して三十年以上にわたっており、これによって周王朝は衰退した。平王以降、東周王朝は伝統的な権威は保持したものの、政治的な権力や軍事力を失ったのである。

つまり、西周王朝の滅亡と東周王朝の権力喪失は、幽王だけの責任ではなかったのである。しかし、春秋時代には西周代末期の状況が伝わらず、幽王個人の問題に置き換えられた。

《幽王がもっと上手に政治をしていれば、今でも中原《ちゅうげん》全体を支配する王朝として君臨していたはずだ》と考えられたのである。

幽王への批判は、春秋時代の詩を集めた『詩経』に見ることができる。次に挙げたのは、幽王を批判した詩の部分要約であり、東周王朝の宮廷で歌われたものである。

十月朔日《ついたち》に日食があった。たいへん不吉なことで、人々は悲しんでいる。地震で山や丘が崩れ落ちた。今の人（幽王を指す）はなぜ反省しないのか。執政大臣（虢公翰か）は私を労役に出し、田畑は荒れ地になった。王の妻（褒姒を指す）は盛んな権力である。

（小雅・十月之交篇）

偉大な天は、その徳を顕《あらわ》さず、人々に死と飢饉を降《くだ》した。四方の国を損ない、罪なき人を苦しめた。周の都は滅び、留まる所もない。執政大臣は都を離れ、諸侯も朝見しなくなった。（小雅・雨無正篇）

古代において、災害は単なる自然現象ではなかった。不徳の王に対し、天が王朝を滅ぼす前兆と考えられたのである。より正確に言えば、春秋時代になってから、「今になってみればあれが前兆だった」として地震や飢饉の記憶を並べ、幽王やその周りにいた褒姒や執政大臣の責任を問うたのが前掲の詩である。

このように、西周の滅亡は、王朝全体の問題だったものが、個人の問題として矮小化されたのである。

戦国時代の教訓説話

さらに、戦国時代になると、紂王の場合と同様に教訓説話が求められた。夏の桀王、殷の紂王、および幽王の先々代で臣下によって追放された厲王と合わせて、「桀紂幽厲《けっちゅうゆうれい》」と通称されるようになった（『墨子』や『管子』など）。いずれの王も、《政治を顧みず、王朝を滅ぼした》や、《優秀な臣下を迫害・冷遇し、佞臣を近づけた》などの説話が作られている。

幽王について言えば、本章冒頭に挙げた《伯陽甫の予言》の説話は、戦国時代に作られた『国語』の周語という篇に記載されており、『史記』はほぼそのまま周本紀に採用している。また、《褒姒》や《虢石父》の説話も戦国時代後期に作られた『呂氏春秋』の疑似篇・当染篇に原型があり、これが前漢代に著された『史記』の記述になった。

戦国時代には君主の権力が強大になったため、君主の意向次第で国家が栄えたり衰えたりすることも少なくなかった。だからこそ、戦国時代には君主のための教訓説話が重要視されたのである。一方、西周代やそれ以前には君主の権力が相対的に小さく、そのため君主が対処できない問題が多かった。

そうした時代的な違いを無視して作られたのが《暴君説話》や《名君・賢臣説話》なのであり、作られた時代の思想研究としてはともかく、対象となった時代の歴史資料としては使い道がないのである。

なお、初期の王朝は君主権が小さかったこともあり、さまざまな問題を先送りにする傾向があったが、むしろそのために王朝自体は長く存続したようである。二里頭文化の王朝が三百年以上、殷王朝は五百年以上も続いており、西周王朝はやや短かったが、それでも三百年近く続いている。逆の例は強力な独裁制であった秦王朝などに見られること（第十二章で述べる）であるが、強権による改革はハイリスク・ハイリターンなのである。

第2部

春秋時代

第五章
斉の管仲——衣食足りて礼節を知る

1　《管仲説話》とその虚構性

《管鮑の交わり》

西周王朝は内乱によって滅亡し、分家の東周王朝が洛邑《らくゆう》に遷都した。これによって春秋時代に入る。春秋時代には、周王朝が軍事的権力を失ったため、各諸侯がそれぞれ独自に外交を展開し、国際関係を構築するようになった。これ以降、本書では諸侯を「国」と呼ぶことがある。

春秋時代には、当初は大諸侯から都市国家まで数百の国が存在した。その中で、最初の覇者《はしゃ》になったのが斉《せい》の桓公《かんこう》であり、紀元前六八〇年のことである。そして、宰相《さいしょう》（首席大臣）として桓公の補佐をしたとされるのが管仲《かんちゅう》（管夷吾《かんいご》）という人物である。

次に挙げた文章は、『春秋左氏伝《しゅんじゅうさしでん》』という文献の部分要約であり、桓公が管仲を登用するに至った過程を記している。

斉国で内乱があり、公子の小白《しょうはく》（桓公）と子糾《しきゅう》が乾時《かんじ》というところで戦った。子糾は敗れて殺されたが、子糾の配下の管仲は捕虜になり、桓公の配下の鮑叔《ほうしゅく》が身柄を預かった。鮑叔は堂阜《どうふ》というところで管仲の縛《いまし》めを解き、帰って桓公に「管夷吾は（上級貴族の）高傒《こうけい》よりも統治に優れているので補佐とするのがよいです」と言った。桓公はこれに従った。（荘公九年＝紀元前六八五年）

より詳細な記述は『史記』にも見られる。次に挙げたのは、管晏《かんあん》列伝という篇からの抜粋・要約である。

管仲は若いときに常に鮑叔と交遊し、鮑叔は管仲の賢さを知っていた。管仲は貧しく、いつも鮑叔をだましたが、鮑叔は最後まで文句を言わなかった。

鮑叔が小白（桓公）に事《つか》え、管仲は子糾に事えた。小白が勝って即位し、子糾は死に、管仲は捕虜になった。しかし鮑叔は管仲を桓公に推薦し、管仲は斉の政治を任された。のちに斉の桓公が覇者となり、諸侯を集めて天下を正したのは、管仲の献策によるものである。

管仲は言った、「私が貧しかったとき、鮑叔と商売をし、自分の分け前を多くしたが、鮑叔は私を貪欲とはしなかった。私が貧しいのを知っていたからである。私はかつて三回仕官して三回とも免職になったが、鮑叔は私を愚かだとはしなかった。私が時宜にあわなかったのを知っていたからである。私を産んだのは父母であるが、私を知る者は鮑叔である。」

こうした管仲と鮑叔の友情は、《管鮑《かんぽう》の交《まじ》わり》と称される。

そして、宰相になった管仲が桓公に対して提言したという内容が『管子《かんし》』という文献資料にまとめられている。以下はその抜粋・要約である。

管仲による桓公への献策

国家に財が多ければ遠くからも人がやって来る。土地を開墾すればそこに民が留まる。倉が満ちれば礼節を知り、衣食が足りれば栄辱《えいじょく》を知る。(牧民篇)

法律制度が悪くならなければ、民は勝手なことをしない。刑罰が厳密におこなわれれば、民は善をおこなうようになる。地位や俸禄が適切であれば、下位にある者が上位の者に反抗しなくなる。この三つが官府にあることが法であり、実施されれば習俗となり、特に努力しなくても国が治まる。(法禁篇)

五軒の家をまとめて「軌《き》」とし、その長として「軌長」を置く。十の軌をまとめて「里《り》」とし、その長として「里司《りし》」を置く。四の里をまとめて「連」とし、その長として「連長」を置く。十の連をまとめて「郷《きょう》」とし、その長として「郷良人《きょうりょうじん》」を置く。五つの郷をまとめて「師《すい》」とする。軍事においては、(一家から一人を徴兵して)五人を「伍」として軌長が率い、五十人を「小戎《しょうじゅう》」として里司が率い、二百人を「卒《そつ》」として連長が率い、二千人を

「旅《りょ》」として郷良人が率いる。一万人が「軍」となり五郷の帥がこれを率いる。（小匡篇。**図表5－1**を参照）

国家が貧しくて予算が足りなければ、兵士は弱く、指揮官も督戦《とくせん》せず、戦っても勝てず、守りも堅くならない。（七法篇）

『管子』に記された政治思想は、簡単に言えば富国強兵と法治主義を主眼としている。

行政区画 規模	軌 5家	×10 里 50家	×4 連 200家	×10 郷 2000家	
長官	軌長	里司	連長	郷良人	帥
軍事単位 規模	伍 5人	×10 小戎 50人	×4 卒 200人	×10 旅 2000人	×5 軍 10000人

図表5－1『管子』に記された行政区分と軍事制度

春秋時代の身分制

ここまでに文献資料に記された管仲の説話を挙げたが、実のところ、全て後代の創作であり、春秋時代の社会状況に合致しない。

まず重要な点は、春秋時代の諸侯は各国で貴族制が採用されていたということである。西周王朝は中期に貴族制に移行した（第四章参照）が、春秋時代の各諸侯でも、それと同じように世襲の貴族制になっている。諸侯の下に大貴族があり、その下に中小貴族があるという構造も同様である。春秋時代の上級貴族は「世族《せいぞく》」と呼称され、中下級貴族は「国人《こくじん》」である（吉本二〇〇五）。国人には、比較的身分が高い「大夫《たいふ》」と下位の「士《し》」が含まれている。

春秋時代の貴族も、君主から一定の所領や俸禄を受け取る権利を持っていた。管氏や鮑氏は、中～上級貴族層だったので、『史記』が言うような《貧しかったとき》というのはあり得ない。同時に、春秋時代の諸侯の人事は閉鎖的であり、亡命者を除いて他国の君主に事えることはなかったので、《三回仕官して》というのも春秋時代の記述として矛盾する。

また、春秋時代には上級貴族が大臣になることが一般的で、中級貴族ですら要職への登用は希《まれ》であった（吉本二〇〇五・宇都木二〇一二など）。まして、《「管夷吾は（上級貴族の）高傒よりも統治に優れている」》などという発言が公式に記録されたはずがない。

さらに、春秋時代の身分制は社会の末端にまで及んでおり、貴族層と農民層・商工層は区別されていた。そうであるから、高位の貴族階層の人物が《商売をし》たはずもない。万一、何らかの理由でそこまで没落した場合には、貴族に戻ることは不可能である。

一方、戦国時代になると、世襲の貴族制が崩壊して非世襲の官僚制へと移行する（第八・九章で述べる）。そのため、官僚であっても「若いとき貧しかった」や、「没落して商人になった」などの状況があり得るようになる。《管鮑の交わり》の説話は、明らかに貴族制が崩壊した戦国時代以降に作られたものである。

また戦国時代には、貴族制の崩壊とともに君主が人事権を握ったので、知識人であれば、身分が低い人物はもちろんのこと、外国出身の人物ですら登用が可能になった（第八章などで述べる）。《三回仕官して》というのも戦国時代の人事制度を前提にした記述である。

『春秋左氏伝』は先に挙げた資料の中では最も古くに作られたものであるが、それでも基本部分の成立は戦国時代前期（紀元前四世紀中期）であり（本章後述）、桓公の時代からは三百年も後のことである。それに対し、同時代の資料では、現状では管仲を宰相とする記述がない。しかも、貴族としての管氏・鮑氏は実在したものの、人物としての管仲（管夷吾）や鮑叔は実在すら証明されていない。《管鮑の交わり》などの説話は、全て創作と考えるのが妥当である。

『管子』に記された内容も同様に、戦国時代以降の社会を前提にしている。第一条の牧民篇は、短く略して「衣食足りて礼節を知る」として知られているが、原文は「倉廩《そうりん》実つれば則《すなわ》ち礼節を知り、衣食足らば則ち栄辱を知る」である。現代風に言えば、所得（衣食）が十分であれば法的な善悪（栄辱）が理解でき、さらに貯蓄（倉廩）が十分であれば社会秩序を保つ行動（礼節）が理解できるという内容である。

しかし、春秋時代には、農民に礼節を求めることは一般的ではなかった。春秋時代には貴族が各々の領地を経営しており、農民はそれに従属する存在であった。また、西周代に広まった農奴制を反映して、春秋時代にもある程度の農奴がいた。

一方、戦国時代には貴族制から官僚制に移行したため、農地経営も個々の農家に独立して任せられるようになり、また移住も盛んになった（第九章で述べる）。こうした状況で、はじめて農民にも《遠くからも人がやって来る》や《礼節を知る》が求められるようになったのである。

このように、『管子』も後代の仮託であり、春秋時代の歴史的事実ではない。《衣食足りて礼節を知る》も管仲の言葉ではなく、戦国時代の思想家の主張である。

成立過程には諸説あるが、早く作られた篇でも戦国時代中期（紀元前三〇〇年ごろ）、遅いものでは前漢中期（紀元前一〇〇年ごろ）まで降《くだ》り、最終的な編纂は前漢末期（紀元前一世紀末期）とするのが有力である（金谷一九八七）。『管子』は、管仲の死後三百年以上も経ってから作り始められ、さらに現在の形になるまでに約三百年もかかっているのである。

春秋時代の法と戦争

さらに、『管子』の記述は春秋時代の法律や戦争形態とも矛盾する。

第二条の法禁篇は、法律を官府（役所）が厳密に施行し、それによって国家が安定することを述べている。しかし、春秋時代には成文法《せいぶんほう》（文章になった法律）は存在しなかったのである。

春秋時代は貴族制の社会であり、慣習法《かんしゅうほう》によって貴族が各自の領地を治め、また貴族間の関係なども処理された。資料の記述から間接的に慣習法の体系を推定することは可能である（宇都木二〇一二・水野二〇二〇など）が、必然的に、文字資料としては春秋時代以前の法律は残っていない。

一方、戦国時代になると官僚制が普及したため、官僚の職掌や給与などが成文法で定義されるようになり、また法律に従ってそれぞれの行政区画が管理された。君主が官僚を制御して国家全体の土地や人民を統治する場合には、成文法の方が効率的だったのである。

こうして、戦国時代に各国で成文法の整備が進んだ。成文法の出現は早くとも紀元前五世紀後期のことであり、確実な資料としては紀元前四世紀前半が最古である（第九章で述べる）。

戦争形態という点で見ても、春秋時代は戦車が主力兵器であり、歩兵は補助部隊にすぎなかった（攻城戦や山岳地域の戎狄《じゅうてき》を攻める場合には歩兵部隊の活躍も見られる）。基本的に上級～中級貴族

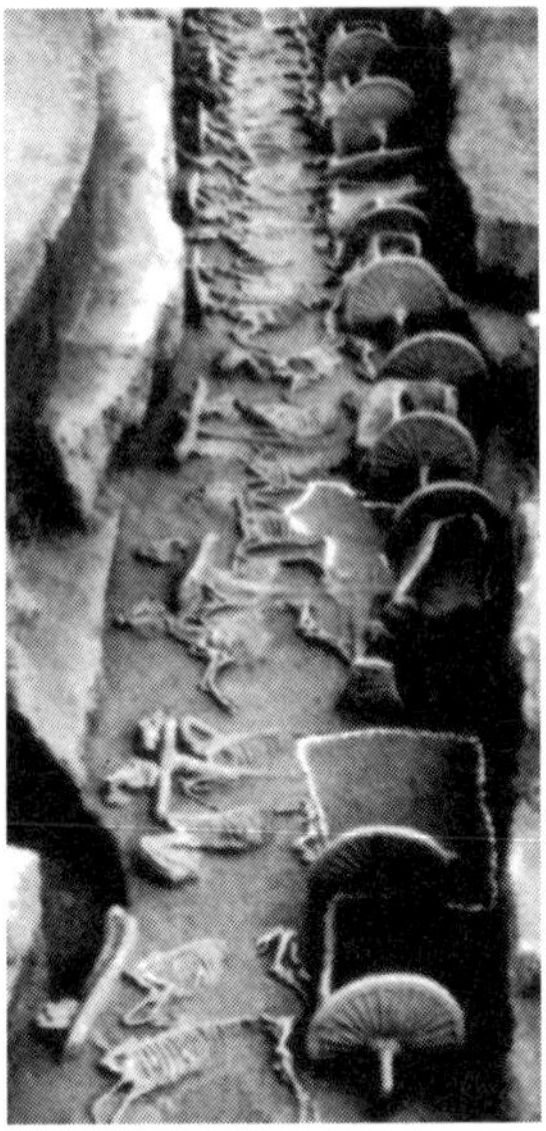

図表5–2 春秋時代の戦車
（郭2004から引用）

が戦車を操り、下級貴族が歩兵になったと推定されている。また農民からの徴兵は見られない（吉本二〇〇五）。**図表5−2**は、発掘された春秋時代の戦車（馬と車体）であり、貴人の殉葬である。

戦車は殷代から使われており、西周代に貴族制が成立してからは貴族が扱う兵器になった。社会構造として見ると、貴族が戦って国を守ることで自身の特権を維持するという交換関係である。

これに対し、戦国時代には貴族層が衰退し、それに代わって徴兵された農民が兵士（歩兵）として主力になった（第九章で述べる）。戦車戦から歩兵戦への転換である。第三条の小匡篇は、平時の行政区画が戦時の部隊単位になるという記述であるが、戦国時代の徴兵制を前提としており、春秋時代の社会としてはあり得ない内容である。

また、農民は貴族と違い、戦っても特権は得られないため、戦闘意欲に乏しい。そのため、平時の官僚が隊長となって農民兵士を督戦する必要が生じた。第四条の七法篇は、そうした状況を反映した記述である。

2 斉覇の実態

春秋時代の歴史資料

斉の桓公は、最初の覇者になった人物として知られているが、すでに述べたように、それは管仲の献策によるものではなかった。それでは、斉の桓公はどのようにして覇者になったのだろうか。それを理解するためには、春秋時代初期の国際関係を知る必要がある（**図表5―3**は春秋時代の地図であり、主な諸侯のみを表示した）。

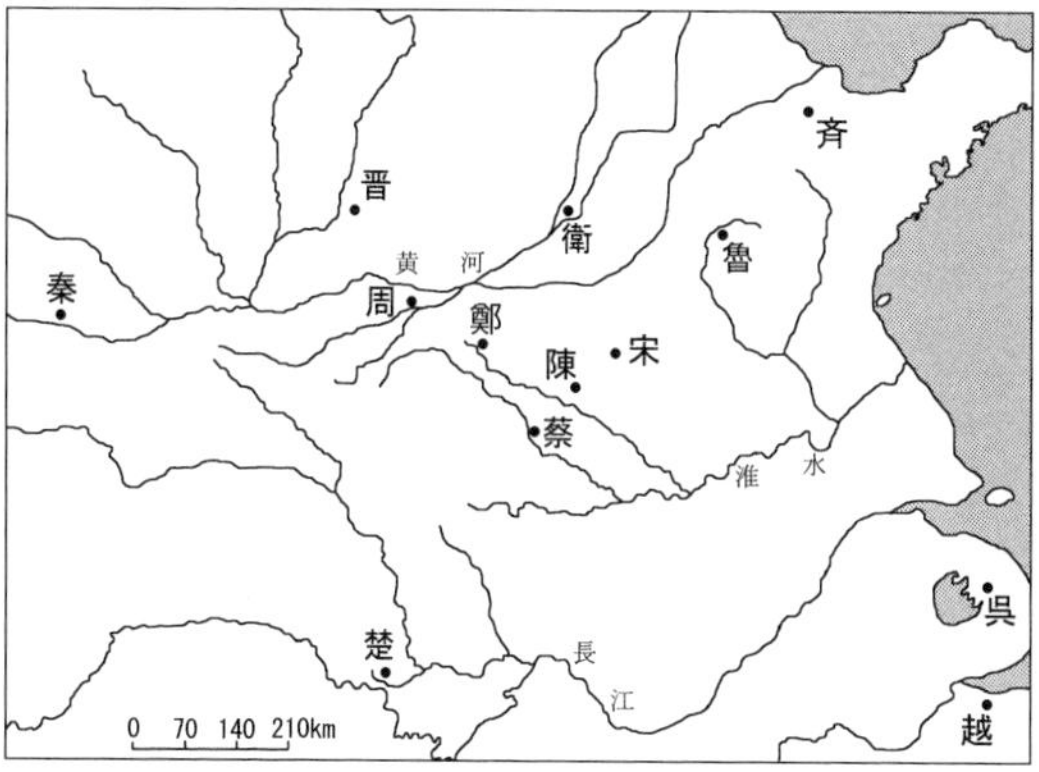

図表5-3 春秋時代の主な諸侯
（小倉 1988 を元に筆者が作成）

春秋時代の歴史を復元する上で重要なのは、『春秋』と『春秋左氏伝』という二つの文献資料である。前者は春秋時代における魯《ろ》の外交関係の記録であり、内容が信頼できる（山田二〇〇四A・小林二〇一五など）。後者は、それに対して戦国時代に加えられた注釈書《ちゅうしゃくしょ》（解説書）である（以下、『春秋左氏伝』を『左伝《さでん》』と略す）。いずれも魯の君主の即位年数で表題が立てられている。なお、「春秋時代」という呼

欽定四庫全書　左傳注疏巻七　二十九
傳九年春雍廩殺無知○公及齊大夫盟于蔇齊無
君也○夏公伐齊納子糾桓公自莒先入注桓公小
白○秋師及齊師戰于乾時我師敗績公喪戎路傳
乘而歸注戎路兵車傳乘乘他車音義喪息浪反傳直專反又丁
戀反傳乘繩證反注傳乘字同乘他如字○秦子梁子以公旗辟于下道

図表5–4『左伝』荘公九年の一部（文淵閣四庫全書『春秋左伝注疏』。『左伝』に対する注釈を含む）

称についても書名の『春秋』が元になっている。

しかも『左伝』は、語句の注釈にとどまらず、多くの論評や説話を掲載している（図表5–4は『左伝』の例）。そのため、『春秋』だけでは分からない情報をもたらしてくれるのだが、春秋時代が終わってしばらく経ってから作られたものであるため、その内容は必ずしも信頼できない。『左伝』は、名目上は春秋時代末期の左丘明《さきゅうめい》という人物の作とされるため、「左氏」と呼称されるが、実際には後代の仮託である。

具体的には、『春秋』の記録対象が紀元前七二二～前四八一年であるのに対し、『左伝』が作られたのは戦国時代前期（紀元前四世紀中期）である（吉本二〇〇二A）。近い部分でも百年以上、遠い部分では四百年近い時代差がある。『左伝』には、その間に作られた多数の説話が収録されている。

『左伝』を全体として見ると、当時の国際関係や重大事件を提示した部分（本書では「地の文」と呼ぶ）は比較的信頼できるが、私的な行動や会話などの記述は全く信頼できない。この点を区別することが重要である。本章以降の第2部では、基本的に『春秋』および『左伝』の地の文のうち信頼できる部分を中心にして春秋時代の歴史を再構築する。

なお、春秋時代の同時代資料としては、西周代に引き続き金文もあるのだが、数量・内容ともに乏しく、歴史研究においては『春秋』ほどの価値を持たない（『春秋』の記述が少ない南方地域については例外的に金文が重要になることもある）。

春秋初期の紛争

東周王朝は、初代の平王が東遷した時には、すでに軍事的に弱体化し、政治的権力を失った状態だった（第四章参照）。しかし、紀元前七二〇年にその後を継いだ桓王《かんおう》（平王の孫）は、王権回復を目指し、鄭《てい》の権力を奪おうとした。

鄭は、西周王朝の宣王の弟（幽王の弟とも）を始祖とし、代々卿士《けいし》（王朝の大臣）を務めてきた。西周王朝の内乱から東遷までの間には、東方諸侯の管理者として活躍している（第四章参照）。そのため、後から権力を奪おうとする桓王とは対立関係になった。

そして、紀元前七〇七年に、諸侯の衛《えい》・陳《ちん》・蔡《さい》を率いた桓王が鄭を攻撃したが、逆に鄭が大勝し、桓王が負傷するほどであった（繻葛《じゅかつ》の戦い）。最終的に鄭は王朝の直轄地を分割し、自立して諸侯になった（松井二〇〇二）。これで政治的権力の回復は全く望めない状態になり、以後、東周王朝は伝統的権威のみを保持するようになる。

これと同時に進行していたのが鄭と宋《そう》の対立である。宋は殷王の末裔を称した諸侯（実際には臣下の末裔。落合二〇一二）であるが、当時は相対的に大きな軍事力を持っており、鄭と対立状態になった。

当初は、宋が衛・魯・陳・蔡と連合して鄭を攻撃しており、宋の方が優勢であった。しかし、紀元前七一六年に鄭が各国と和睦し、さらに紀元前七一〇年に宋で内乱が起こった。前述のように紀元前七〇七年に繻葛の戦いで勝利したこともあり、しばらくの間、諸侯間で鄭が優位に立った。ただし、鄭も紀元前七〇一年に起こった継承紛争で各国の介入を招き、優位が失われた。

このころに強大化したのが東方の斉であり、当時の君主は僖公《きこう》であった。斉は、西周代には辺境の諸侯であり、周王室の分家である魯や衛よりも格下だった（斉の出自については第三章末尾のコラムを参照）。しかし、春秋時代初期に強盛になり、各国と同盟を結んだり、軍事行動を起こしたりした。

そして、斉の近くにあった紀《き》という小国をめぐって魯と対立するようになった。紀元前七〇六年ごろから、斉は紀を併合しようとしており、魯がそれを阻んだのである。

斉と魯の対立は、紀元前七〇二年に直接的な戦争状態になった。その後、紀元前六九八年に斉の僖公が死去すると、後継者の斉の襄公《じょうこう》と魯の桓公（斉の桓公とは別人）がいったんは和平に向かい、紀元前六九五年の正月には斉・魯・紀の三者が会合して盟《めい》（同盟条約）を結んだ。しかし、早くも同年の五月に破綻《はたん》し、斉・魯が再び直接的に交戦した。

その翌年に、斉の襄公が魯の桓公を暗殺するという事件が発生した。その経緯について、『左伝』は次のような説話を掲載している。なお、魯の桓公は襄公の妹の文姜《ぶんきょう》を妻としていた（系譜は**図表5−5**を参照）。

正月に魯の桓公は斉の襄公と濼《ろく》というところで会合し、その後、文姜とともに斉に行った。襄公は妹の文姜と密通し、それが桓公に発覚した。桓公が文姜を責めると、文姜は襄公に告げた。四月、桓公を饗応する際に、襄公は公子の彭生《ほうせい》を桓公の車に同乗させ、桓公は車内で死去した。（桓公十八年＝紀元前六九四年）

《襄公が妹の文姜と密通し、それが夫の桓公に発覚したため、襄公が公子彭生に桓公を殺させた》という内容の説話であるが、これも事実ではない。

紀元前七〇二年以来、斉と魯の敵対関係が明確になり、しかも、前年の紀元前六九五年には直接の戦闘に及んでいる。魯の桓公が斉へ行ったというのは、当然、義兄弟の親睦などではなく、戦後の和平会談である。

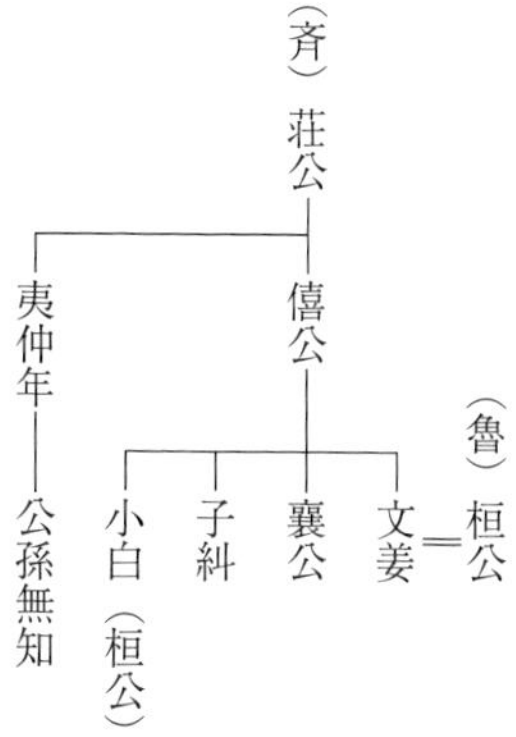

図表 5-5 春秋時代初期の斉の系譜
（『春秋』と『左伝』による）

しかも、正月に斉へ行き、四月に死去したのであるから、長期間にわたって和平が成立しなかったことになる。大国化した斉と、かつての大国である魯は、互いに譲れなかったのであろう。斉の襄公による魯の桓公の暗殺は、そうした状況を打破するための強硬手段だったと考えられる。

斉の強大化

ところで、なぜ春秋時代初期に斉が強大化したのだろうか。それには、地理的な条件が大きく影響している。

西周代に先進地だったのは衛・魯・宋などの諸侯であり、斉は当時は後進地であった（位置は前掲の**図表5−3**を参照）。しかし、後進地は未開発地が多く、それを開拓することで生産や人口を増やすことができた（伊藤一九七七）。一方、先進地にあった諸侯は、当初は大きな力を持っていたが、未開発地が少なく、成長の余地が少なかった。

また、西周代末期以降に周王の権力が低下すると、諸侯を統制する能力も失われた。斉は、その状況を利用して周辺の小国を併合し、さらに勢力を強めたのである。そもそも、斉はのちに《周の文王・武王の軍師である太公望《たいこうぼう》の子孫》を自称したが、第三章末尾のコラムでも述べたように、本来は殷の系統の勢力であった。そうであるから、西周王朝の統治体制から逸脱することに大きな抵抗感がなかったのであろう。

一方、魯は、武王の弟である周公の子孫が封建された諸侯である。しかも、衛・晋と並んで、同姓諸侯（周王室と同族）の中でも高い家格とされていた（『左伝』定公四年など）。魯は、日本史で言えば江戸時代の御三家に相当する。

そのため、魯は周王朝の統治体制に拘泥し続けたようであり、魯の年代記である『春秋』でも、春秋時代末期まで周王を「天王」と呼んで尊重している。旧体制からの脱却ができなかったことも、魯が強大化に失敗した原因であろう。

こうして紀元前八世紀末期に斉が強大化したのだが、斉以外にも、西方（黄河上流方面）の晋と秦も強大化しており、斉と同様の過程だったと推定される（晋については第六章で述べる）。また南方（長江中流域）の楚も早くから大きな勢力を持っていた。先進地を領有した諸侯が弱くなり、後進地にあった諸侯が強くなるという、逆転現象が起こったのである。

なお、衛も北方（黄河の下流方向）に進出する余地があった（前掲の**図表5−3**を参照）が、逆に北方の白狄《はくてき》（野蛮視された勢力のひとつ）に押さえ込まれる形になり、強大化に失敗している。

先進地と後進地の軍事的な逆転は、歴史上で比較的多く見られる現象であり、古代中国では戦国時代にも同様のことが起こっている（第九章で述べる）。そのほか、後代における北方民族の軍事的強盛（匈奴やモンゴル帝国など）、あるいは日本の平安時代後期における地方武士の発達も、そうした例と見てよいだろう。

またヨーロッパでは、イタリア半島がローマ帝国の中心地だったが、後進地だったイギリス・フランス・ドイツなどが後に軍事的に上回るようになった。さらに近代には、二度の世界大戦によって、西ヨーロッパ全体を後発のアメリカやソ連が軍事的に抑圧するようになった。そして現在、より人口の多い中国・インドが台頭しつつある。これらも類似の例と考えられる。

覇者の正統性

斉の襄公による魯の桓公の暗殺は、当時の慣習から言っても明らかな暴挙であった。しかし、中原《ちゅうげん》（黄河中下流域）で最大の諸侯になっていた斉の前では魯は為《な》す術《すべ》がなく、紀元前六九〇年には斉が紀を併合し、同年に魯の荘公（桓公・文姜の子）も斉に屈服した。さらに斉は、ほかの諸侯と同盟を結んだり、あるいは服属しない諸侯を攻撃したりしており、宋・鄭・衛なども従うようになった。

紀元前六八五年には斉の襄公が従兄弟《いとこ》の公孫無知《こうそんむち》に殺され、公孫無知も臣下に殺害された（系譜は前掲の**図表5-5**を参照）。翌年に襄公の弟の子糾と小白の内戦が起こったが、その後も斉の勢力は維持されており、内戦に勝利した小白（斉の桓公）が即位した。ただし、この段階では桓公は覇者ではなかった。覇者となるために、重要な要素が欠けていたのである。

その要素とは、南方の楚の進出である。楚は長江中流域を本拠とし、春秋時代から王号を称していた（西周代には内部で「熊《ゆう》」号、対外に「公」号を使用）。周王室は軍事的には弱体化したが、伝統的権威を保っており、中原の諸侯は周王を尊び、王を称していなかった。楚の王号使用は、周王と同格《ライバル》であることを主張したものであり、そのため周王を尊ぶ諸侯からは野蛮視されていた。

楚は、西周代から大きな勢力を持っていたが、春秋時代初期には、長江流域の小諸侯を支配したり併合したりすることで、さらに強大になっていた。そして、紀元前七世紀初期から北方に進出を始め、紀元前六八四年に淮水《わいすい》流域の蔡を攻撃し、さらに紀元前六八〇年には蔡の国都を占領し属国化するに至った（地図は前掲の**図表5-3**を参照）。

こうした状況で、周王によって斉の桓公が覇者に選定されたのである。紀元前六八〇年の冬から翌年の春にかけて、斉を中心とする同盟会議（「会盟《かいめい》」という）が開催され、周王からの使者のほか、宋・鄭・衛・陳が参加した。そして、この会盟で桓公が初の覇者になった。

なお、会盟は開催された都市の名で呼称されることが一般的であり、この時には衛地の鄄《けん》で開催されたため「鄄の会盟」と呼ばれる。現代の主要国首脳会議《サミット》とよく似ている。

このように、野蛮視された勢力の侵略があってはじめて覇者が必要とされた。覇者とは、単なる軍事的強者ではなく、諸侯の守護者だったのである（貝塚ほか二〇〇〇・松丸ほか二〇〇三など）。そもそも、「覇者」というのは当て字であって、本来の呼称は諸侯の長を意味する「伯者《はくしゃ》」または「伯」であった（古代には覇は伯と同音だった）。例えば文献資料の『荀子《じゅんし》』は「五覇」のことを「五伯」と呼んでいる（仲尼篇など）。ただし、本書は『左伝』などに従い「覇」の文字を使う。

もっとも、「野蛮視」とは言っても、楚や白狄は、言語学的に中原の諸侯と大きくは変わらなかったと推定される。彼らが作った金文や竹簡は、方言は見られるものの、文法や用字法などは、ほとんど同じなのである。したがって、人種差別ではなく、あくまで文化差別という程度にすぎない。

しかし、人間は本能的に差別をする生き物であり（第二章参照）、敵を見つけることに長《た》けている。周王による封建（第四章参照）や周王との天命の共有（第三章末尾のコラムを参照）を自身の正統性とする中原の諸侯にとって、独自に王号を称し、また文化的にも相違があった楚は、「共通の敵」としての資格を十分に備えていた。

斉覇の拡大

鄄の会盟で覇者になった斉の桓公であるが、前例のないことであり、当初は同盟が広がらなかった。また、斉は地理的に王都の洛邑から遠かったため、周王との関係が薄く、その権威を利用しにくかったことも一因であった。

その後、楚の勢力圏が鄭まで伸びるようになり、紀元前六七八年からは鄭をめぐって斉と楚が争った。戦争形態としては、斉の影響が鄭に及ぶと楚が鄭を攻撃し、楚が鄭を支配下に入れると斉が鄭を攻撃するといったように、一種の代理戦争であった（地図は前掲の**図表5-3**を参照）。

鄭は、かつての王朝の首都であった土地（鄭州商城遺跡などが含まれる。第三章参照）を領有しており、交通の要衝であると同時に経済的に発達していた。斉も楚も「救援」を名目に鄭に攻め込んだのであるが、経済的な利権の確保が目的だったと考えられる。

そして、紀元前六六一年には、北方から狄《てき》の侵攻が激化した。衛やその近くの小国である邢《けい》に狄の勢力が攻撃を加え、さらに衛や邢の国都を占領するまでになった。

これに対して、斉の桓公は両国を救援し、また紀元前六五九年に邢の国都を黄河の南東岸（狄から見て対岸）に移設し、翌年には衛にも同様の措置をとった。つまり、「諸侯の守護者」としてふさわしい行動を見せたのである。

その結果、斉の桓公は覇者として支持を集めるようになった。紀元前六五五年には大規模な会盟が開催され、斉と王太子のほか、宋・鄭・魯・衛・陳の諸国と小国の許・曹《そう》が参加した（首止《しゅし》の会盟）。その後も、紀元前六五一年の葵丘《ききゅう》の会盟や、紀元前六四七年の鹹《かん》の会盟など、斉の桓公は紀元前六四三年に死去するまで何度も大規模な会盟を主宰した。

このように、野蛮視された勢力の攻撃に対し、その時点で（自称）文明国側の最強の諸侯が任命されるのが覇者であった。斉の大国化が必然かどうかは分からないが、大国化していた以上、覇者になったのは必然である。逆に、『史記』が《斉の桓公が覇者となったのは管仲の献策による》とするのは、春秋時代の覇者の意義を知らない後代の人が作った説話であることが分かる。

覇者の実態

斉の桓公は、諸侯の守護者である覇者（伯者）になり、楚や狄の攻撃から同盟国を保護した。また、形式的には周王を尊んでおり、その行動は後代に「尊王攘夷《そんのうじょうい》」と称されている。ただし、桓公は善意だけで行動したわけではなかった。

まず重要なのは、会盟（同盟会議）が自由参加ではないことである。いったん同盟条約を締結すれば、それを遵守する義務が発生する。同時に、同盟国同士の戦争も禁止される。さらに、会盟に参加したにもかかわらず条約を結ばなければ、軍事的懲罰の対象になることもあった。次に挙げたのは、『春秋』とそれに対する『左伝』の地の文である。

魯の僖公は、斉（桓公）・宋・陳・衛・曹の各諸侯と会合した後、鄭を攻撃し、新密《しんみつ》という都市を包囲した。諸侯が鄭を攻めたのは、鄭が前年の首止の会盟から逃げ帰ったからであ

る。（僖公六年＝紀元前六五四年）

図表5–6 春秋時代の青銅鉌
（游 2014 から引用）

『春秋』は魯の年代記なので、魯の君主が主語になっているが、実際には覇者である斉の桓公が主体になり、条約を結ばなかった鄭を攻撃したのである。当然、魯のほか宋や陳なども桓公によって強制動員されている。

そのほか、会盟に参加した諸侯には、条約によって覇者に対する定期的な贈与の義務も発生した。名目としては諸侯を守る戦費だったのだろうが、使途の権限は覇者が持つので、事実上の貢《みつ》ぎ物であった。外交としての具体的な記録は少ないが、次のようなものが見られる。

魯の荘公は、斉に行って納幣《のうへい》した。本来は納幣は記録されないが、この年には、例外的に君主自身が納幣したため記録された。（『春秋』『春秋公羊伝』荘公二十二年＝紀元前六七二年）

図表5–6は、桓公のころから斉地で流行した鉌《か》あるいは鉶《けい》と呼ばれる青銅器である（林一九八九・路ほか二〇一九）。諸侯からの納幣は、こうした物品の製造にも転用された可能性がある。

このように、覇者は会盟を通して中小諸侯を保護すると同時に、中小諸侯を緩やかに支配した。つまり、覇者が主宰する会盟は、互恵関係《ギブアンドテイク》だったのである。こうした春秋時代の覇者による支配体制は、「覇者体制《はしゃたいせい》」と通称される（吉本二〇〇五）。また斉の覇者体制は「斉覇《せいは》」と称され、次章で述べる晋の覇者体制は「晋覇《しんは》」と呼ばれる。

コラム

なぜ《管仲説話》が作られたのか

覇者体制の忘却

ここまでに述べたように、管仲の説話は、春秋時代の実態としてあり得ないものだった。なぜ、こうした物語が作られたのだろうか。

その大きな理由は、戦国時代になると覇者体制の実態が忘れられたことにある。戦国時代には、大諸侯が専制君主制《せんせいくんしゅせい》（君主独裁制。第八章で述べる）になり、軍備や軍勢を整えて征服戦争をおこなったため、ほとんどの中小諸侯が滅亡した。つまり、大諸侯が中小諸侯を保護するという体制そのものが崩壊したのである（吉本二〇〇五）。

また戦国時代には、楚や白狄などの周辺勢力も中原の文化を受け入れるようになり、逆に中原の大諸侯が王号を称するようになった（第十章で述べる）。そのため、「文明VS野蛮」という構造も失われた。

結果として戦国時代には、本来はギブアンドテイクの緩やかな支配だった覇者体制が忘れ去られ、王道《おうどう》（徳による統治）に対する覇道《はどう》（武力による支配）として捉《とら》えられるようになったのである。桓公を覇道の君主とし、管仲を覇道を支えた賢臣として再構成したのが『管子』などの記述である。

もっとも、王道・覇道の概念を提示したのは、社会の安定を求めた儒家《じゅか》思想であった。『管子』にも一部にそうした思想が反映されており、富国強兵だけではなく公平な行政や福祉政策についても考察されている。『管子』牧民篇の「倉廩実つれば則ち礼節を知り、衣食足らば則ち栄辱を知る」についても、単に徴兵対象の農民の育成・教化だけではなく、民衆に対する福祉が意識された記述である。

ちなみに、春秋時代の覇者のような支配体制は、歴史上で比較的多く見られる。その代表的なものは古代ギリシャの「デロス同盟」である。

ギリシャは、紀元前四九〇年にアケメネス朝ペルシャのダレイオス一世の攻撃を受け、紀元前四八〇年にも同じくクセルクセス一世が発した大軍の侵略に遭った。この二つの戦争でペルシャ軍を破ったのがアテネであり、戦後の紀元前四七八年にはアテネを中心として多数のポリス（都市国家）が参加する同盟が結成された。同盟の本部がデロス島に置かれたため「デロス同盟」と呼ばれるが、実際にはアテネを盟主としていた。

しかも、同盟に参加したポリスにはデロス島への戦費支払いの義務があったが、その使い道を決めるのはアテネであり、当然、アテネに有利な資金運用がされた（橋場二〇二二）。また、同盟からの離脱には軍事的懲罰もおこなわれた（服部ほか二〇〇六）。保護と義務のギブアンドテイクの支配体制であることは、春秋時代の覇者体制とよく似ている。

そして現代も、アメリカが第二次大戦後に覇権を構築した。アメリカはＮＡＴＯ（北大西洋条約機構）や日米安全保障条約などの盟主となり、ソ連およびその同盟国と対立した。ソ連崩壊後も、敵対勢力としてロシアや中国が存在しているため、そこからの保護を正統性とし、現在でもアメリカの覇権は続いている。

アメリカも、同盟国を保護する見返りに、戦費の支払いや戦争への参加などを同盟国に強制している。斉覇やデロス同盟ほど強い支配力ではなく、同盟内部の軍事的懲罰はほとんどおこなわれていないが、体制としては大同小異である。

稷下の学士

管仲の説話は春秋時代末期に原型が出現しており、『論語』によれば孔子も管仲に言及している。しかし、具体的な記述が作られたのは戦国時代の斉国であり、自国の歴史を讃える役割も兼ねていた。斉の歴史で最も輝かしい時代として、説話の対象に桓公が選択されたのである。

しかし、ただ桓公を賞讃するだけであれば、桓公を主役にすればよい。あえて管仲を主役にしたのは、説話を作ったのが「稷下《しょっか》の学士」だったためと考えられる。

戦国時代の斉には、国都の臨淄《りんし》に「稷門《しょくもん》」という門があり、その近くに多くの思想家（知識人階層の学者）が集まっていた。そのため、戦国時代の斉の思想は「稷下の学」と呼ばれ、思想家たちは「稷下の学士」と呼ばれる。

当時の思想家の多くは、政治について関心を持っており、戦国時代においてどのような政治が最適なのかを主張し合っていた。そして、君主によって登用され、官僚や大臣になるのが出世の近道であった。

そのため、桓公を主役にして説話を作っても、それでは思想家が不要ということになってしまう。《知識人が助言してはじめて理想的な政治が可能になる》とした方が、思想家にとって都合がよい。そこで、《管仲という賢者が君主である桓公に献策する》という説話にすることで、（自称賢者である）思想家の必要性を訴えたのである。

そして、管仲の説話は斉国で人気となり、長い時代にわたって創作が続けられた。最終的には、斉が滅亡した後の前漢代に、斉地（現在の山東省）において編纂され、現在の形になったと考えられている。そのため、『管子』には多数の思想が混在しており、法律に関する思想である法家のほか、儒家思想や道家思想などの要素も見られる（金谷一九八七）。稷下の学の賑わいを伺《うかが》い知ることができる。

なお、貴族としての管氏は実在したが、同時代資料には管仲に関わる記述は確認されておらず、前述のように実在すら確実ではない。おそらく戦国時代にも具体的な事績は伝わっておらず、そのため、むしろ説話が作りやすかったのだと思われる。

第六章
楚の荘王——鼎の軽重を問う

1　荘王の説話とその虚構性

《鼎の軽重を問う》

春秋時代の覇者として、斉の桓公（第五章参照）や晋の文公（本章後述）のほかに、楚《そ》の荘王《そうおう》が知られている。そして、荘王の説話として有名なのが《鼎《かなえ》の軽重《けいちょう》を問う》である。次に挙げたのは、『左伝』の記述を要約したものである。

楚の荘王が北上して陸渾《りっこん》の戎《じゅう》を討伐し、黄河の支流の洛水《らくすい》（流域に王都がある）に到達して周王室の領内で観兵した。周の定王《ていおう》が臣下の王孫満《おうそんまん》を使わしたところ、荘王は鼎（伝世の九鼎）の大小・軽重を問うた。

王孫満は次のように答えた。「鼎の軽重は、鼎自体ではなく徳で決まります。昔、夏王朝に徳があったとき、九州の長官から送られた銅で（九つの）鼎を鋳造しました。これによって、民が神威と怪異を区別できるようになり、天の恩寵を受けることができました。桀王は徳がなかったため、鼎は殷王朝に遷《うつ》りました。六百年の後に、紂王が暴虐であり、鼎は周王朝に遷りました。徳が明らかであれば小さくとも重く、徳がなければ大きくとも軽くなります。成王（西周第二代）が洛邑に鼎を定置して占うと、三十世代、七百年が天命であると出ました。周の徳が衰えたとしても、天命が改まらない以上、鼎の軽重はまだ問うべきではありません。」（宣公三年＝紀元前六〇六年）

王朝には伝世の鼎があり、荘王はそれを獲得することで新たな王朝を樹立することを示唆し、それに対し、王孫満は天命が変わらなければ鼎を動かす（王朝を樹立する）ことができないと説いたという内容である。後代には、《鼎の軽重を問う》は、地位を覆そうとしたり、能力を試したりする意味に使われるようになった。

時代的問題・文化的問題

しかし、この説話も同時代の記録ではない。使われている用語や概念が春秋時代のものではないのである。

まず重要なのは、「伝世の鼎」など存在しなかったということである。青銅で鼎を作ること自体は、二里頭文化からおこなわれていた（第二章の**図表2‐5**を参照）が、その目的は神や祖先の祭祀である。祭祀は、純粋な信仰心からおこなうこともあれば、自己の宗教的権威を構築するためにおこなう場合（第一～三章参照）もあるが、いずれにせよ祭祀に用いられた青銅器は「王朝の継承権」を示すものではない。

しかも、祭祀に使われた青銅器は、祭祀の主宰者が死去するとその墓に埋められることが一般的であった。名目上は《死後の世界で使用する》という信仰であろうが、実際には、高級品を副葬することで、後継者が経済力や権威を示したものである。当然、「伝世」という概念にはならない。

しかし、戦国時代になると、新たに「重要な規則などを鼎に鋳込んで展示する」という発想が生じた。春秋時代までは、鼎の銘文は器の内側に鋳込んでいたが、戦国時代には、外側に鋳込む例も見られるようになる。このような文化的な転換が起こった後に、《伝世の鼎》という説話が作られたのである。

ちなみに『左伝』によれば、最初に鼎に重要事項を鋳込んだのは春秋時代後期（紀元前六世紀）とされ、《鄭の人が刑法を鋳込んだ》（昭公六年＝紀元前五三六年）や、《晋国で趙鞅《ちょうおう》と中行寅《ちゅうこういん》（いずれも世族）が鉄で鼎を作り、刑法を鋳込んだ》（昭公二十九年＝紀元前五一三年）などの記述がある。しかし、中国で成文法ができたのは、早くとも紀元前五世紀後期のこと（第九章で述べる）であり、これらも後代（戦国時代）に作られた説話と考えられる。

「九」という数字も、本来は大きな意味はなかった。西周代～春秋時代には、諸侯や貴族が多数の鼎や簋《き》を作っていた。鼎は煮炊きの器を元にした青銅器で、簋は食物を盛る器である。墓葬（副葬品）の組み合わせとしては、鼎が奇数、簋がそれよりも一つ少ない偶数であることが多く、

図表 6-1 諸侯作器の九鼎のひとつ
（東京国立博物館ほか 2010 から引用）

「九鼎八簋」や「五鼎四簋」などが見られる（林二〇一九など）。また多い場合には、十を超える鼎がひとつの墓から発見されることもある（郭一九八一など）。

図表6-1は、春秋時代の諸侯である鄭の君主の副葬品であり、これと同形のものが同じ墓から合計九点（および簋が八点）発見されている。しかし、鄭が王を僭称したということではなく、通常の作器である。こうした慣習と、戦国時代の初期に出現した「九州」の概念（第二章末尾のコラムを参照）を組み合わせて作られたのが《伝世の九鼎》の説話なのである。

そのほかにも荘王の説話には事実とは考えられない部分が多い。《民が神威と怪異を区別できる》というのが説話であることは当然として、《桀王》なども後世の創作である（第二・三章参照）。また《天命》も西周代になってから作られた概念（第三章末尾のコラムを参照）である。

面白いのは《三十世代、七百年》という占いである。当然、これも作り話なのだが、周王朝の建国が紀元前十一世紀後半であるから、その七百年後と言えば紀元前四世紀後半であり、『左伝』が作られた紀元前四世紀中期から間もなくの時代である。

つまり、『左伝』の作者は、「もうすぐ周王朝が滅びる」と考えていたのである。具体的には、『左伝』が作られたのは、初代の武王から数えて三十世代目の顕王《けんおう》（在位紀元前三六八～前三二一年）の時代と推定されている（吉本二〇〇二A）ので、「天命は今の世まで」ということになる。

それほどまでに、当時は周王朝が衰退していたのである。実際に、顕王の晩年には黄河流域の各諸侯も次々に王号を称するようになり、周王朝は伝統的権威すら失墜させた。ただし、所謂《いわゆる》「戦国の七雄」のバランスの中で周王朝は生き延び、最終的に滅びたのは紀元前三世紀中期になってからである。

	斉の桓公	晋の文公	秦の穆公	宋の襄公	楚の荘王	呉王闔閭	呉王夫差	越王句践
『荀子』	○	○			○	○		○
『四子講徳論』	○	○	○		○			○
『白虎通義』	○	○	○		○	○		
〃	○	○	○	○	○			
『漢書注』	○	○	○	○			○	
〃	○	○	○	○	○			

図表6-2 各文献が選択した五覇

《五覇》の諸説

春秋時代の覇者については、「五人の覇者」という意味の《五覇《ごは》》という言葉が知られている。しかし、「五覇は誰か」ということについては歴史的に異論が多く、合計して八人が知られている。《五覇》を具体的に挙げた文献として代表的な四種類六説を**図表6-2**に示した。

すべての文献で挙げられているのは斉の桓公と晋の文公だけであり、そのほかの三人には異論がある。秦の穆公《ぼくこう》と楚の荘王が含まれることが多いが、『荀子』や『漢書注《かんじょちゅう》』第一説のように含めない場合もある。

こうした諸説が出現した直接の原因は、最初に《五覇》の用語を使った『孟子《もうし》』という文献が、五人を明示していない点にある。『孟子』は、例えば「五覇とは、（味方の）諸侯を率いて（敵の）諸侯を伐つ者である」（告子下篇）のように述べるが、それにどの五人が該当するのかを示していないのである。『孟子』の中では、斉の桓公と晋の文公が並び称されているので、その二人はおそらく確実であるが、ほかの三人は誰を想定しているのか分からない。そのため、「五覇は誰か」という歴史的議論になった。

ところが、そもそも『孟子』は戦国時代中期に作られた文献資料であり、同時代（春秋時代）の情報ではない。第五章でも述べたように、春秋時代の「覇者」とは「伯者」であり、一義的には諸侯の長、政治的形態から言えば会盟を通した中原諸侯の守護者（かつ支配者）である。

しかし戦国時代になると、特に『孟子』を含む儒家文献において、「王道」と「覇道」という文脈で語られるようになる。徳による統治が「王道」であり、堯・舜・禹などが理想とされた。一方、武力による支配が「覇道」であり、斉の桓公が典型とされた。前者が創作された説話であることは当然であるが、後者についても春秋時代の実態とはかけ離れた解釈である。

結果として、「春秋時代の軍事力強者」という程度に解釈され、その条件に該当する人物として合計八人が挙げられたという経緯である。

実態としての春秋時代の覇者は、形式上は周王室を尊び中原諸侯を守護する者であるから、そもそも敵対勢力であった楚の荘王が覇者であるはずがない。そのほか、長江下流域を本拠として王号を称した呉王闔閭《こうりょ》・呉王夫差《ふさ》や越王句践《こうせん》も、同様に覇者たり得ない。

また、覇者は会盟を通して中小諸侯を緩やかに支配したのであるから、大規模な会盟を主宰していない秦の穆公も覇者に該当しない。『左伝』は「西戎（西方の野蛮視された勢力）の覇になった」（文公三年＝紀元前六二四年）という評価をしている。秦は、のちに大国化し、さらに始皇帝が中国を統一したため、その原点として穆公が高く評価されるようになっただけであり、春秋時代の実態を反映していないのである。

宋の襄公は評価が難しいところであるが、大規模な会盟は二回しか開催しておらず、しかも後述するように、二回目の会盟は同盟条約を結ぶどころか楚の成王《せいおう》に拘束されている。斉の桓公や晋の文公と並ぶような存在とは到底言えない。

結局のところ、『孟子』が言う《五覇》は、歴史的根拠のない用語なのである。詳しくは第九章で述べるが、『孟子』は「三王」（夏・殷・周）や戦国時代の諸侯との対比として「五覇」を設定しただけであり、理念的な数字にすぎない。

2 晋楚対立の実態

宋の襄公の活躍

楚の荘王などに関しても、やはり『春秋』が主要資料であり、それに『左伝』の地の文のうち信頼できる部分を加えて再構築することが必要である。前章と同様に、本章でもこれらによって実際の歴史を見ていく。

最初の覇者であった斉の桓公は紀元前六四三年に死去したが、後継者を明確にしていなかったようであり、六人の公子による内乱が発生した。内乱は半年におよび、宋の襄公が支援した公子の昭《しょう》（斉の孝公）が即位することで収束した（地図は前掲の**図表5-3**を参照）。

しかし、これ以降、斉を盟主とする大規模な会盟は開催されていない。覇者体制は会盟を通した支配なので、逆に会盟が開催されなくなったことで体制の崩壊を知ることができる。

斉覇の崩壊後、主導権を握ったのが宋の襄公である。襄公は斉の内乱を治めた後、覇者への志向を強め、紀元前六四一年に会盟を主宰し、曹や邾《ちゅ》など周辺の小諸侯と同盟を結んだ。

一方、それまで斉の桓公によって押さえ込まれていた楚も北方進出を開始し、楚の成王（荘王の祖父）は蔡だけではなく、鄭・陳も支配下に収めた（紀元前六四一年）。また斉も、襄公の同盟には加わらず、小国の邢、および北方の白狄と同盟を結んだ（紀元前六四〇年）。

なお、このころから、楚は諸侯を支配する際に会盟の形式をとっている。中原諸侯を支配するためには、この方法が適していると考えたのであろう。ただし、楚は王号を称しており、形式上は周王を尊ぶ覇者の会盟とは異なり、個別に上下関係を結ぶ形であった（山田一九九八）。

こうして、三つの同盟勢力が出現した。そのうち、もっとも強大だったのが大国の楚が率いる同盟であり、支配下の鄭・陳・蔡はいずれも中規模の諸侯である。一方、宋を盟主とする同盟はもっとも弱く、宋自身が中規模の諸侯に過ぎず、支配下の諸侯も小規模であった。

しかし、宋の襄公は覇者になることを目指し、紀元前六三九年の春に楚と斉を招集した。これが鹿上《ろくじょう》の会盟である。鹿上の会盟は、宋・楚・斉の三カ国が同盟条約を結び、成功裏に終わった。

これで自信をつけたのか、襄公は同年の秋に、楚とその同盟国を招集して盂《う》で会盟を開催しようとした。宋側は襄公のほか小諸侯の曹・許のみが参加したが、楚側は成王のほか中規模の諸侯である鄭・陳・蔡が参加した。陣容に明白な差がある。

この状況で、楚の成王は宋の襄公を拘束し、さらに宋国を攻撃するという強硬手段に出た。楚の強盛は明らかであり、ほかの諸侯は襄公の釈放を要求したものの、楚に対する軍事的懲罰はおこなわれなかった。

《宋襄の仁》

同年の冬に襄公は釈放されたが、覇者の地位を諦められなかったようで、翌年（紀元前六三八年）に楚との軍事衝突が起こった。これが泓水《おうすい》の戦いである。この戦いについて、『左伝』は次のような説話を掲載している（要約）。

宋の襄公が楚と泓水（淮水の支流）のほとりで戦った。宋はすでに陣列を整えていたが、楚はまだ渡河を終えていなかった。司馬《しば》（軍事担当の大臣）が攻撃を求めたが、襄公は認めなかった。そして、楚が渡河して陣列を整えた後に攻撃したが、宋軍は敗れ、襄公は太股《ふともも》に傷を負い、近衛兵は全滅した。

国人（都の人々）がみな襄公をとがめると、襄公は「君子は負傷者を攻撃せず、年老いた者は捕虜にしないものだ。古《いにしえ》の軍隊は険隘《けんあい》（狭い場所）に乗じて攻撃しない。私も陣列が整っていない相手を攻撃しない」と言った。（僖公二十二年＝紀元前六三八年）

この記述から、無用の情けをかけることを《宋襄《そうじょう》の仁《じん》》と呼ぶようになった（宋襄は宋の襄公を指す）。しかし、これも後代に作られた説話であって、事実ではない。

まず、軍議の内容が記されている時点で、事実とは考えられない。《宋襄の仁》に限らず、こうした内密の会話が記録されたと称するものは、ほとんどが創作された説話である。

襄公の発言内容についても、戦国時代に普及した儒家思想（第八章で述べる）を反映している。「君子」は徳のある人物を指すが、その概念自体が春秋時代末期の出現であり、それまでは大貴族の称号（美称）であった（王一九九八Aなど）。

また、春秋時代には戦車が主力兵器であるから、《険隘に乗じて攻撃》という部分も不自然である。春秋時代の戦車は平地でしか活動できないが、戦国時代になると徴兵された農民の歩兵が主力になるため、険隘・湿地・山岳など、多様な場所での軍事行動が可能になった。この記述は、そうした「兵法」が発達した戦国時代の軍事を前提にしている。

ちなみに、『左伝』は儒家の著作であるものの、襄公の発言を行き過ぎた仁であるとして批判している。同じく戦国時代の儒家文献である『荀子』も、襄公を《五覇》に入れていない。その後、前漢代以降に儒家思想が国教化し、特に理想論が重視されるようになると、襄公が「君子」として高く評価されるようになり、『白虎通義《びゃっこつうぎ》』（第二説）や『漢書注』は襄公を《五覇》に含めている（前掲の**図表6－2**を参照）。

なお、『左伝』の《宋襄の仁》の説話は、全体として《無用の情けをかけなければ襄公が勝っていた》というものであるが、当時の勢力関係から見て、それはあり得ない。明確な軍事力の差があり、襄公の敗北は必然であった。《宋襄の仁》の説話は、野蛮視された楚に対する偏見《バイアス》がかかっており、所謂《いわゆる》「華夷思想《かいしそう》」に近い概念である。

宋の襄公は、泓水の戦いの翌年に死去した（『左伝』は死因を戦傷とする）。そのため残った覇者候補は斉の孝公だけになったが、これも同盟国の邢が衛によって併合されるなど、桓公の時代の勢力を取り戻すことができなかった。

そして紀元前六三四年の夏に、斉の孝公は魯を従属させようとして攻撃したが、かえって魯は楚の成王に救援を求めた。斉の孝公は、同年の冬に楚と魯の連合軍に敗北し、こちらも翌年に死去している。

そして、楚の成王は同盟国を率いて再び宋を攻撃し、紀元前六三三年に宋の城下で会盟を開催した。この段階での楚の勢力圏は、以前からの同盟国である鄭・陳・蔡のほか、宋・魯・衛に及んでおり、一時的ではあるが、かつての斉の桓公の勢力圏を上回る範囲であった。

ただし、楚の成王は覇者ではない。前述のように、楚は周王や諸侯の守護者ではなく、むしろ侵略者側である。そうであるから、楚の支配を望まない諸侯も多く、特に反発したのは宋であった。しかし、宋の襄公と斉の孝公が相次いで敗北した以上、付近には救援を求められる諸侯は存在しなかった。

そこで、宋が頼ったのが黄河上流方面の晋の文公である。晋はこのときに初めて対楚戦争に参加したのであるが、どのような経緯があったのだろうか。

晋の内紛

文公が登場した経緯を知るために、時代は晋の文侯（文公とは別人）にまでさかのぼる。文侯は西周王朝の内乱に介入（第四章参照）し、また辺境を開拓したり小国を併合したりすることで大きな勢力圏を保有した。

拡大した領域について、弟の桓叔《かんしゅく》が大きな利権を持ったようで、晋国内の大勢力になった。そして文侯が死去した後、本家である昭侯（文侯の子）と分家の桓叔の間で内乱が起こった（系譜は**図表6―3**を参照）。

この内乱は世代を超えて三十年以上にわたって続き、最終的に分家側が本家側の君主を殺し尽くすことで終了した。**図表6―3**の矢印は殺害の関係を示している（鄂侯《がくこう》のみ自然死）。こうして分家側が勝利し、桓叔の孫が公位を継承（簒奪）した。これが晋の武公（在位紀元前六七八～前六七七年）である。

武公の子の献公《けんこう》（在位紀元前六七六～前六五一年）は、斉覇と同時代であり、東方への介入は不可能であった。献公は、権力を強めていた傍系の親族（桓叔や荘伯の子孫）を殲滅し、また周辺の小国を併合して領域を拡大した。献公は辺境の戎狄にも支配を広げており、次に述べる驪姫《りき》は驪《り》戎《じゅう》の出身である。

その後、紀元前六五六年に、献公の太子である申生《しんせい》が死去した。『左伝』は献公の側室である驪姫（公子奚生《けいせい》の母）の謀略で自殺に追い込まれたとするが、『春秋』は「晋の献公が太子申生を殺した」とだけ記している。

驪姫は悪女として有名であるが、『左伝』の記述は次のようになっており（部分要約）、物語として出来すぎている。

> 驪姫は太子申生が献公に祭酒を送るように仕向け、それに驪姫が毒を入れた。そして献公が祭酒を飲む前に地に注いで祭ったところ、地面が盛り上がったので毒が入っていることが判明し、驪姫が泣いて「太子の元に賊がいます」と言った。そこで献公は太子の傅《ふ》（養育係）であった杜《と》原款《げんかん》を殺した。太子はいったんは逃亡したが、弁解をせずに自殺した。（僖公四年＝紀元前六五六年）

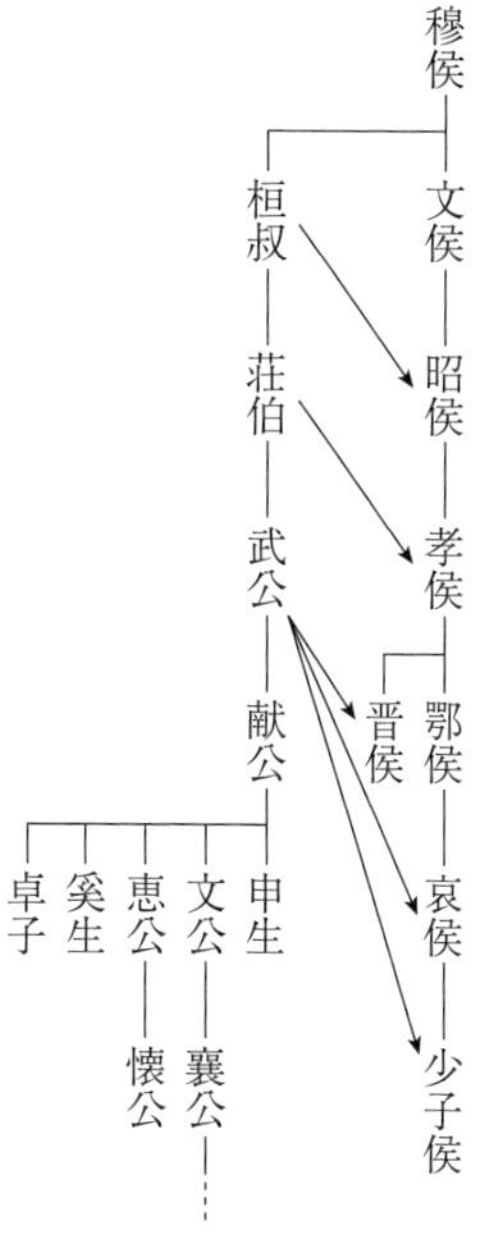

図表6–3 春秋時代初期の晋の系譜（『史記』晋世家による）

結果として奚生が献公の後継者になったので、驪姫が何らかの工作をした可能性はあるが、謀略を詳しく記した『左伝』の記述は、明らかに創作された説話である。そもそも太子が《弁解をせずに自殺した》ならば、事件の経緯が詳細に記録されるはずがないので、この記述は論理的に矛盾する。

申生の死後、公子のうち重耳《ちょうじ》（後の文公）と夷吾《いご》（後の恵公）も脱出し、残ったのは奚生と卓《たく》子《し》だけである（前掲の**図表6―3**を参照）。卓子は驪姫の妹（驪姫と同じく献公の側室）の子であり、驪姫派が後継になることが確定した。

文公の即位

ところが、紀元前六五一年に献公が死去すると、晋の国内ではまたも内紛が起こり、まず奚生が殺され、次いで卓子も殺された。春秋時代には、貴族の権力が強かったとはいえ、君主（諸侯）にも内政や外交に一定の能力が求められた。そのため、年少の奚生・卓子よりも、年長の重耳や夷吾が推《お》されたのであろう。

このときには、夷吾（恵公）が秦の穆公の支援を受け、晋に戻って即位した。ただし、秦とは利害が対立したため、その治世は不安定であった。

恵公に限らず、晋と秦は長い対立関係にあった。晋の文侯は、いったんは西周王畿《おうき》を掌握した（第四章参照）が、僅《わず》かな期間で放棄することになった。その後、旧王畿を支配したのは秦であり、それ以来、黄河両岸をめぐって晋と秦が対立したのである。

なお、『史記』秦本紀・三代世表では、《秦は紀元前七七一年に平王の東遷を助けた功績で諸侯に任命された》とするが、第四章で述べたように、実際には東遷までに数十年かかっており、明らかに事実ではない（吉本二〇〇五）。現状では《周王からの諸侯任命》を裏付ける資料はなく、そもそも周の平王や晋の文侯を西周王畿から排除したのは秦なのかもしれない。

その後、紀元前六四五年には、晋の恵公が秦の穆公と戦って敗れ（韓の戦い）、捕虜になった。その年のうちに恵公は釈放されたが、勢力を回復できないまま紀元前六三七年に死去した。

後継者は恵公の子の懐公《かいこう》だったが、恵公の兄の重耳を支持する貴族も多かった。そして重耳もまた秦の穆公の軍事支援を受けて晋に入り、紀元前六三六年に懐公を殺して即位した。これが晋の文公である。

ちなみに、重耳については、《十二年間も狄の地にいたが、その後、支援者を求めて衛・斉・曹・宋・鄭・楚の各国を巡り、最終的に秦の支援を取り付けた》という説話が知られている（『左伝』僖公二十三年）。しかし、これも後世の創作である。

当時は斉覇（斉・楚の対立）から宋・楚の対立の時代であり、それに関わっていなかった秦を除いては、どの諸侯にも晋の後継者紛争に軍事介入する余裕はなかった。そもそも、秦以外の諸侯は遠く離れた晋に出兵しても利益は薄い。《重耳廻国説話》は、有名人である重耳（晋の文公）を主役として斉の桓公・宋の襄公・楚の成王・秦の穆公を登場させた豪華な物語であり、文学的価値は高いが、春秋時代の歴史資料としての価値はないのである。

こうして晋では文公が即位したが、東方進出が実現されるためには、もうひとつ解決しなければならない問題があった。それが周王室の内乱である。紀元前六五三年以来、周の襄王《じょうおう》とその弟の大叔帯《たいしゅくたい》が対立していた。紀元前六四八年に、いったんは襄王が勝って大叔帯は亡命したが、紀元前六三八年に襄王は帰国を許した。そして紀元前六三六年に再び大叔帯が反乱を起こしていたのである。

こうした状況で、晋の文公は紀元前六三五年に大叔帯を滅ぼし、襄王の王位を安定させた。これは、周王室の領地を安定化するとともに、後に覇者になった際に襄王への「貸し」として大きな成果を挙げた。また、文公はこの功績により、襄王から黄河北岸の都市（温《おん》や原《げん》など）の領有を認められ、晋は容易に東方に進出することが可能になった（伊藤一九七七）。

そして、宋からの救援要請が晋に届いたのが僅《わず》か二年後の紀元前六三三年である。このあたりは歴史の偶然と考えるべきなのだろう。

文公の覇権

晋の文公は、宋からの救援要請に対して、紀元前六三二年の春に出兵し、まずは衛や曹などを攻撃した。楚の成王による同盟（宋の会盟）の参加国を切り崩すとともに、自身の軍事力を示したのである。そのうえで同年の夏に、文公は宋のほか斉・秦と連合し、楚を破った。これが城濮《じょうぼく》の戦いである（地図は**図表6―4**に挙げた）。

そして同年に践土《せんど》および温で会盟を主宰し、斉・秦・宋のほか、鄭・衛・魯・蔡などが参加した。会盟には周の襄王も呼ばれて参加しており、文公を覇者に選定した。前述の「貸し」があったため、襄王は拒否できなかったようである。

ちなみに、臣下である諸侯が王を呼ぶのは無礼であるとして、『春秋』は襄王の参加を明確にしていない。ただし、会盟に参加した魯の僖公が「王の所に朝見した」（僖公二十八年＝紀元前六三二年）とするので、襄王の参加が判明する。また温の会盟については、『春秋』は「天王（襄王）は河陽《かよう》（黄河の北岸）で狩りをした」（同年）と記している。黄河の北岸にある温でおこなわれた会盟において、襄王が晋の文公に呼ばれたことを、《自発的な狩猟だった》としたのである。

その後、文公は紀元前六二八年に死去した。かなり高齢での即位だったため、在位期間は短いが、その子孫にも覇者位が継承された。《春秋の五覇》には名を挙げられていないが、文公の子の襄公以降も約百三十年にわたって覇者の地位を保持した（系譜は**図表6‐5**を参照）。

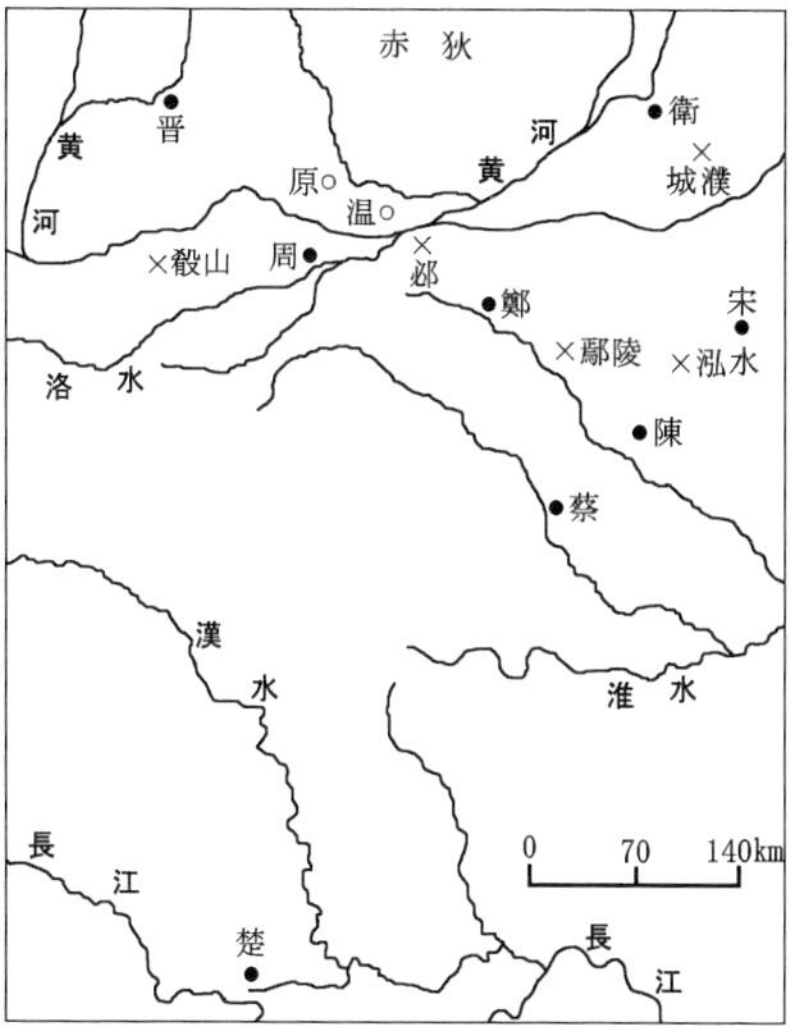

図表6‐4 晋楚戦争関係図
（譚 1982 を元に筆者が作成。●は国都、○は国都以外の都市、×は戦地）

晋覇（晋の覇者体制）も斉覇と同じく、中小諸侯は覇者から守護を受けられる代わりに、さまざまな義務が発生した。会盟は自由参加ではなく、離反は軍事的懲罰の対象になった。また戦争への参加や同盟条約の遵守、同盟国間の戦争禁止なども義務づけられた。そして、同盟国には覇者への定期的な贈与の義務も発生した。やはり「ギブアンドテイク」の体制だったのである。

なお、晋は地理的に王畿に近く、また周王と同族（同姓諸侯）だったこと

図表6-5 晋覇期の晋の系譜（『史記』晋世家による。数字はこの期間の即位順）

もあり、西周代（晋の文侯など）から周王との関わりが強かった。春秋時代にも引き続き周王と強い関係を持っており、「周王を尊重する」という形式の覇者体制においては有利に働き、晋覇継続の一因になったと考えられている（吉本二〇〇五）。

荘王の北進

前述のように晋は紀元前六三二年に覇権を獲得したが、しばらくの間はその覇者体制が安定化しなかった。秦は早くから離脱し、斉も会盟に参加しなくなった。

襄公や霊公の時代（紀元前六二七～前六〇七年）には主に秦と黄河両岸をめぐって争い、殽山《こうざん》の戦いなどで勝利して秦を駆逐した。そして、成公や景公の時代（紀元前六〇六～前五八一年）には主に楚（荘王）と戦ったが、紀元前五九七年には、楚の荘王によって邲《ひつ》の戦いで大敗している（系譜は**図表6-5**を参照）。

楚の荘王は、紀元前六〇八年から本格的に北進を再開し、覇者である晋に対して鄭・陳の取り合いを展開した。斉覇における斉・楚の関係とほぼ同様の構造である。また《鼎の軽重を問う》の元になった洛水上流域進出は、紀元前六〇六年のことである。そして邲の戦いに勝利し、勢力圏は鄭・陳・蔡・宋・魯にまで及んだ。そのほか、荘王は楚国内で起こった世族の反乱（紀元前六〇五年）にも勝利している。

荘王は邲の戦いで勝利し、また祖父の成王のような大敗（前述の城濮の戦い）を喫していないので、優秀な君主であったことは確かであろう。しかし、成王と同じく荘王も覇者になったわけではない。中原の諸侯から見れば、あくまでも侵略者側であり、斉の桓公や晋の文公のような覇者（諸侯の守護者）とは全く異質の存在だったのである。

一方、敗北した晋も、ただ楚の進出を眺めていたのではなく、効率的な東方進出の方法を模索していたようである。紀元前五九四年には晋国の東方にあった「赤狄《せきてき》」（野蛮視された勢力のひとつ）に進出し、翌年には併合している。

赤狄は、晋と衛の間の山地（太行山脈《たいこうさんみゃく》）の西麓の勢力であり、かつて殷代には、この付近にあった「羌方《きょうほう》」や「𢀛（[illegible]）方」が山脈を越えて東の商《しょう》（殷代後期の首都）に攻撃を加えた（第三章参照）。晋も赤狄を支配することで、東方への進出ルートを獲得したと推定される。輸送効率という点では黄河の水運には及ばないが、楚によって鄭地を押さえられても東方に進出できる（前掲の**図表6-4**参照）という点で効果があった。

そして紀元前五九二年に、晋は東方に再進出して衛や魯などと同盟（断道《だんどう》の会盟）を結んだ。そのうえで、翌年には衛とともに斉を攻撃した。さらに紀元前五八九年にも、晋は衛・魯・曹を率いて斉を攻撃しており（鞌《あん》の戦い）、大敗した斉は晋の同盟に復帰した。

楚の荘王は、邲の戦いから六年後、紀元前五九一年に死去した。紀元前五八九年には、鞌の戦いに勝った晋が袁婁《えんろう》の会盟を主宰し、一方で、同年には荘王の子の共王《きょうおう》も蜀《しょく》の会盟を主宰した。いずれも大規模な会盟であり、両属の諸侯も少なくなかった。なお、この「蜀」は後代の蜀（現在の四川省）ではなく、衛地の都市名（現在の山東省）である。

この段階までは互角だったようだが、翌年以降も晋は勢力拡大を続け、紀元前五八六年の虫牢《ちゅうろう》の会盟では斉・宋・衛・鄭・魯を支配下に置いている。さらに紀元前五七五年には鄢陵《えんりょう》の戦いで楚の共王を破った。

コラム

なぜ楚の荘王が五覇とされたのか

覇者の誤解

前章と本章で述べたように、春秋時代における斉と楚の争い、および晋と楚の争いは、覇者の地位をめぐる競争ではなかった。中原諸侯の守護者である覇者（斉・晋）と、それを支配しようとする楚の競争であり、強いて言えば、楚は「覇者」ではなく、戦国時代以降の「覇道」の概念（前述）に近い。

つまり、覇者と楚は非対称の軍事競争だったのであるが、戦国時代になるとその関係性が理解できなくなり、《五覇》として均質化されてしまった。具体的には、「覇者」もすべて「覇道」として把握されたため、むしろ斉の桓公や晋の文公の方が、楚の荘王と類似の存在と認識されたのである。

また、覇者が諸侯の守護者であることが分からなくなった結果、実際に覇権を獲得していた晋の君主（前掲の**図表6-5**を参照）は「覇者」として認識されなくなっている。

春秋時代を通して小諸侯の併合が進んでおり、初期に数百あった諸侯は、末期には数十にまで減少した。さらに、春秋時代末期から戦国時代初期にかけて、大諸侯によって中規模の諸侯も併合あるいは属国化されるようになった。

こうして独立した中小諸侯が存在しなくなったのが戦国時代であり、「中小諸侯の保護者である覇者」は、物理的に存在できなくなった。これが「覇者」に対する誤認を生んだ原因である。

そして戦国時代には、多数の農民を徴兵して激しい戦争がおこなわれるようになっており、戦死者の数も非常に多かった。そのため、《春秋時代の覇道ですら今（戦国時代）よりは良かった》（『孟子』など）とする歴史認識から《五覇》が讃えられたのである。

ちなみに現在の世界も、アメリカと中国の「覇権競争」と言われるが、やはり対称の関係ではない。アメリカの行動には批判も多いが、少なくとも西ヨーロッパや日本などの先進国が頼る存在であり、春秋時代の斉や晋に相当する。そして中国は独裁制を維持したまま軍事拡大を続けており、先進国から野蛮視され警戒されているという点で、春秋時代の楚にほぼ該当する。

非対称な競争は、互いの条件が異なるため、どちらが有利かの判断が難しい。「覇者」側は先進国の支持を得やすいという利点はあるが、それゆえに野蛮な行動は取りにくい。一方、「覇道」側は先進国から野蛮視されているため、むしろ野蛮な行動を取ることのリスクが少ない。現在の中国におけるウイグル・チベット・香港などの弾圧、あるいは新型コロナウイルスに関する虚偽発表などは、「覇道」の利点を生かしていると言わざるを得ない。

古代中国においても、春秋時代の楚は長駆の遠征（前掲の**図表6-4**を参照）にもかかわらず、斉や晋と互角に戦った。また戦国時代には、最も非人道的な法律を採用した秦が中国を統一した（第九～十一章で述べる）。文化・文明の先進は、必ずしも軍事的優位をもたらさないのである。

「蛮夷」の変化

戦国時代において《五覇》という誤解が生じた原因としては、文化的な均質化という点も挙げられる。

戦国時代の初期ごろには周辺地域も中原の文化を吸収するようになっており、特に楚は積極的に思想や知識人を受け入れた。楚で活躍した中原出身の人物のうち、有名なのは呉子《ごし》（呉起《ごき》）であり、魏《ぎ》（晋から分裂）の将軍であったが、楚に招聘されて大臣となり、法律改革をおこなった。

また、近年には戦国時代の楚で作られた竹簡が多く出土しているが、中原で流行した儒家思想も多く見られる（『郭店楚墓竹簡』や『上海博物館蔵戦国楚竹書』など）。楚の竹簡からは儒家経典の『詩経』や『尚書』などに近い内容が発見されており、文化的な均質化を示している。

中国には、早くから「華夷思想」の原型が見られ、野蛮な（と見なされた）人々を差別していた。しかし、第五章でも述べたように、「華（文明）」か「夷（野蛮）」かは、文化的な違いであり、またその基準での差別である。そうであるから、文化的に近くなれば差別も解消に向かう。

実際に、戦国時代になると文化の南北差が減少し、中国が一体化に向かった。しかも戦国時代中期になると、中原の大諸侯も王号を称するようになる。それまでは、王号を称することが野蛮の条件のひとつだったのだが、そうした「常識」が変わってしまったことも、楚に対する野蛮視を弱めることになった。

結果として、初めて具体的に《五覇》を選定した『荀子』の時代には、南方に対する意識が変容しており、楚や呉・越から覇者を選定することに違和感がなくなっていたのである。ただし、荀子（荀況《じゅんきょう》）は晩年に楚で地方長官を務めており、ある程度の「南方びいき」があった可能性も否定できない。

ちなみに、後の時代でも中国の華夷思想は文化差別であり、人種差別ではなかった。そのため、例えば唐王朝の時代には、周辺各国から多くの使者を受け入れ、また盛んに文化発信をおこなった。日本からも遣唐使が何度も往復し、また阿倍仲麻呂のように唐王朝の官僚になる人物も現れている。

このように華夷思想は、歴史的には必ずしも害悪ばかりではなかったのだが、近代においては、独善・独尊的な考え方が西洋的な価値観の導入を妨げる要因になっている。清代の「中体西用《ちゅうたいせいよう》」は近代化を妨げ、現在でも民主化や国際協調の障害になっている。

第七章
夫差と句践——臥薪嘗胆

1　呉越の説話とその虚構性

《臥薪嘗胆》の説話

春秋時代の後期に現れた諸侯が呉と越であり、呉王闔閭《こうりょ》・呉王夫差《ふさ》・越王句践《こうせん》の名が知られている（資料によっては「闔廬《こうりょ》」や「勾践《こうせん》」などの表記が使用されているが、本書では統一する）。次に挙げたのは、『左伝』と『史記』からの抜粋である。

呉王闔閭は越を攻めたが、越王句践に破れて死去した。闔閭の子の夫差は庭に人を立たせ、出入りする際に必ず「夫差よ、越王が父を殺したのを忘れたのか」と言わせ、「はい、決して忘れません」と答えた。そして三年目に越に報復した。（『左伝』定公十四年＝紀元前四九六年）

句践は会稽山《かいけいざん》で夫差に敗北した後、助命されて国都に戻った。そして自身を苦しめ、座臥《ざが》

（座ったり寝たりする）のたびに苦い胆《きも》を嘗《な》め、飲食のたびに胆を嘗めて、「汝《なんじ》は会稽の恥を忘れたのか」と言った。（『史記』越王句践世家）

後者の『史記』の記述が《嘗胆《しょうたん》》の説話である。また前者の『左伝』の段階では、まだ《臥《が》薪《しん》》の説話になっていない。ここからさらに変化し、最終的に《臥薪嘗胆》の形になったのは、近世のことである。次に挙げたものは、元代（モンゴル帝国時代）に作られた『十八史略』からの抜粋・要約である。

呉は越を攻撃したが、呉王闔閭は負傷して死去し、その子の夫差が即位した。早朝と晩に硬い薪《たきぎ》の上に臥せ、出入りする際に「夫差よ、越が父を殺したのを忘れたのか」と言わせた。越王句践は会稽山で敗戦した後、助命されて国都に帰った。胆を懸け、座臥するたびに仰《あお》いでそれを嘗め、「汝は会稽の恥を忘れたのか」と言った。

こうした説話から、目的のための長期間の労苦を《臥薪嘗胆》と呼ぶようになった。

呉王臣下の説話

そのほかにも、呉・越に関連する説話は多く、次に挙げたのは呉王闔閭に仕えたという伍子胥《ごししょ》の説話であり、『史記』伍子胥列伝からの抜粋・要約である。

伍子胥はもと楚人《そひと》であるが、楚の平王（共王の子）が讒言《ざんげん》によって父の伍奢《ごしゃ》を殺したため、各国を逃亡し、呉にたどり着いた。伍子胥は呉王僚《りょう》とその甥の光《こう》（後の闔閭）に仕えた。その後、光（闔閭）が僚を殺して即位し、伍子胥を行人《こうじん》（外交担当者）に任命した。

闔閭は即位三年目（紀元前五一二年）に伍子胥らと謀って対楚戦争を開始した。九年目（紀元前五〇六年）には全軍をあげて楚を攻撃し、五戦五勝した。楚の昭王（平王の子）は逃亡し、闔閭は楚の都の郢《えい》に入った。昭王が逃亡し、平王はすでに死去していたので、伍子胥は平王の墓をあばいて死体を取り出し、それに三百回も鞭打《むちう》った。楚にいたときの知人が批判すると、伍子胥は「日が暮れて道は遠い。だから道理にそむくしかなかったのだ」と答えた。

ここから、死んだ後にその人を攻撃したり批判したりする意味の《死屍《しし》に鞭打つ》や、年老いても目的が達成できないことを指す《日暮れて道遠し》という故事成語が生まれた。

呉王闔閭に仕えた人物としては、孫子《そんし》（孫武《そんぶ》）も知られており、次に『史記』孫子呉起列伝からの要約を挙げた。

孫子は斉人《せいひと》であり、兵法によって呉王闔閭に見《まみ》えた。闔閭は孫子に宮中の婦人を練兵させた。孫子は百八十人の婦人を二隊に分け、王の寵姫《ちょうき》二人をそれぞれの隊長にした。全員に戟《ほこ》を持たせ、動作内容を伝えたうえで、孫子が号令を出したが、婦人たちは大笑いするだけだった。孫子は「軍令が明確でなく、号令が徹底しないのは、将の罪である」として、また何度も説明したうえで号令を出したが、婦人たちはまたも大笑いするだけだった。孫子は「軍令を明らかにしたのに号令が守られないのは、隊長の罪である」として、二人の寵姫を斬ろうとした。闔閭は制止したが、「私はすでに命令を受けて将になりました。将が軍にあれば、君命といえども受けられません」と言って、二人を斬った。そしてまた号令したところ、婦人たちはみなその通りに動いた。

こうして闔閭は孫子の用兵の才を知り、将軍とした。闔閭は、のちに西に楚を破って都の郢に入城し、北に斉・晋を威嚇し、諸侯に名を知られたが、これは孫子の力による。

『史記』に記された孫子の物語は、ここに挙げたもので大部分であり、伍子胥に比べて分量が少ない。孫子は《『孫子』の作者》として有名であるが、具体的な行動はほとんど記されていないのである。

説話の成立年代

先に挙げた説話のうち、《臥薪嘗胆》は言うまでもなく後世の創作である。《臥薪》と《嘗胆》は、戦国時代前期に作られた『左伝』の段階ではどちらの記述もない。そして、《嘗胆》説話が前漢代（『史記』などに記載）に作られ、さらに《臥薪》説話が『左伝』の記述を元にして近世に成立したのである。《臥薪嘗胆》は、かなり新しく作られた説話であるため、その虚構性が分かりやすい。

伍子胥の説話については、『春秋』には見られないが、『左伝』にはすでに記載があり、讒言による父の殺害や、その後の復讐の物語が記されている。ただし、《死屍に鞭打つ》や《日暮れて道遠し》の記述は見られない。少なくともこれらは後代の創作である。

そして、春秋時代には他国出身者を要職に就けるという例はごく僅《わず》かしか見られないので、亡命者の伍子胥を重く用いたという記述は、全体が事実として疑わしい。それが頻繁におこなわれるのは戦国時代になってからであり、この点からも後代の創作と考えられる。

伍子胥の説話は、その後の夫差との確執も含め、文学的価値は高いのであるが、春秋時代の歴史資料としては、現状では使えないと判断せざるを得ない。

孫子も、結論を言えば後代の創作である。孫子については、文献資料としての『孫子』の成り立ちにも関わるので、章末のコラムで詳述する。

越王句践についても説話が多く、有名なのは呉王闔閭を敗死させた際の《罪人部隊》であろう。次に『左伝』の記述の要約を挙げた。

呉は越を攻撃し、越王句践は防戦して檇李《すいり》に陣を敷いた。句践は呉の陣地が整っているために苦戦し、死士《しし》（決死部隊）に二度攻撃させたが、呉軍は動じなかった。そこで罪人の部隊を三列作った。罪人たちは首に剣をあて、「我々は軍令を犯した。刑から逃れず死に帰せん」と言ってみな自刎《じふん》した。呉軍がそれに注目している隙に越王句践は攻撃して大勝した。

図表7-1『山海経』海外南経に基づく想像図
（『三才図会』人物巻十四から抜粋）

（定公十四年＝紀元前四九六年）

罪人が命令通りに一斉に自殺するというのは、あまりにも不自然である。そもそも春秋時代には、罪人を部隊として管理する技術はなかった。それが出現するのは戦国時代のことである（第九章で述べる）。ちなみに、『史記』の作者である司馬遷も不自然に感じたようで、『史記』越王句践世家などでは自殺したのを罪人ではなく死士としている。

ただし、古代には、こうした荒唐無稽の物語が事実として信じられるほど、呉・越は中原から遠い世界であった。当時の情報流通や交通頻度から言えば、現在の我々が考える外国よりも、遥かに遠い存在だったのである。

ほかの文献でも、中原の華夷思想とあいまって、周辺地域への誤解や幻想は多く見られる。**図表7-1**に、戦国時代後期に作られた『山海経《せんがいきょう》』という文献のうち、《南方にいた人々》の記述を元にして作られた想像図の一部を挙げた。右は《長臂国《ちょうひこく》の人》で、《魚を捕るために手が長くなった》としている。左は《羽民国《うみんこく》の人》で羽が生えている。これらはかなり極端な例であるが、中原における周辺地域への認識の一端を示している。

2　春秋時代後期の情勢

晋楚の和平

呉王闔閭・夫差および越王句践は、創作された説話が有名であるが、それを除いても、実際に全中国を動かす影響力を持っていた。それを述べる前に、まずは呉越の活躍に至るまでの歴史を見ておきたい。

晋覇《しんは》は、前章で述べたように当初には不安定であったが、虫牢の会盟（紀元前五八六年）以降には、むしろ広範囲を支配するようになり、また安定化した。

このころに諸侯として登場したのが長江下流域の呉である。呉は《周の文王の兄が始祖である》と自称したが、実際には土着の勢力と考えられており（貝塚ほか二〇〇〇など）、「闔閭」や「夫差」といった独特の名前自体がそれを示している。また、『史記』などに記された系譜の世代数が周の同性諸侯である晋と同一であるが、これも系譜を操作した結果と考えられている（吉本二〇〇三）。

呉の記述が『春秋』に初めて出現するのは、紀元前五八四年のことであり、このころから呉と楚の戦争が断続的に起こるようになる。

これを利用したのが覇者の晋であり、「敵（楚）の敵（呉）は味方」という関係で友好関係を結んだ。もちろん呉にとっても「敵（楚）の敵（晋）」であるから、互いに相手を利用できた。

紀元前五七六年には、晋が主宰した鍾離《しょうり》の会に呉が参加している（当時の国際関係は**図表7−2**を参照）。

こうして、楚は北（晋）と東（呉）から同時に軍事圧力を受けるようになった。紀元前五七五年の鄢陵の戦いでの敗戦（前章参照）も、その影響があった可能性がある。そして、これ以降が晋覇の全盛期となり、呉楚戦争の激化とは逆に、晋楚戦争は減少する（吉本二〇〇五）。

そして紀元前五四六年に、宋の世族であった向戌《しょうじゅつ》という人物の提唱で晋と楚の和平会議が開催された。これが宋の会であり、「甲兵《こうへい》（軍事）を弭《や》める」という約定から「弭兵《びへい》の会」と通称される。弭兵の会以降、晋楚戦争はほとんど起こらなくなった。

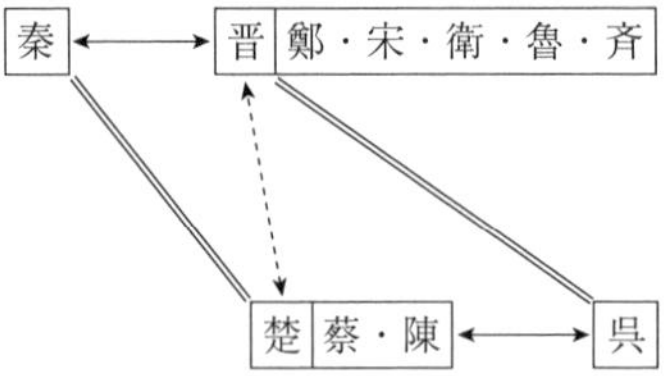

図表7−2 晋覇後期（紀元前6世紀後半）の国際関係（模式図）

このように、呉の台頭と呉楚戦争の開始は、晋楚戦争を減少させ、晋覇を安定化させるという効果をもたらした。しかも、これが晋覇が崩壊する遠因（後述）にもなったのである。

世族の権益

晋覇が崩壊するのは紀元前四九七年のことであるが、これは国際関係だけではなく、国内の貴族権力の増長も原因になった。

晋覇時代には、覇者である晋が同盟内部の戦争を禁止したため、諸侯（君主）が権力を伸ばすことが難しかった。君主が権力を強化しようと思えば、戦争で領土を拡大し、近しい人物を封建して拡大した分の領土を統治させることが必要なのであるが、晋の覇者体制により、百年以上にわたってそれが難しい状況が続いたのである。

一方、春秋時代は西周代に引き続き貴族制であり、各国内部で世族（上級貴族）が大きな権力を持っていた。世族は、諸侯国内に封建領土を持つと同時に、軍事においては将軍の役割を果たした。つまり、経済権と軍事権を持っていたのである。そのほか、外交も担当しており、国際的な利権を保有することもあった（吉本二〇〇五）。このように世族は、世襲によって諸侯の国内で権力を伸ばすことができたのである。

権力が伸び悩んだ君主と、世代を重ねるごとに権力を強めた世族という関係であり、これは拡大が停止した西周王朝とその大貴族（第四章参照）の関係に近いものであった。結果として、春秋時代後期には各国で君主を脅かすほどの世族が出現しており、魯の三桓氏《さんかん》（桓公の子孫の三家の世族）や斉の田氏《でん》（本来の呼称は陳氏で陳からの亡命公子の子孫）などが知られている。

そうした状況は、覇者である晋も同様であった。君主と世族、あるいは世族間の内乱が起こっており、次のような例がある。

紀元前六〇七年　君主の霊公と世族の趙氏が対立し、趙氏が霊公を殺害し傍系の成公を擁立
紀元前五七四年　君主の厲公《れいこう》と世族の郤氏《げき》が対立し、厲公が郤氏を攻撃して追放
紀元前五七三年　欒氏《らん》・范氏《はん》が厲公を殺害し、傍系の悼公《とうこう》を擁立
紀元前五五二年　范氏が欒氏を追放

そのほか、晋には孤《こ》氏・先氏・胥《しょ》氏などの世族が存在したが、権力闘争や内乱により、紀元前五五二年の段階で趙氏・知氏・范氏・中行《ちゅうこう》氏・韓氏・魏氏の六氏にまで減少した。まとめて「六《りっ》卿《けい》」と称される。

一方、晋の君主については、覇者として中原の諸国と同盟を結んでいたため、前述のように戦争によって領土を広げることが難しかった。晋が同盟国を攻撃すれば同盟の正統性を失うからである。さらに、世族による霊公・厲公の殺害も、君主権の伸長を阻んだ。

晋の六卿は権力を伸ばし続け、それぞれ中小諸侯ほどの軍事力を保有するまでになった。また六卿体制は半世紀ほど続くが、その間に世族間の対立も強まった。

晋覇の崩壊

晋の覇者体制を崩壊させることになる遠因が、前述の弭兵の会である。第五・六章で述べたように、春秋時代の覇者体制は「ギブアンドテイク」であった。覇者が敵対勢力を排除するという「ギブ」と、同盟国に条約遵守や貢納などの義務を負わせるという「テイク」から成る互恵関係で成立していたのである。

しかし、弭兵の会によって晋覇が安定するとともに楚の北進が停止し、晋が同盟国を保護する状況も減少した。つまり「ギブ」の部分がなくなるので、中原の中小諸侯にとっては「テイク」だけが残る関係になる。

中原の中小諸侯は、すでに弭兵の会以前から、覇者である晋への貢納が多額であった。例えば、『左伝』の地の文に「諸侯の晋への納幣が重く、鄭の人はこれに苦しんだ」（襄公二十四年＝紀元前五四九年）のような記述が見られる。さらに弭兵の会において、覇者である晋だけではなく楚への朝見義務も生じたので、これも大きな負担になったと考えられている（貝塚一九六〇・吉本二〇〇五）。

こうして、「和平の成立」がやがて同盟諸侯の不満につながり、最終的に晋の覇権崩壊と長期の内乱をもたらした。平和が戦争の原因になりうるという例である。

最初に晋の覇者体制に対抗したのは、かつての覇権国である斉であり、紀元前五二〇年ごろから晋の同盟国に対して内政干渉をおこなうようになった。

そして、紀元前五〇三年になると斉が表だって行動し、鄭と同盟を結び、また衛を攻撃して衛とも同盟を結んだ。同年にはさらに魯にも攻撃をしている。このとき、晋の軍事力が弱まっていたわけではなく、むしろこの直前まで強力であり、楚への攻撃（紀元前五〇六年）や白狄の都市である鮮虞《せんぐ》（のちの中山《ちゅうざん》国と推定）への攻撃（紀元前五〇七～前五〇五年）をおこなっている。

斉の行動は、おそらく晋の世族間の対立が決定的になっていたことを見越してのものであり、晋の覇者体制は、外部からではなく、諸侯の不満と世族間の対立によって、内部から崩壊したのである。紀元前五〇二年には、晋は鄭・衛を攻撃して同盟下に戻そうとしたが、鄭・衛はむしろ斉の側につき、後に魯・宋もそれに参加した。

その後、晋における世族間の対立は内乱に至り、紀元前四九七年に正卿《せいけい》（首席大臣）であった趙氏に対して范氏・中行氏が反乱を起こした。これが范中行《はんちゆうこう》の乱である。いったんは趙氏が自領に逃亡したものの、君主（晋の定公）と残った三卿（知氏・韓氏・魏氏）が趙氏に味方したため、趙氏が復帰し、逆に范氏・中行氏が自領に逃亡することになった。

ただし、斉や列国（それまでの晋の同盟国）が范氏・中行氏を公然と支援したため、内乱は長期化した。『春秋』や『左伝』の地の文には次のような記述がある。

魯は斉・衛と牽《けん》で会合した。魯が斉・衛と会合したのは、范氏・中行氏を救うことを謀るためである。（定公十四年＝紀元前四九六年）

秋に斉・宋が洮《とう》で会合した。斉・宋が会合したのは范氏のためである。（同年）

斉・衛が晋を攻撃した。このとき斉・衛は乾侯《かんこう》で范氏を救うために会合し、その後、魯と鮮虞も斉・衛に加わり、晋を攻めて棘蒲《きよくほ》（趙氏の領地）を占領した。（哀公元年＝紀元前四九四年）

斉が粟《ぞく》（穀物）を范氏に送り、鄭が輸送を担当した。（哀公二年＝紀元前四九三年）

最終的には、紀元前四九〇年に范氏・中行氏が敗北し、反乱は終結した。なお范氏・中行氏は斉に亡命しており、そもそも反乱自体が斉の計画だった可能性もある。そして、この范中行の乱によって晋覇は崩壊した。これ以降、晋を中心とする大規模な会盟が開かれていないため、覇者体制の終焉を知ることができる。

覇権の一般構造

ちなみに、晋覇と同じような経緯をたどったのが第五章でも取り上げた古代ギリシャのデロス同盟である。紀元前四七八年に成立したデロス同盟は、覇者体制と同じように軍事参加や貢納などの義務があり、また軍事費の使途権限を覇権国であるアテネが持っていた。

しかし、ペルシャ帝国との戦争状態は紀元前四五〇年ごろに終結したため、結果として諸ポリスに貢納の義務だけが残ることになった（服部ほか二〇〇六・橋場二〇二二など）。そのためアテネの権力に対して不満が生じ、スパルタなどが反乱（ペロポネソス戦争）を起こすに至ったのである。ペロポネソス戦争は、紀元前四三一年から断続的に二十年以上にわたっておこなわれ、紀元前四〇四年にアテネの覇権は失われた。

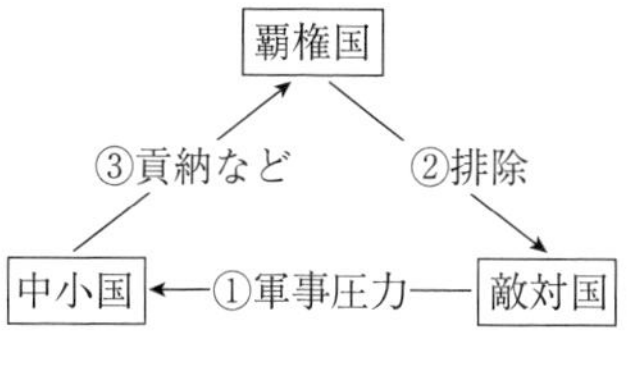

図表7-3 覇権の一般構造

覇権の構造を一般化した模式図が**図表7‐3**である。まず前提として①敵対国家からの軍事圧力があり、それを②覇権国が排除し、それを正当性として③中小国に貢納などの義務を負わせるという構造である。そのため、敵対国の軍事圧力が弱まればその排除も必要でなくなり、貢納などの義務だけが残ってしまうのである。

これは現代の世界でも同様であり、冷戦の終結によってアメリカを盟主とするＮＡＴＯの正当性がいったんは弱まった。敵対するソ連が消滅したため同盟国にはアメリカに対する貢献の義務だけが残ってしまったのであ

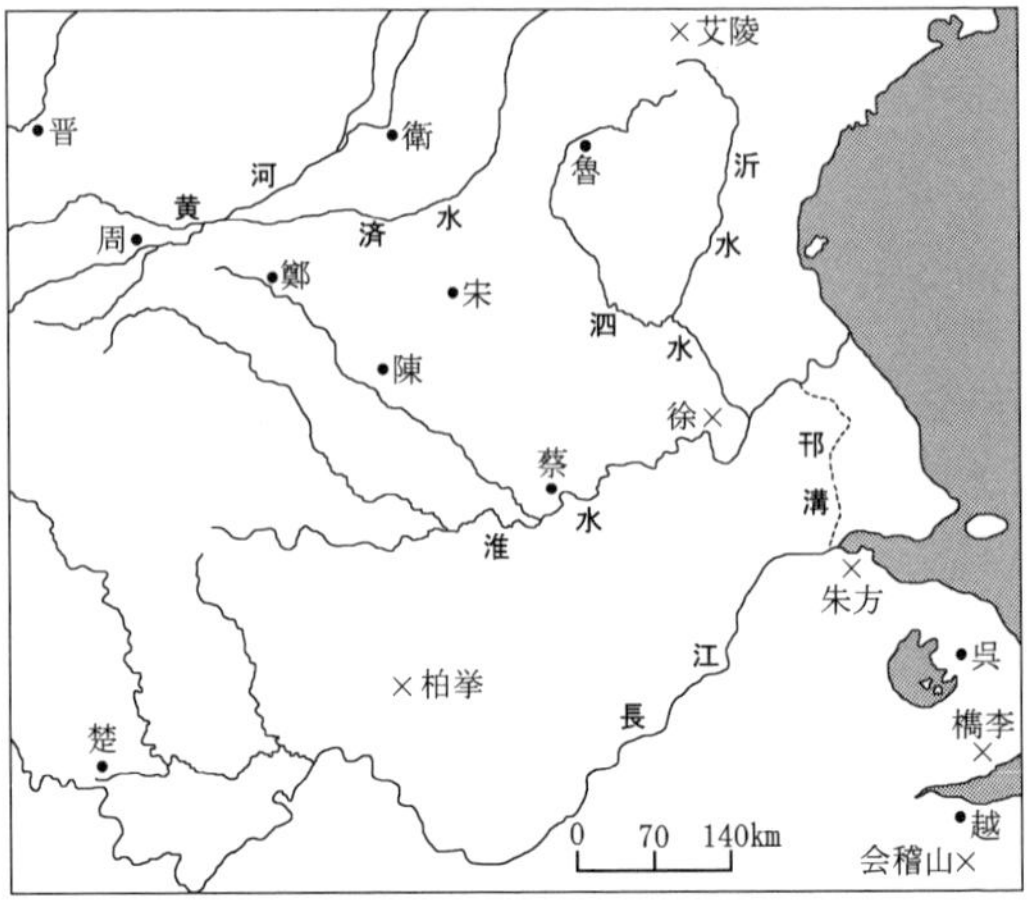

図表 7-4 呉越関連図
（譚 1982 を元に筆者が作成。海岸線は当時のもの）

る。そのため、二〇〇三年のイラク戦争ではNATO内部からフランスやドイツが反対に回っている。

ただし、その後の中国の台頭や中東の不安定化、ロシアの軍事侵攻などにより、アメリカの覇権は現在でも維持されている。

覇権の構造は、敵が強すぎれば軍事的敗北によって崩壊する。宋の襄公がこの例である。一方、敵がいなくなっても正当性が失われ、内部から崩壊する。晋覇やデロス同盟がこの例である。つまり、覇権の維持には「適度な敵対勢力」が必要なのである。

呉楚戦争

晋楚の和平から晋覇の崩壊と並行して南方で展開したのが呉楚戦争である。呉楚戦争は、紀元前五八〇年代から断続的に勃発していたが、当初は両陣営ともに攻撃に失敗することが多かった。長江流域は湿地帯が多いため、互いに攻め込むのが難しかったのである（地図は**図表7-4**を参照）。

その後、紀元前五四〇～前五三〇年代には、どちらかと言えば楚が優勢であり、紀元前五三八年には楚が鄭・蔡ほか多数の小諸侯を率いて呉に攻め込み（朱方《しゅほう》の戦い）、また蔡を一時的に併合した（のち国都を移転して諸侯に復帰）。

しかし、紀元前五二七年に呉王夷末《いばつ》が死去し、継承した弟の呉王僚の時代に状況が変化する（系譜は**図表7-5**を参照）。紀元前五一九年には呉が州来《しゅうらい》（蔡の新国都）に侵攻し、楚と陳・蔡などの連合軍に大勝した。呉は翌年にも楚の勢力圏に攻撃を加えている。

その後、紀元前五一五年に夷末の子の光がクーデターを起こし、呉王僚を殺して即位した。これが呉王闔閭である。呉は闔閭の時代にも勢いが衰えず、紀元前五一二年には、楚の影響下にあった淮水下流域の徐《じょ》という小国を滅ぼし、翌年にも楚の勢力圏内に侵攻している。

ただし、このころから呉の南にあった越とも敵対するようになっており、紀元前五一〇年には呉越戦争が勃発している。越は、「敵（呉）の敵（楚）は味方」という関係で楚と連合した。一方、この段階ではまだ晋覇も崩壊しておらず、晋・呉の連合も機能していた。

紀元前五〇六年の春には、晋を中心として斉・宋・鄭・衛・魯などの連合軍が楚を攻撃し、このときには楚の支配下にあった蔡も晋側に加わっている。そして、同年冬には呉・蔡の連合軍が柏挙《はくきょ》の戦いで楚に大勝し、楚の国都の郢を一時的に占領した。本章冒頭の《死屍に鞭打つ》や《日暮れて道遠し》の説話の元になった戦いである。

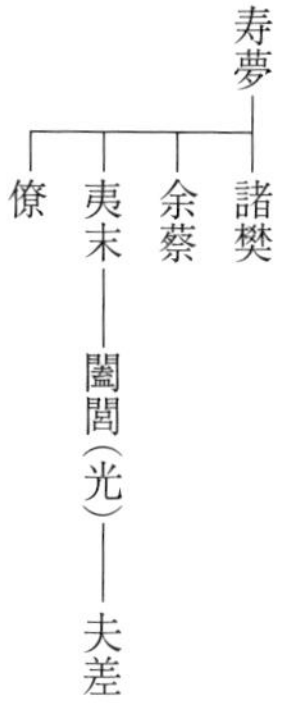

図表7-5 春秋時代後期の呉の系譜

しかし翌年には、呉軍が楚に移動している隙に越が呉地を攻撃し、また秦が楚を救援したため、呉は大敗し、闔閭は郢から撤退した。秦もまた「敵（晋）の敵（楚）は味方」という理由で楚と協力している。ただし、楚の被害も大きく、しばらくの間は軍事力を回復できなかった。

そして北方で晋覇が崩壊しつつあった時期に、呉王闔閭も滅びている。紀元前四九六年に闔閭が越を攻めたが、檇李の戦いで越王句践により敗死したのである。本章冒頭の《臥薪》と《囚人部隊》の説話の元になった戦いである。

この時点で、当時の大国のうち、晋は内乱、楚は呉の攻撃で混乱し、呉もまた越によって打撃を受けていた。

呉王夫差の覇道

混乱から回復したのは呉が最も早く、子の夫差が王位を継承し、紀元前四九四年には越を攻撃した。越王句践は会稽山で包囲されて降伏しており、これが本章冒頭の《嘗胆》の説話の元になった戦いである。

夫差は、対楚戦争よりも中原進出を優先しており、陳・蔡・魯などを攻撃した。また夫差は、紀元前四八六年に長江・淮水間に運河（邗溝《かんこう》）を開削しており、これも北方志向だったことを示している。なお、当時の長江・淮水間には湿地が多く、後世（隋代）の大運河建設ほどの大事業ではなかったようである。

一方、中原では范中行の乱に乗じて斉が覇者位復帰を試みていた。しかし、約六十年にわたって君臨した斉の景公が紀元前四九〇年に死去し、子の世代も内紛で次々に殺された。紀元前四八四年に景公の孫の簡公が即位したものの、実権は世族の国氏《こく》が握っていた。

この状況で同年に発生したのが艾陵《がいりょう》の戦いであり、呉王夫差が魯と連合して斉を攻撃して大勝し、国氏を捕虜にした。これにより、斉の覇権獲得も頓挫《とんざ》した。これ以降、大規模な会盟が全く開催されなくなっており、どの国も覇者体制を構築することはできなかった。

このように呉は、晋覇崩壊の遠因（弭兵の会）をもたらすとともに、楚を弱体化（柏挙の戦いなど）させ、さらに斉の覇権も阻止（艾陵の戦い）しており、春秋時代の終焉に大きな影響を与えたのである。

その後、紀元前四八二年には呉は晋と黄池《こうち》で会合して盟主の座を争っており、これが呉王夫差の最盛期であった。しかし、同年には越王句践との戦争が再開し、その後も呉越戦争は断続的におこなわれた。そして、紀元前四七五年には越が呉の都を包囲し、紀元前四七三年に呉王夫差を滅ぼしている。

越王句践も北方への進出を志向し、紀元前四六八年に魯と同盟を結ぶなどした。しかし、紀元前四六五年に句践が死去した後、越の勢力も衰退に向かった。

呉越の歩兵戦

ところで、なぜ春秋時代後期に呉が軍事大国になったのだろうか。『史記』は、夫差の努力や伍子胥の復讐心、あるいは孫子の才能に原因を求めたが、すでに述べたように、いずれも後代の

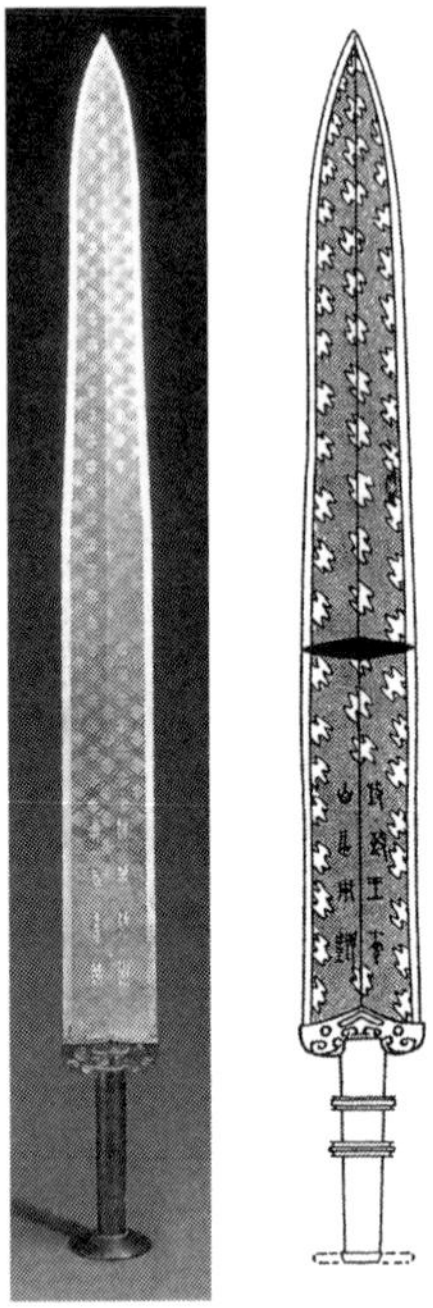

図表7–6 呉越の剣
（右：『殷周金文集成』11620、左：龔ほか2014から引用）

創作である。

実際のところは、最も大きな原因は歩兵の主力化と推定されている。前述のように、春秋時代の戦争では貴族が扱う戦車が主力であり、しかも貴族が戦って国を守ることで特権の正統性を獲得していた。そうであるから、貴族制を採用していた中原諸侯や楚は、戦車戦を放棄できなかったのである。

一方、呉や越では中原や楚のような貴族制が発達していなかった（浅野一九九七）。そもそも長江下流域は湿地帯が多くて戦車が有効に機能しない（湯浅二〇一五）。そのため、剣や矛《ほこ》で戦う歩兵戦が早くから発達した。

図表7–6に呉・越で作られた剣を挙げた。右（模写）は「呉王光」の銘があり、呉王闔閭が使っていたものである。左（写真）は「越王鳩浅《きゅうせん》」の銘があり、「鳩浅」は「句践」の別表記である。いずれも精密な文様が鋳込まれており、実用ではなく儀礼用であろうが、君主自身の銘が入った剣というのは春秋時代の他地域の諸侯には見られないものである（戦国時代には出現する）。呉越地域における歩兵戦の発達を象徴する遺物である。

戦車を中心とする部隊と歩兵のみの部隊では、同数であれば前者が強いのだが、歩兵は人数を集めやすいという利点がある。戦車部隊は馬と車体そのものが高価であり、また訓練にも時間がかかるが、歩兵部隊は戦車よりは武器・防具が安価であり、また訓練が容易である。そのため、多数の歩兵を動員することで、歩兵部隊が優位に立つことができた（浅野一九九七）。

具体的には、春秋時代の戦車数は、大諸侯で千台程度、中規模の諸侯で三百台程度であった（『左伝』の地の文による）。そして歩兵はその十倍とされており（『左伝』閔公二年・同僖公二十八年）、ここから計算すると軍勢全体は大諸侯で一万数千人、中規模の諸侯で三千人あまりとなる。

一方、当時の呉越地域は人口密度が少なかったが、それでも領内に五十万人程度の人口があったと推計されている（山田一九九八）。その数パーセントを歩兵として動員できれば、多数の戦車を擁する大諸侯には及ばないものの、中規模の諸侯よりは遥かに強力な軍勢を構成することができる。

そうであるから、中規模の諸侯と連携すれば、その軍勢は大諸侯に対抗することが可能になる。呉が蔡に先導させて楚の都を占領したり、魯と連合して斉に勝利したのは、決して伍子胥の執念や孫子の天才的能力などを必要としなかったのである。

なお、春秋時代の軍制については、次のような記述を標準とする説もある（白川一九九八・劉／稲畑二〇〇五など）が、軍隊の編制や戦車対歩兵の比率が『左伝』の地の文とは異なっており、戦国時代以降の軍制を元にして作られた説話である。

上古には、六十四井《せい》（「井」は土地の単位）から軍馬四匹・戦車一台・甲士（戦車兵）三人・歩兵七十二人を徴した。大諸侯は六万四千井で軍馬四千匹・戦車千台（兵士の総数は七万五千人）となり「千乗の国」という。天子は六十四万井で軍馬四万匹・戦車一万台（兵士の総数は七十五万人）となり「万乗の主」という。（『漢書』刑法志）

戦車一台に対して歩兵が七十二人というのは、春秋時代の軍制としては明らかに過剰である。戦国時代の斉で作られた『管子』（前掲の**図表5―1**を参照）でも部隊長の「里司《りし》」が五十人を率いるとしているが、いずれも戦国時代以降の徴兵制・歩兵戦を前提にした記述である。

なお、戦国時代や秦代にも部隊長は戦車を使用しており、例えば始皇帝の兵馬俑《へいばよう》でも戦車に乗った部隊長が多数の歩兵を従える様子が再現されている（袁二〇〇二・中国社会科学院考古研究所二〇〇〇など）。前掲の文章は、そうした後代の状況を反映して作られた説話である。

また、春秋時代以前の戦車は二頭立て・二人乗りが一般的（黄二〇〇七）なので、戦車一台につき軍馬四匹・甲士三人という記述も矛盾する。戦国時代後期ごろには部隊長が四頭立て・三人乗りの戦車に乗ることが主流になるので、これも後代の軍制に基づく説話である。

ちなみに春秋時代で最大の軍勢は、最盛期の晋覇同盟軍であり、晋のほか斉・宋・衛など全体で合計四千台の戦車を動員した（『左伝』昭公十三年の地の文）。軍勢全体としては約五万人と推定される。しかし、呉・越の台頭によって各国で春秋時代末期に歩兵の増加が試みられ、さらに戦国時代には広く徴兵制がおこなわれた（第九章で述べる）。そのため、戦国時代中期には大国の軍勢は十万人程度になり、最終的には数十万人を動員するようになった。

軍隊は命をかけて戦うものであるから、基本的に保守的であり、成功例がない軍事制度は採用が難しい。呉・越の成功例は、各国に徴兵制の採用を促し、同時に貴族層の没落を進めたので、この点でも呉・越が時代を動かしたと言えるだろう。

コラム 呉越の説話制作の背景

呉越地域の社会

呉王闔閭・呉王夫差と越王句践は、後世に多くの説話が創作されており、その代表が《臥薪嘗胆》である。なぜこの説話が作られたのかと言えば、それは呉越間で鮮やかな逆転が何度も続いたからであろう。

呉王闔閭は、楚の都の郢を占領するほど強力であったが、ただ一回の戦争で越王句践によって滅ぼされた。父を殺された呉王夫差は僅か二年後に句践に勝利したが、その後、句践が夫差を滅ぼして呉を併合した。

こうした大逆転の事実から、「何か大変な努力をしたのだろう」という推測がされ、最終的に《臥薪嘗胆》の物語になったと思われる。しかし前述のように、呉越の説話はいずれも後代の創作であり、事実ではない。

実際には、呉越地域が非集権的社会であったことが原因である。この地域は、新石器時代末期の良渚《りょうしょ》文化（第一・二章参照）が衰退して以降、有力な集権国家が出現しておらず、都市国家が散在する状況になっていた（中村一九九六・劉／稲畑二〇〇五など）。そのため、容易に統属関係が変更されたのである。

類似の状況は、後代の北方遊牧民が有名である。例えば前漢代には、「匈奴《きょうど》」がたびたび中国に侵入したが、「匈奴」という単一民族だったわけではなく、匈奴部族がほかの多くの部族を支配した部族連合国家であった。のちに出現する「鮮卑《せんぴ》」や「柔然《じゅうぜん》」も、支配部族が変わっただけで、民族全体が大きく変わったわけではない。

同様に、呉越地域の都市国家も、夫差が強ければ夫差に従い、句践につくのが有利と見れば句践に従ったというだけである。なお、のちの秦代にも、東シナ海・南シナ海沿岸地域は非集権的社会が継続しており、「百越《ひゃくえつ》」と称された。

そのほかにも「呉や越の強さは何か」という推測から、本章冒頭で挙げたような伍子胥・孫武などの物語が作られたが、いずれも呉越地域の社会状況を理解できなかった中原の人々の想像である。

『孫子』の成立過程

孫子（孫武）と『孫子』は、関係が複雑である。中国最古の文献目録である『漢書』芸文志《げいもんし》（後漢代初期に成書）には、「孫子」を冠する兵法書として『呉孫子兵法《ごそんしへいほう》』と『斉孫子《せいそんし》』という二種類が記されている。「呉孫子」とは春秋時代の呉の孫子、すなわち孫武のことであり、「斉孫子」とは戦国時代の斉の軍師であった孫臏《そんぴん》という人物である。そして、現代にまで伝えられた文献資料の『孫子』がどちらなのかで長年の議論があった。

さらに、一九七二年に発見された漢代の竹簡（『銀雀山漢墓竹簡』）には、文献資料の『孫子』（以下、文献『孫子』とする）と同内容とともに、それとは違う内容の「孫子の兵法」を記したものが含まれていた。後者は、孫臏と同時代の斉の威王《いおう》や斉の将軍の陳忌《ちんき》（『史記』では田忌《でんき》）などの名前が見られ、「孫子」が孫臏を指すことが明らかであることから、『孫臏《そんぴん》兵法《へいほう》』と通称されている。これが議論をより難しくし、諸説を生むことになった。

当初は、文献『孫子』が孫武が著した『呉孫子兵法』であり、『孫臏兵法』は孫臏が著した『斉孫子』である（村山一九七六など）とする説が有力視されていた。しかしその後、文献『孫子』も『孫臏兵法』もどちらも『斉孫子』の一部であり、しかも孫武と孫臏の両方の著作が入っている（渡邉二〇二二など）とする説や、文献『孫子』が孫臏の兵法、『孫臏兵法』はその後の著作であり、『孫臏兵法』はすぐに失われたもので『呉孫子兵法』でも『斉孫子』でもない（町田二〇〇一）とする説などが提示された。

しかし、これらの説は「孫武か孫臏か」にこだわりすぎているように思われる。

まず孫武であるが、『春秋』はもちろんのこと、戦国時代前期に作られた『左伝』にも全く記述がない。それどころか、戦国時代後期の『呂氏春秋《りょししゅんじゅう》』でも孫臏は名を挙げられているのに孫武は全く述べられていない。そして前漢代中期に作られた『史記』に至っても、具体的な事績としては本章冒頭の《婦人練兵》の説話が記されるだけである。しかもこの説話も荒唐無稽であり、事実ではないことは早くから指摘されている（伊藤一九七七など）。

文献『孫子』の内容についても、次のような記述があり、《春秋時代の呉の孫武》が著述しうるものではない。

足の速い戦車を千乗、遅い戦車を千乗、歩兵が十万人で、食糧を千里も運ぶ戦争の場合には、諸経費、外交の費用、膠《にかわ》や漆《うるし》（軍備の材料）の用意、車や鎧の供給などにより、一日に千金を費やし、その上で十万の軍隊が動かせるのである。（作戦篇）

前述のように、春秋時代の諸侯は貴族による戦車戦を採用しており、軍勢の数が少なかった。呉・越は歩兵戦を採用できたが、人口自体が少なかったため、やはり「十万」という兵士を動員することは不可能である。二千台の戦車と十万人の歩兵というのは、戦国時代において徴兵制が普及し、しかも大国で初めて可能になった数字である。時代としては戦国時代中期（紀元前三〇〇年前後）のことである。

ちなみに戦車と歩兵の比率が五十倍というのは、戦国時代の斉で作られた『管子』の記述に一致しており、部隊長の「里司」が兵士五十人につき一人である（前述）。

また「千金」で軍備などを整えるというのも、戦国時代に普及した青銅貨幣を前提にしたもので、自給自足が中心だった春秋時代の記述ではない。

一方、孫臏については《紀元前四世紀中期の斉の軍師》を想定するものの、第九章で取り上げるように、こちらも創作された説話であり、事実ではない。要するに、孫武も孫臏も実在の人物ではないのである。

説話と二書の成立過程は、次のような経緯であろう（以下、年代は推定）。まず、《斉の軍師の孫臏》の人物像が作られる（紀元前四世紀末期ごろ）。そして、説話的な『孫臏兵法』に対して文献『孫子』は原則論が述べられており、先に孫臏に仮託して後者が作られたと考えられる（紀元前三世紀初期ごろ）。なお文献『孫子』は、言語学的な分析からも成書が紀元前三世紀まで降ることが示されている（山田二〇〇四C）。

その後、同じく孫臏に仮託して『孫臏兵法』が作られた（紀元前三世紀後期ごろ）が、こちらは斉の威王などの名前を出しており、孫臏との関係が明白であるが、文献『孫子』は時代を特定できるような人名が出てこない。そのため、先に作られた文献『孫子』の方が孫臏との関係から追い出されてしまった。そこで、あらためて受け皿として《春秋時代の呉の孫武》の説話が作られた（紀元前二世紀初期ごろ）のであろう。

一方、孫臏についても、より詳しい説話が作られた（紀元前二世紀初期ごろ）。そして、《孫臏》《孫武》ともに説話が『史記』に記載され、また『孫臏兵法』が『斉孫子』、文献『孫子』が『呉孫子兵法』として扱われたと考えられる。

「加上説《かじょうせつ》」（第一章末尾のコラムを参照）の通りであり、より古い時代を想定する《呉の孫武》が、《斉の孫臏》よりも新しく作られたのである。

いずれにせよ、《春秋時代の呉の孫武》が存在しないことは明らかであるが、これが理解されにくい。文献『孫子』があまりにも優れた内容であり、しかも兵法だけではなく心理戦や国家経営なども扱っているため、現在でも「孫子ファン」が非常に多いのである。

「文献『孫子』が優れた兵法書である」ということと、《春秋時代に孫武という兵法家がいた》ということは、互いに別の事象であり、必ずしも両立しなくてよい。しかし、「孫子ファン」としては「文献『孫子』が優れた兵法書である以上、それを書いた孫武という優れた人間もいたはずだ」と考えてしまうようである。

実際には、優れた書籍は一人だけの力で書けるものではなく、研究の蓄積が必要である。最終的に文献『孫子』を作ったのが誰かは分からないが、その優秀さや記述分野の広さから、斉の稷下《しょっか》の学（第五章末尾のコラムを参照）の集大成と見るのが妥当であろう。

第八章

魯の孔子——由らしむべし、知らしむべからず

1 『論語』とその誤解

「由らしむべし、知らしむべからず」

本章の表題にある「由《よ》らしむべし、知らしむべからず」は、前章までとは違って、創作された説話ではなく、実際に孔子《こうし》（孔丘《こうきゅう》）が発言したと考えられている言葉である。ただし、その解釈に歴史的なずれがあり、本章はそのずれをテーマとしている。

『論語』は孔子の言葉や弟子との対話を記した文献であり、その基礎は孔子の孫弟子たちが師（孔子の弟子）の言葉や見聞を集めることで作られた。ただし、その後も一部に取捨選択や改編・追加などがおこなわれており、最終的に現在の形になったのは前漢代と考えられている（湯浅二〇一二A・渡邉二〇一六など）。

『論語』の内容は、孔子の時代に記録されたものではなく、死後何十年も経ってから集められたものであるため、断片的であり体系的な文章になっていない。本章のテーマの「由らしむべし、

知らしむべからず」も、前後の脈絡が全くなく、「子（孔子）曰《いわ》く、『民は之《これ》に由《よ》らしむべし、之に知らしむべからず』」（「子曰、民可使由之、不可使知之」泰伯篇）とだけ記されている。

そのため、古来さまざまな解釈がされてきた。次の記述はその一例である。

聖人は怪神（怪異や鬼神）を語らず、性命（人の本性と天命）を言うことは希《まれ》である。また些末なことは開示するが極端なことは言わず、表現を変えて意味を分かりやすくする。所謂《いわゆる》「民は之に由らしむべし、之に知らしむべからず」である。（『後漢書』方術列伝）

「民衆には過程や理論などは教えず、結論だけを伝えればよい」という解釈である。この解釈のように、為政者が民衆を無知の状態にすることで支配体制を維持しようとする方法は、一般に「愚民政策《ぐみんせいさく》」と呼ばれる。日本でも「由らしむべし、知らしむべからず」と言えば、大抵の場合、「余計なことを教えるな」という意味に使われている。

孔子の思想

結論を先に言えば、孔子は愚民政策を唱えたのではない。まず分かりやすい点を挙げると、文字の使い方がある。論語における「可」の文字については、次の例のようにすべて「よい」か「〜できる」の意味で使われている。

子貢《しこう》が（孔子に問うて）言った、「貧くとも諂《へつら》うことがなく、富があっても驕《おご》らないというのは、いかがでしょうか。」孔子が（答えて）言った、「よいです。しかし貧しくとも（道義を）楽しみ、富があっても礼儀を好む者には及びません。」（「子貢曰、貧而無諂、富而無驕、何如。子曰、可也。未若貧而楽、富而好礼者也」学而篇）

有子《ゆうし》が言った、「信頼が正義に近ければ、言ったとおりに実行できる。」（「信近於義、言可復也」学而篇）

殷代の甲骨文字では、「可」が「よい」の意味の形容詞であり（落合二〇一六）、その後、派生義として西周代に「〜できる」（可能の助動詞）の意味が出現した（王一九九八A）。さらに派生して「〜すべき」（義務・当然の助動詞）の意味にもなるのだが、春秋時代にはこれが未出現だったのである。

当然、孔子もその意味では使っていない。「由」は従属の意味なので、「民は之に由らしむべし、之に知らしむべからず」を直訳すれば、「民はこれを従わせることはできるが、これを理解させることはできない」ということになる。

『論語』には前後の文脈が記載されていないので、代名詞の「之」が何を指すのかは確実ではないが、前者の「之」は「民」、後者の「之」は前の句を受けたものとし、「民はそれを従わせることはできるが、従う意味を理解させることはできない」（森一九七八・金谷一九九九）とする解釈が妥当であろう。

「由らしむべし、知らしむべからず」が愚民政策でないことは、孔子の思想からも明らかである。孔子が唱えた国家論・政策論には、次のようなものがある。

孔子が言った、「徳（立派なおこない）で政治をすることは、たとえれば、北極星が動かずに他の全ての星がそれに従って動くようなものである。」（為政篇）

孔子が言った、「政治や刑罰で人々を導こうとすると、人々は法令を免れても恥とは思わない。徳や礼で導けば、人々は恥を知り、かつ正しくなる。」（為政篇）

魯の哀公《あいこう》が問うて言った、「どのようにすれば民は服従するのか。」孔子が答えて言った、「実直な人を登用して不実な人の上に置けば、民は服します。不実な人を登用して実直な人の上に置けば、民は服さなくなります。」（為政篇）

孔子が言った、「譲り合いの心で国を治めることができれば、何の問題もない。譲り合いの心で国を治めることができなければ、儀礼があってもどうにもならない。」（里仁篇）

このように、孔子は人々の善性や知性に期待し、思いやりのある政治であれば民衆の支持が得られ、国は治まると考えたのである。当然、愚民政策を主張するはずがない。

孔子の教えを奉ずる人は「儒《じゅ》（あるいは儒者・儒学者など）」と呼ばれ、また思想として「儒学（あるいは儒家・儒家思想）」と称される。儒学は、孔子が生きている時代には国家政策として採用されなかったが、その死後の戦国時代において全中国的に広がった。さらに前漢代後期から後漢代にかけて、儒学は国教（官学）として扱われるようになり、「儒教」と通称される。
なぜ孔子の言葉が誤解されたのか、そしてなぜ儒学が後代に大きな影響力を持ったのかについて、覇者体制崩壊後の中国の歴史とともに見ていきたい。

2　春秋時代末期の情勢と儒家思想

資料的問題

紀元前四八一年をもって『春秋』の記述が終了し、『左伝』の記述も紀元前四六八年で終了する。そして、これ以降の時代については、信頼できる資料が少ない。殷代の甲骨文字、西周代の金文、そして春秋時代の『春秋』のような、分量があって信頼できる文字資料が現存していないのである。

最もまとまった記述として『史記』の六国年表《りつこくねんぴょう》があるのだが、一部に年代の錯誤や誤編集があり、また年表であるため記述が簡潔すぎるという欠点がある。そのため、時代ごと、あるいは分野ごとに様々な資料を併用する必要がある。

図表8–1に六国年表の冒頭部分を挙げた（小さい文字は後代の注釈）。「六国」とは所謂《いわゆる》「戦国の七雄」から秦を除いた六カ国を指しており、年表としてはそれに周王朝と秦を加えている。

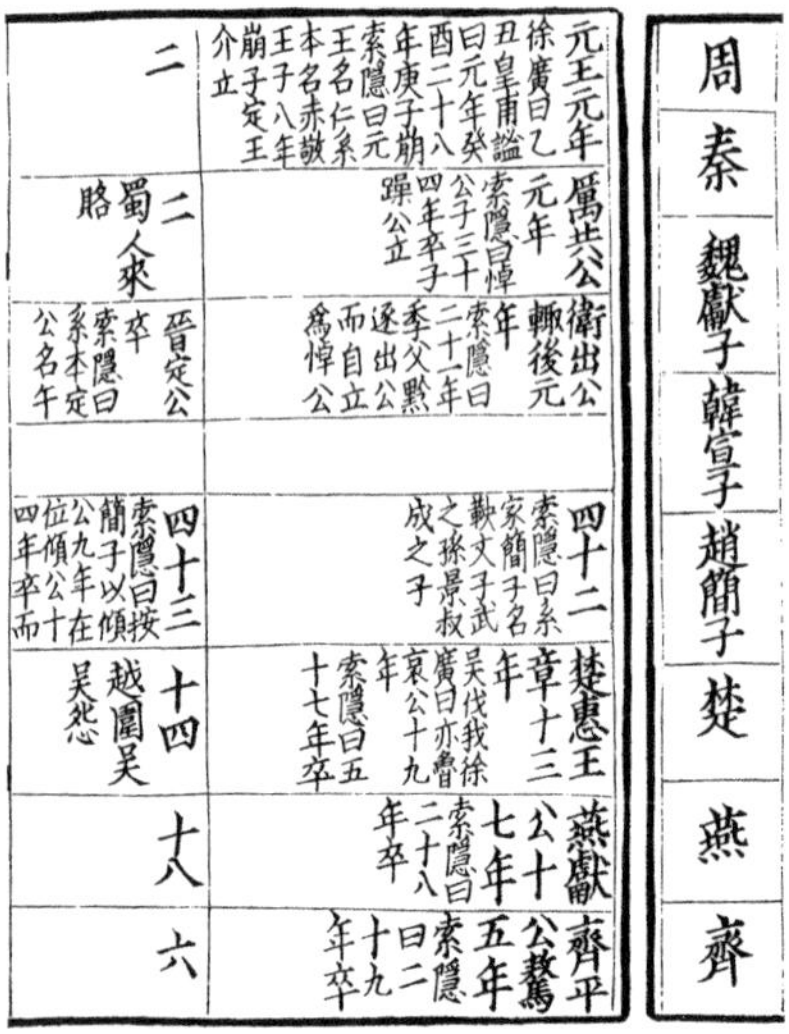

周	元王元年 徐廣曰乙丑皇甫謐曰元年癸酉二十八年庚子崩 索隱曰元王名仁系本名赤敬王子八年崩子定王介立	二
秦	厲共公元年 索隱曰悼公子三十四年辛子躁公立	二 蜀人來賂
魏獻子	衛出公輒後元年 索隱曰二十一年季父黜逐出公而自立為悼公	晉定公卒 索隱曰系本定公名午
韓宣子		
趙簡子	四十二 索隱曰系家簡子名鞅文子武之孫景叔成之子	四十三 索隱曰按簡子以頃公九年在位頃公十四年卒而
楚	楚惠王章十三年 吳伐我 徐廣曰亦魯哀公十九年 索隱曰五十七年卒	十四 越圍吳 吳怨
燕	燕獻公十七年 索隱曰二十八年卒	十八
齊	齊平公驁五年 索隱曰二十九年卒	六

図表 8–1 四部叢刊『史記三家注』六国年表の表の冒頭部分
（紀元前 476〜前 475 年。注釈を含む）

『史記』は王朝を樹立した周と秦を別格とし、そのため「六国」の呼称を用いている。

年代記として、六国年表以外で比較的信頼できるのは、戦国時代前期については『竹書紀年《ちくしょきねん》』（魏の年代記）と『繫年《けいねん》』（出土文字資料。楚の年代記）があり、戦国時代後期については『編年紀《へんねんき》』（出土文字資料。秦の年代記）がある。いずれも六国年表ほど網羅的ではないが、これらを六国年表と併せて使うことで、おおまかな歴史の流れを把握することができる。また、『史記』のうち周本紀・秦本紀と世家《せいか》（各諸侯の年代記）の地の文も比較的信頼できる。

そのほかは、個別の分野ごとに使用する資料が異なり、例えば孔子の思想に関しては『論語』を使用し（本章後述）、戦国時代の秦の法律改革については『商君書《しょうくんしょ》』のほか出土文字資料の秦法を用いることが一般的である（第九章で述べる）。また、戦国時代中期の外交に関する出土文字資料として『戦国縦横家書《せんごくじゅうおうかしょ》』がある（第十章で述べる）。

『管子』や『孫子』については春秋時代に仮託されたものであるが、すでに述べたように、使い方によっては作成された時代（戦国時代）の資料として利用が可能である。一方、物語を中心にした記述、例えば第十・十一章で言及する『戦国策』や『史記』呂不韋《りょふい》列伝などは、文学研究には有効であるものの、歴史資料としては信頼性が低い。

本章以降、年代としては『史記』六国年表を用いるが、一部に数年から十数年程度のずれがあることは注意しておきたい。

諸侯の再編と君主権の増大

前章で述べたように、紀元前四九七年に始まった范中行《はんちゅうこう》の乱により晋覇が崩壊し、紀元前四八四年の艾陵《がいりょう》の戦いによって斉覇も再成立しなかった。覇者体制そのものが消失したのである。

こうした状態で各国で起こったのが内乱・政変であり、長く覇者であった晋も例外ではなかった。晋では世族《せいぞく》の六卿が范氏・中行氏の亡命によって趙氏・知氏・魏氏・韓氏の四氏に減少した。さらに、紀元前四五三年に再び内乱が発生し、趙氏と知氏が対立した。この時には残った魏氏・韓氏が趙氏に味方し、知氏が敗北した。

こうして、晋では三氏が大きな権力を持つことになった。彼らは范氏・中行氏・知氏の領地を分け合って、事実上の独立を果たしている。晋から分かれた趙・魏・韓の三国は、「三晋《さんしん》」と通称される。ただし、周王によって正式に諸侯に認定されたのは紀元前四〇三年であり、この年をもって戦国時代の開始とするのが一般的である。なお、それ以後も晋公室は残っており、滅亡したのは紀元前三七〇年である（第九章で述べる）。

時代区分については、三晋の事実上の独立である紀元前四五三年、あるいは『史記』六国年表がはじまる紀元前四七六年を戦国時代の開始とする説もある。王朝が交代したわけではないので、何年で時代を分けるのかについては諸説が見られるのである。

文献を重視する立場であれば、紀元前四七六年で分けるのも一つの方法であるが、日本では、ほとんど使われない（中国の研究では比較的多い）。政治的に見れば、権力と権威が支配の両輪であり、権力のみの「事実上の独立」よりは、両者が出そろった「正式な認定」の方がより重要である。本書も紀元前四〇三年からを戦国時代としている。

晋のような、世族が君主の地位を奪う所謂「下剋上《げこくじょう》」は、斉でも起こった。紀元前四九〇年に景公が死去した際に、世族の国《こく》氏・高《こう》氏と鮑《ほう》氏・田《でん》氏（陳氏）の間で内乱が発生した。翌年に後者が勝利して悼公《とうこう》（景公の子）を擁立したものの、今度は悼公と鮑氏の内紛になった。

その後、紀元前四八五年に悼公が殺されて簡公（悼公の子）が擁立され、再び国氏・高氏が権力を持ったものの、翌年に艾陵の戦いで呉に敗北して国氏が捕虜になった（第七章参照）。最終的に、紀元前四八一年に田氏が簡公を殺害し、翌年に高氏を追放して斉の実権を握った。

田氏の長である田常《でんじょう》（陳恒《ちんこう》）は、その後も鮑氏や新興の晏《あん》氏など有力な貴族を滅ぼして権力を維持したが、田氏が正式に諸侯として認定されたのは、田常の曽孫の田和《でんわ》の時代（紀元前三八六年）である。田氏はそれ以降も「斉」の国号を使用したため、それまでの公室と区別するときには「田斉《でんせい》」と呼ぶ。田氏も諸侯認定後にもとの公室を追放した（『史記』六国年表によれば滅亡は紀元前三七九年）。

南方の楚は、当初は世族が強かったが、春秋時代中期に荘王が世族との内乱に勝利（紀元前六〇五年）して以降は、王の近親者が令尹《れいいん》（楚の首席大臣の呼称）を務めることが多くなった（野間一九七二・安倍一九八〇）。そのため、晋・斉のような下剋上が起こっていない。また、紀元前五世紀には恵王《けいおう》（在位紀元前四八八〜前四三二年）が五十年以上にわたって君臨しており、これも王権の安定につながったようである。

楚の恵王は陳や蔡などを滅ぼして併合し、また対越戦争でも優位に立った。恵王は四世代前の荘王に近い勢力圏を獲得している。ただし、越の併合までには長い時間がかかっており、百年以上も後のことである。

秦については、ほかの諸侯との関わりが少なかったため、国内の詳細な記録が残っていないが、『史記』六国年表などによれば、紀元前四二五年に内乱が起こり、君主の懐公が殺されている。この内乱の結果、秦の権力は懐公の太子の系統（霊公・献公）とその弟の系統（簡公・恵公・出公）に分かれたが、最終的に献公（在位紀元前三八四〜前三六二年）によって統一された。

こちらも世族による下剋上は起こっておらず、その後も、商鞅《しょうおう》を登用して法律改革をおこなった孝公（第九章で述べる）や、樗里疾《ちょりしつ》・甘茂《かんぼう》らを登用して領域を拡大した恵文王《けいぶんおう》（第十章で述べる）など、優秀な君主が続いた。

このように、世族側が勝利する場合もあれば、君主側が権力を掌握する場合もあったのだが、前者についても、勝ち残った世族が君主になって大きな権力を持つので、結果として、いずれの国でも世族が消滅し、専制君主制（君主独裁制）へと体制が移行していった。

そして、戦国時代には貴族層全体が没落し、君主が任命する官僚が行政や軍事を担当するようになる。さらに、君主は身分や出身にかかわらず優秀な人物を大臣として登用し、法律改革などをおこなわせたのである（法律改革については第九章で述べる）。

そのほかの諸侯については、陳・蔡は前述のように楚に併合された。鄭は新興の韓に併合され、衛は魏（のち趙）の属国になり、魯は斉（田斉）の属国になっている。中原《ちゅうげん》の中規模諸侯は、戦国時代には宋のみが専制君主制国家として比較的大きな力を持っていた。また、新興の諸侯として、長江下流域の越のほか、蜀（現在の四川省）や中山《ちゅうざん》（現在の河北省）が出現している。

孔子の経歴と魯国の貴族権力

孔子が活躍した紀元前六世紀末期〜前五世紀初期は、晋覇が崩壊し、また中原の各国で内乱や政変が起こった時代である。孔子が生まれた魯も、そうした激動の時代から逃れることはできなかった。

孔子は紀元前六世紀中期に魯で生まれ、下級貴族である「士」の家柄であったとされる（『史記』孔子世家など）。しかし、孔子は早くに父を亡くしており、信頼できる資料には若いころの経歴は記されていない（浅野二〇一七）。そして若いうちに母も亡くしている。

その後、魯の官庁に関連する下級職に就いたとされ、そこで儀礼や歴史などの様々な知識を学んだようである。ただし、高位の官職に就いたわけではなく、知識も独学であった。孔子の教えは、孔子本人が「故《ふる》きを温めて新しきを知る（温故而知新）」（『論語』為政篇）と言ったとおり、聞きかじった（あるいは読みかじった）知識を元に、孔子自身が考え出したものなのである（湯浅二〇一二A)。

孔子は、魯公室の始祖である周公（武王の弟）を理想としており、また西周王朝を理想の王朝とした（『論語』八佾篇など）。そして、徳のある君主が治める安定した社会を目指したのである。そのため孔子は君主派であり、魯の昭公が世族の三桓氏《さんかん》と対立して斉に亡命した（紀元前五一七年）ときには、孔子も同行している。

昭公は翌年に帰国したが、魯では三桓氏が権力を握っており、国都の曲阜《きよくふ》に入ることができなかった。昭公は紀元前五一四年に支援国を斉から晋に乗り換え、死去する紀元前五一〇年まで晋の乾侯《かんこう》という所で亡命政権を建てていた。

このころ孔子は私塾を始めており、また孔子が唱えた国家論（前述）は魯国内で一定の評判を得たようである。紀元前五〇五年には、三桓氏のひとつの季孫《きそん》氏の臣下であった陽虎《ようこ》という人物が一時的に魯の権力を握ったが、その際に孔子を招聘しようとしている（『論語』陽貨篇など）。

孔子が正式に仕官したのは紀元前五〇一年のことであり、昭公の弟の定公の時代である。その後、孔子は一気に出世して大司寇《だいしこう》（司法の大臣）にまでなったとされている（『史記』孔子世家など）。ただし、『論語』には大司寇やその職務に関する記述が全くないため、近年では後代の創作という見方も強い（平凡社二〇〇七など）。

それどころか、そもそも孔子は正式な仕官すらしていないとする説（浅野二〇一七）も提示されている。一応、『左伝』には、定公十年（紀元前五〇〇年）に孔子が斉・魯の会盟の儀礼に参加したという記述があるが、これすらも後代の創作（渡邉二〇一八）かもしれない。

いずれにせよ、魯では世族である三桓氏の権力が強く、君主を中心とした徳治国家という孔子の理想は実現しなかった。

紀元前四九七年には、孔子は弟子を連れて魯を出て、陳・衛など各国を遊説《ゆうぜい》したが、やはり孔子の主張は現実的ではなく、どの国でも政策として採用されることはなかった（森一九七八・湯浅二〇一二Bなど）。そして、孔子は紀元前四八四年に魯に戻り、それ以降、死去（紀元前四七九年）するまで弟子の育成に専念した。

孔子は、前述のように民衆の善性や知性に期待した。徳のある政治をすれば、民衆も従ってくれると考えたのである。しかし実際には、民衆は孔子の考える徳治には従わず、権力のある者に従うのが常であった。「由らしむべし、知らしむべからず」についても、具体的な政策論ではなく、民衆が期待通りに動いてくれないという孔子の愚痴なのかもしれない。

教育者としての孔子

孔子は、政治的には失敗したのであるが、何十人もの弟子を育てており、教育者としては成功した。この数字は、当時としてはかなり大きな学団である（ただし『史記』孔子世家などの「門弟三千人」は誇張である）。そして、孔子の弟子や孫弟子が各国で官僚に採用され、孔子の教え（儒家思想）が全中国的に広まった。

なぜ、孔子の元には多くの弟子が集まったのだろうか。それはおそらく、孔子が教育者として非常に優秀だったからである。『論語』に残された孔子の言葉には、現代にも通用するものも多く、次のようなものがある。

己《おのれ》の欲せざる所、人に施すなかれ（顔淵篇）
過《あやま》てば則《すなわ》ち改むるに憚《はばか》ることなかれ（学而篇）
学びて思わざれば則ち罔《くら》し、思いて学ばざれば則ち殆《あや》うし（為政篇）

よく知られた言葉であり、解説するまでもないかもしれないが、第一条は自分が望まないことは他人にもしてはならないことを述べており、互いに思いやりを持つことが社会を円滑にすると説いている。近代の社会契約論にも通じる考え方である。

第二条は、過ちがあれば速やかに改めることの重要性を述べている。『易経《えききょう》』の「君子は豹変《ひょうへん》す」（革卦）も同様であり、もとは豹の毛の生え替わりのように速やかに過ちを改めることを意味していた。

第三条は、現代日本の教育にも関わっている。前半の句は、学んで知識を得ても自分で考えなければ蒙昧《もうまい》（道理に暗い）であることを述べ、後半の句は、知識を得ないまま考えても危険な独断になることを述べている。そのまま、前半は昭和時代の「詰め込み教育」が柔軟な発想をもたらさないことを指摘し、後半は平成時代の「ゆとり教育」の危険性を述べている。

ちなみに、現行の『論語』は二十篇で構成されており、第三条の為政篇はその第二篇である。文部省（当時）の官僚が『論語』の十分の一でも読んで理解できていれば、「ゆとり教育」とい

図表8-2 戦国時代の青銅器
（湖北省博物館2012から引用）

う失政は防げたはずである。

孔子は今から約二千五百年も前の人物であり、社会の状況も違うので、『論語』のすべてを現代の教育に当てはめることはできないが、ここに挙げたように、現在から見ても意味のある言葉は少なくない。

さらに言えば、前述のように孔子の知識は独学であり、それに孔子自身の発案を加えた儀礼を弟子に教えていた。つまり、伝統文化の裏付けのない儀礼であったが、むしろそれが効果的に機能した。

当時は、貴族制から官僚制に移る時代であり、伝統的な貴族文化からの脱却も必要とされていた。儀礼についても、伝統的な祖霊観念から、社会的意義を重視したものになっていった（ファルケンハウゼン／吉本二〇〇六）。そのため、「鬼神《きしん》（死者の霊）を敬して之《これ》を遠ざく」（『論語』雍也篇）と述べた孔子の儀礼は、実に時代に適合《マッチ》していた。孔子自身は自覚していなかったであろうが、文化の創造者《クリエイター》としても天才的な才能を持っていたのである。

図表8-2は戦国時代の墓に納められた副葬品の青銅器であるが、伝統的な細かい凹凸による文様ではなく、赤銅に近い比率の地金に金を埋め込んで文様を作っている。成金趣味とも言えるこうした物品は、文化の変化を如実に示している。

官僚人員の需要

紀元前五世紀から紀元前四世紀前半にかけて、専制君主制の成立による君主権の増大に伴い、貴族に代わって官僚が領地経営・戦争指導・刑事裁判などを担当するようになった。官僚は組織としても職掌としても巨大化したのである。

孔子学団の主な構成員もそうであるが、戦国時代に官僚層の大部分を形成したのは、春秋時代の下級貴族である「士」の階層出身者であったと考えられている（貝塚ほか二〇〇〇・吉本二〇二二など）。上級・中級貴族に比べて人口が多く、また庶人《しょじん》（農民層）よりは知識があったので、官僚に適していた。

特に重要なのが読み書きである。古代中国の官僚制は、成文法と文書行政を特徴としており、いずれも「文字の読み書きができること」が必要条件である。そして、孔子は弟子たちに『詩《し》経《きょう》』や『尚書』などを教えていた。孔子自身は人間性の育成を第一義としたようである（竹内二〇〇〇）が、それよりも文字による教育を受けたことそのもので、弟子たちは官僚としての必要条件を備えることになったのである。

こうして、多くの弟子や孫弟子が各国で官僚として採用され、孔子の教え（儒家思想）が全中国的に広まった。戦国時代になると、魯・斉など近隣の諸国はもちろんのこと、南

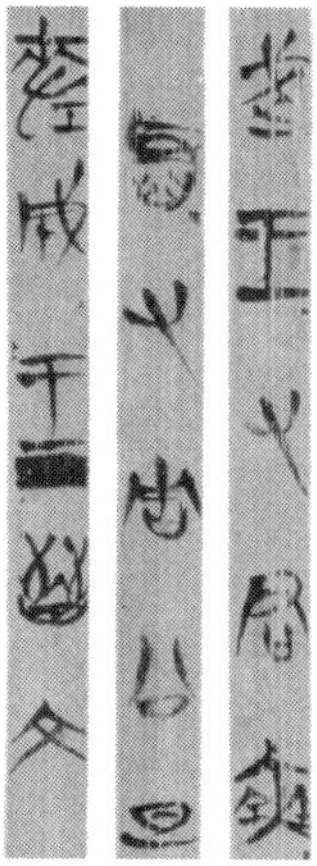

図表8-3 戦国楚の竹簡
（李2016から引用）

方の楚でも儒家思想が流行した。図表8―3は、戦国時代の楚で作られた竹簡の一部であり、儒家が考える聖王とその賢臣を列記している。

儒家と法家の系統

儒家思想の中心となる考え方が「仁《じん》」と「礼《れい》」である。仁とは思いやりの心情であり、礼とは狭義には儀礼や作法であるが、広義には社会規範を含む。

そして、孔子の死後、仁と礼のどちらが重要かという点で、儒家思想は大きく二派に分かれた（伊藤一九七七・湯浅二〇〇九など）。仁を重視した派閥の代表者が孔子の弟子の曽子《そうし》（曽参《そうしん》）であり、礼を重視した派閥の代表者が同じく子夏《しか》（卜商《ぼくしょう》）である（図表8―4を参照）。

曽子の弟子には孔子の孫の子思《しし》（孔伋《こうきゅう》）があり、さらにその孫弟子と推定されるのが「性善説」を唱えた孟子（孟軻《もうか》。第九章で述べる）である。

一方、子夏の弟子には、中国で最初の成文法を作ったと言われる李悝《りかい》があり、儒家ではなく法家《ほうか》（刑法を重視する思想）に分類される。また、師弟関係は明らかではないが、礼を重視した派閥から「性悪説」を唱えた荀子（荀況）が出ており、その弟子に、やはり法家の韓非子《かんぴし》（韓非《かんぴ》）と李斯《りし》がいる。そのほか、李悝が成文法を作った魏に滞在したことのある呉子と商鞅（第九章で述べる）も法家であり、何らかの知識継承が推定される。

儒家と法家は全く別の思想と考えられがちであるが、実際には、法家は儒家のうち礼を重視した派閥から分かれて出現したのである。おそらく「礼（規範）」に「刑罰」を加えることで容易に法家思想に転換したのであろう。

このように、孔子の教えは多様な思想に展開した。近年では、「無為自然《むいしぜん》」を唱えた道家《どうか》思想についても、古くは儒家思想との類似点があったことが指摘されている（湯浅二〇一四）。孔子は、前漢代後期から後漢代にかけての儒学の国教化により、神格化されるに至った（湯浅二〇〇九・浅野二〇一七など）が、そうした説話を除いても、中国の思想史において絶大な影響力があったことは確かである。

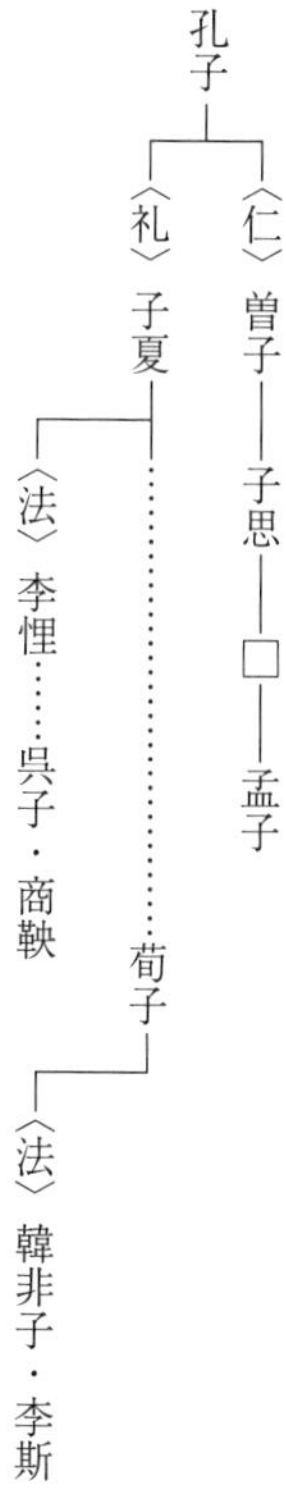

図表 8-4
孔子の学統（「……」は師弟関係不明）

コラム

「由らしむべし、知らしむべからず」の解釈変化

漢代の儒教

紀元前二二一年に秦王朝が中国を統一した後、一時的に儒家が迫害されたが、秦は短期間

で滅亡したため、儒家思想は生き残った。ただし、焚書《ふんしょ》は比較的長く続いたため、儒家経典の一部が失われている（第十二章で述べる）。

前漢王朝（紀元前二〇二～後八年）は思想統制が比較的緩やかであり、しかも儒学者側が思想を王朝に合わせていくようになった（渡邉二〇一〇・浅野二〇一七など）。そして、武帝（在位紀元前一四一～前八七年）の時代に、宮中で儒家の経典《けいてん》を講義する「五経博士《ごけいはかせ》」が設置された。その後も、官吏登用法の「郷挙里選《きようきよりせん》」の実施など、王朝の政策が儒家思想を基準にするようになる。前漢代後期から後漢王朝（二五～二二〇年）の時代にかけて儒学が国教化しており、それ以降は「儒教」と通称される。

このように、特定の思想が為政者側に接近して国教化することは、西洋のキリスト教にも見られる。当初はローマ帝国に迫害されたが、キリスト教を利用しようとするコンスタンティヌス帝によって三一三年に公認された（ミラノ勅令）。さらに、ニカイア公会議やコンスタンティノープル公会議などによって教義を統一することで、皇帝側が宗教的権威を獲得し、また教会も国教としての地位を確立した（アーマン／津守二〇一〇・田上二〇一五など）。

儒学も同様に、思想家として（あるいは思想家集団として）生き残るため、王朝に接近した。儒家は、前漢王朝初代の劉邦《りゆうほう》（高祖《こうそ》）によって儀礼の担当者とされ、さらに武帝の時代に前述の公認が得られた。その後も霍光《かくこう》や王莽《おうもう》などの専権者と儒学思想が互いに利用しあい、国教化していった。

そして、前漢代末期の「石渠閣会議《せつきよかく》」（紀元前五一年）や後漢代初期の「白虎観会議《びやつこかん》」（紀元後七九年）などが開催され、儒教の教義が決定あるいは修正されており、これもキリスト教の公会議に近い。

解釈の変化

こうして、儒学経典の解釈も王朝にとって不都合ではなくなった。しかし、例えば春秋時代の詩を集めた『詩経』について、孔子は次のように述べている。

孔子が言った、「『詩経』の三百篇を一言《ひとこと》でいえば、『思いに邪《よこしま》なし』である。」（為政篇）

『詩経』の内容は、当時の上流階層の基礎知識だったのであるが、それだけではなく、孔子は純粋な心情表現として弟子に教えた（竹内二〇〇〇）。思いやりのある政治を目指した孔子らしい考え方と言えるだろう。

そして、例えば『詩経』の鄭風《ていふう》（春秋時代の鄭国の詩集）には次のような詩がある。

女性と馬車に乗った、顔はまるで舜華《しゅんか》（むくげの花）のようだ。（有女同車、顔如舜華）
馬車は飛ぶように走り、佩玉《はいぎょく》（腰につける玉器）が鳴る。（将翺将翔、佩玉瓊琚）
美しき孟姜《もうきょう》（姜姓の長女）よ、まことに美しく雅《みやび》やかだ。（彼美孟姜、洵美且都）
（『詩経』鄭風・有女同車篇）

読んだ通り、女性の美しさを歌った詩である。もちろん「詩」なので実際の情景ではないのだが、ある程度は現実性を意識している。鄭国は公室の姓が「姫《き》」なので、「孟姜」は姜姓諸侯からの婚約か嫁入りという設定である（姓については第一章を参照）。

しかし、詩をありのままに解釈したのでは、専制王朝を維持するためには役に立たない。この詩について、漢代の解釈（毛亭伝《もうこうでん》）では次のようになっている。

「有女同車」篇は、鄭の忽《こつ》（荘公の太子。紀元前八世紀末期）を誇《そし》った詩である。太子忽は、かつて斉国を助けて功績があり、斉の君主が娘を忽の妻にすることを願った。斉の娘は賢かったが、忽は娶《めと》らなかった。そして、のちに（鄭国の後継者紛争で）大国（斉）の支援を得られず、放逐されることになった。そのため国人（都の人々）は忽を謗ったのである。

このように、純粋に心情を歌った詩ですら、何らかの政治的意味に結びつけられた（白川一九七〇・竹内二〇〇〇など）。斉は姜姓なので、前掲の詩を斉公室の女性と解釈し、それに関連しそうな政治的事件と結びつけたのである。「思いに邪なし」とした孔子の考えからは大きく乖離《かいり》している。しかも、女性の美しさを歌った詩であるのに、「賢さ」にすり替えられている。

『論語』も同様で、後漢代以降には、孔子の本意とは別の解釈がされるようになる。「民は之《これ》に由《よ》らしむべし、之に知らしむべからず」についても、王朝側にとって都合のよい解釈が出現した。次に挙げたものは後漢代の儒学者である鄭玄《じょうげん》の解釈である（金谷一九七八・若槻一九九六）。

正道をもって民に教えれば必ず従うが、その本来の意義を知れば愚者は軽んじて行わない。（『鄭玄注論語』泰伯篇）

「正道」で民を教化することが重要で、それに至る過程や理由を理解させるべきではないという解釈である。民衆の善性や知性に期待した孔子の考えとは全く異なっている。

しかし、鄭玄をはじめとする後漢代の儒学者の説が儒教の正統とされ、それがさらに理論化（実際には「詭弁化」と言うべきかもしれない）されたのが唐代の『五経正義《ごきょうせいぎ》』であり、官僚登用の試験である「科挙《かきょ》」のテキストとされた。

このように、孔子の教えは曲解され、為政者側に利用された。ただし、宗教の世俗化はどの文明でも起こることである。軍事による物質的支配と宗教による精神的支配が統治の両輪である以上、政治的理由で思想が変質していくことは不可避なのであろう。

第3部

戦国時代・秦

第九章
魏の恵王——五十歩百歩

1　『孟子』の説話とその虚構性

《五十歩百歩》

春秋時代の覇者体制が崩壊し、また主な諸侯は専制君主制へと向かった。そして、戦国時代には官僚制と徴兵制の整備が進み、戦争も激しくなった。

戦国時代の政治思想について、最終的には、戦争状態に対して法家《ほうか》の支配体制が有効であることが明らかになったが、戦国時代中期までは様々な可能性が模索された。

多くの思想家が出現した中で、各国を遊説《ゆうぜい》した人物として孟子《もうし》（孟軻《もうか》）が有名である。孟子は、紀元前四世紀の後半に、魏の恵王や斉（田斉《でんせい》）の宣王など各国の君主と面会し、自身の政策論・国家論を述べた。次に挙げたのは、孟子の言行を記録した『孟子』という文献からの抜粋・要約であり、恵王との対話部分である。

梁（魏）の恵王が言った、「私は国に対して心を尽くしている。もし河内地方《かだい》が凶作であれば、その民を河東地方《かとう》に移し、河東の穀物を河内に移す。河東が凶作であっても同様のことをする。隣国の政治を見ても、私ほど心を尽くしている者はいないのに、隣国の民が少なくならず、私の民が多くならないのは、なぜだろうか。」

孟子が答えて言った、「王は戦争がお好きなので、戦争に喩《たと》えたいと思います。進軍の太鼓が鳴り、戦端が開かれたときに、鎧を棄て武器を投げ捨てて逃げる者がいたとします。ある者は百歩も逃げて止まり、ある者は五十歩だけ逃げて止まりました。もし五十歩逃げた者が百歩逃げた者を笑ったら、いかがでしょうか。」

恵王が言った、「よくない。ただ百歩逃げなかったというだけで、逃げたということは同じである。」孟子が言った、「王よ、もしそれが分かるならば、民が隣国より多くなることは望めないことも分かると思います。」（梁恵王上篇）

このように、孟子は恵王に対して、民衆への思いやりこそが重要であると説いたとされている。孟子は、ひと通り徳治の方法を述べた後、次のように言ったという。

「老人が絹を着て肉を食べ、庶民が飢えず寒からぬようにすれば、王者になれなかった者は今までにいません。」（梁恵王上篇）

晋から分かれた魏は、戦国時代の初期には最も大きな力を持った諸侯であった。しかし、恵王の時代になると東の斉や西の秦に相次いで敗北して衰退し、孟子に助言を求めたのである。そこで孟子が述べたという内容の一部が前掲の文章である。なお、ここから小さな違いがあっても本質的には同じであることを《五十歩百歩》と呼ぶようになった。

『孟子』の矛盾

しかし、『孟子』の内容は、戦国時代の実態と矛盾する。戦国時代においても、農民は定住していたので、一回の凶作で住民を移動させたりはしない。大洪水などが起こって長期的に耕作が不可能になれば移転はあり得るが、《凶作のたびに住民を移動させる》という恵王の発言は実際の政策としてあり得ない。

また、戦争は必ず「自国の防衛」や「他国の不義」を名目におこなわれるのであり、《王は戦争がお好き》と言われて恵王が訂正しなかったはずはない。そもそも、魏は何度も斉や秦に攻められて敗れていた（本章後述）ので、恵王が戦争を好んだとも思われない。

そして、根本的な問題として、戦国時代には長い対話を記録するような体制がなかったことが挙げられる。約千年後の隋・唐の時代になると「起居注《ききょちゅう》」が作られ、皇帝の言行が逐一記録されるようになり、それが「実録《じつろく》」として世に出ることもあった。

しかし、戦国時代にはそのようなシステムは存在しない。公的に発表された法律や命令であればともかく、私的な会話が記録されることはなかったのである。当然、『孟子』の対話録も魏国

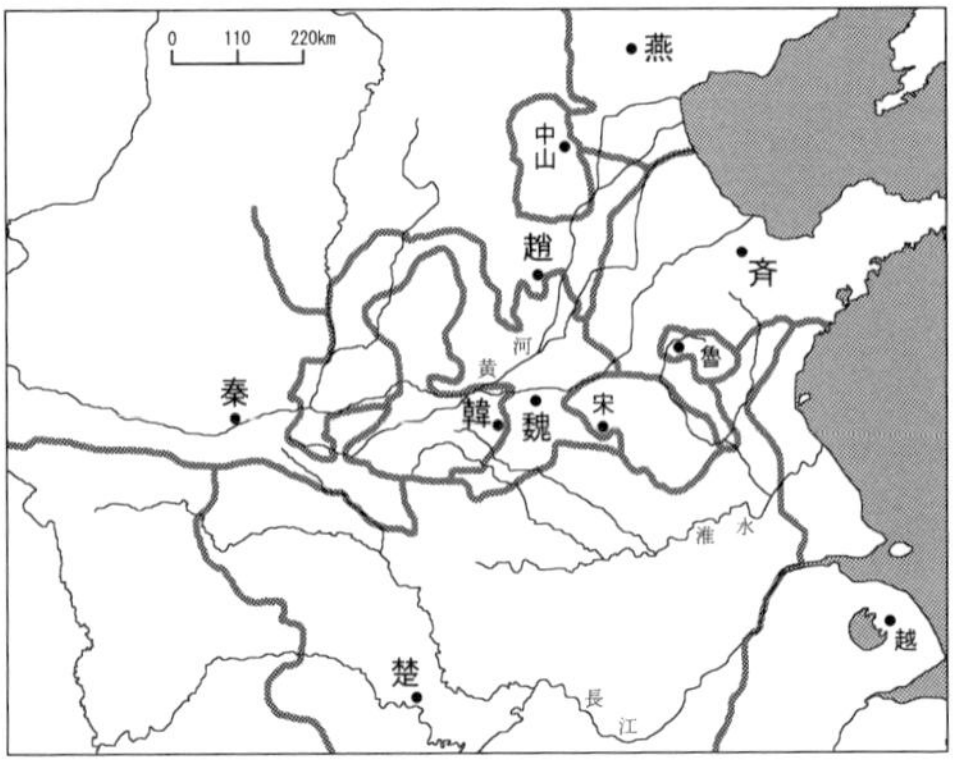

図表 9–1 戦国時代前期（紀元前 350 年ごろ）の推定地図
（譚 1982 を元に筆者が作成。領域の細部には異説あり）

の正式な記録ではない。文献としての『孟子』は、言語学的な分析などから、孟子の死後まもなく弟子たちが作ったものと推定されている（山田二〇〇四B・吉本二〇一二）ので、後代の創作ではないのだが、「のちに弟子に対して孟子が語った内容」にすぎない。

要するに、『孟子』における孟子と恵王の対話は、「孟子自身が作った説話」なのである。文献の『孟子』は、孟子が弟子に何を語ったのか、いつごろどの国に行ったのか、あるいはどのような思想だったのかを研究する際には有効であるが、対話の内容を無条件に歴史研究に使うことはできないのである。

さらに言えば、孟子は、魏が貧しいから弱いと解釈しており、『孟子』には次のような文章も記載されている。

孟子が恵王に言った、「厨房には肥えた肉があり、厩《うまや》にも肥えた馬がいますが、民は飢えていて、郊外には餓死者が出ています。これでは獣を率いて人を食わせているようなもので

す。」（梁恵王上篇）

しかし、これも事実ではない。戦国時代の魏は商業や工業が発達しており、多くの都市を領有していた（江村二〇〇五）。また鄭は春秋時代に経済的に発達していた（第五章参照）が、魏は韓と分け合ってその地を領有している（図表9―1参照）。そのほか、のちに秦に奪われるまでは元の晋の国都付近も領有していた。魏が貧しいはずがないのである。

このように、『孟子』が述べる《恵王との対話》は、孟子の想像の産物にすぎないのである。

孟子の現代批判

そのほかにも孟子による創作は多い。次に挙げたのは、斉の桓公《かんこう》が葵丘《ききゅう》の会盟（紀元前六五一年。第五章参照）で諸侯とともに結んだ盟約の内容と称するもので、文献の『孟子』に記載されたものである。

初命に曰く、「親不孝者は誅《ちゅう》すること。一度決めた太子を変えてはならず、側室を正室にしてはならない。」

再命に曰く、「賢者を尊び、人材を育成し、有徳者を顕彰すること。」

三命に曰く、「老人を敬い、幼児を慈しむこと。賓客《ひんかく》をもてなすことを忘れてはならない。」

四命に曰く、「官職は世襲させてはならない。官職は兼任してはならない。士は適材を採用することみだりに大夫を殺してはならない。」

五命に曰く、「堤防を曲げてはならない。穀物の買い入れを妨害してはならない。臣下を封建したら必ず報告すること。」（告子下篇）

ここに記された《斉の桓公による五カ条の誓約》も、孟子の創作である。まず目につくのが第四条（四命）であり、春秋時代は貴族制であるから世襲が当然であり、《官職は世襲させてはならない》とすれば貴族制社会は維持できない。これは明らかに貴族制崩壊後の戦国時代の言説である。

また、貴族制社会では上級貴族（世族《せいぞく》）の職務兼任が一般的であり、行政・軍事・外交などの権力をもっていた（第七章参照）。同条の《官職は兼任してはならない》も春秋時代の実態とはかけ離れている。それどころか戦国時代でも、大臣が複数の職務を兼任することは多く見られる。この文章は、孟子の理想の官僚制を述べているにすぎないのである。

第二条（再命）の《賢者を尊ぶ》も戦国時代の思想であり、儒家や墨家が唱えたものである。同様に《有徳者》も戦国時代の儒家の概念である。

このように、孟子は斉の桓公に仮託して自身の考えを述べている（吉本一九九七）。孟子は三王（夏・殷・西周）を理想とし、現代（孟子が生きていた戦国時代）を批判した。その中間として桓公などの《五覇》（第六章参照）を設定したのであって、実際の春秋時代の歴史を知らなかったか、あるいは関心がなかったのである。孟子は次のように述べている。

五覇は三王の罪人である。今の諸侯は五覇の罪人である。今の大夫は今の諸侯の罪人である。(『孟子』告子下篇)

孟子は、今(戦国時代)の王や大臣たちが、いかに残虐で無能かを主張し、それで多くの人々の支持を得ていた。そうであるから、孟子にとっては現代批判こそが重要であり、過去の歴史はそのための道具に過ぎなかった。孟子は歴史を創作することで、自らの国家論・政策論の優秀さを主張したのである。《魏の恵王との対話》も、そうした主張の一つとして作られたものである。

一方、孟子と面会した魏の恵王や斉の宣王なども、孟子の人気を利用しようとしただけで、孟子が主張する政策を採用したという記録はない。彼らの間で実際にどのような対話がなされたのかは分からないが、互いにすれ違いの議論になったであろうことは想像に難くない。

2　戦国時代前期の情勢

魏の文侯・武侯

『孟子』における対話は作り話であったが、魏の恵王が斉や秦に敗北したということは、多数の文献に記録されており、実際に起こった出来事である。なぜ恵王が戦争で敗れたのかについて、それを知るために、先々代の魏の文侯の時代から見てみたい。

晋では知氏の敗北後に趙・魏・韓の三氏（三晋《さんしん》）が事実上の独立を果たした（第八章参照）。ただし、三氏はそれ以降も晋公室を残しており、それを推戴することで連携を保った。

当初は趙氏が晋の正卿《せいけい》（首席大臣）であったが、後に魏の文侯がその地位に収まり（紀元前四二四年）、晋公の権威を利用した。文侯は、三晋を率いて大規模な軍事行動を起こしており、秦や楚を攻撃したり、越とも協力して斉の田氏（第八章参照）を破ったりしている。

この時代には、各国で内乱や政変が起こっていたが、外交関係は、春秋時代後期の状況をほぼそのまま引き継いでいた。呉から越に代わり、晋が三晋（魏・趙・韓）に分裂したが、三晋と楚、三晋と秦の対立は残り、「敵の敵は味方」で秦・楚の友好関係も続いている。同様に、三晋と斉、斉と越、越と楚も対立しており、こちらも「敵の敵は味方」で三晋と越が協力関係にあった（**図表9-2**を参照）。

そして、文侯は紀元前四〇四年にも田氏を破り、その後、『繫年』などによれば、晋公が斉のほか魯・宋・鄭を引率して周王に朝見している。文侯は、晋の覇者体制の再構築を目指していたと考えられており（吉本二〇〇五・同二〇一三）、一時的にそれに近い状態にまでなった。

ただし、併合や属国化によって、自立した中小諸侯が大幅に減少したという点で、春秋時代の覇者体制とは異なっている。また、楚の中原《ちゅうげん》文化受容により、「文明VS野蛮」という構造も弱まった（第六章末尾のコラムを参照）ため、明確な「共通の敵（春秋時代の楚にあたる）」を持たず、体制として脆弱《ぜいじゃく》であった（覇者体制の正当性は第五・七章を参照）。魏の文侯による擬似的な覇者体制は、早くもその子の武侯の時代に破綻に向かっている（後述）。

三晋各氏は紀元前四〇三年に正式に諸侯に認定されたが、引き続き「晋の臣下」という立場を取った。そのため、魏・趙・韓は、史料上で本拠地の地名によって呼ばれることもあり、『孟子』の篇名である「梁恵王」も魏（当時の本拠地が梁）の恵王を指している。

魏の文侯は、中国で最初の法律改革もおこなった。第八章でも述べた李悝《りかい》（孔子の孫弟子）を登用して、中国最古の成文法を作ったのである。ただし、李悝の法律を記したという『法経《ほうきょう》』という文献は、のちに失われてしまったため、具体的な条文はほとんど分かっていない。

それに加えて、前述のように魏の領土は経済的にも発展しており、それも文侯の勢力維持を助けたと考えられる。

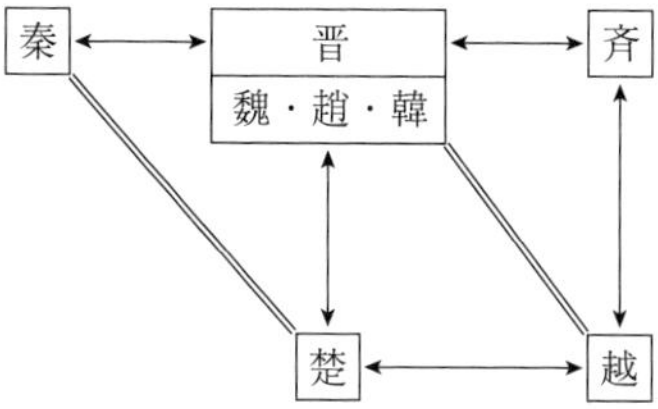

図表 9-2 戦国時代初期（紀元前 4 世紀初頭）の形勢
（模式図。大国のみを表示）

その後、魏の文侯が死去し、子の武侯が継承した。武侯も覇者的な立場を取ろうとしており（吉本二〇〇五）、紀元前三八六年に斉の田氏を周王に斡旋《あっせん》し、正式な諸侯に認定させている。

ただし、魏の武侯は、交代制であった正卿の地位・利権を放棄しなかったため、趙・韓との軋轢《あつれき》が発生した。趙とは直接の戦争になっており、また韓は魏の支配下にあった鄭を滅ぼし、その都（新鄭）を新しい国都にしている。

さらに、魏の将軍であった呉子《ごし》（呉起《ごき》）が楚に行って大臣になり、法律改革をおこなった。当然、魏の法律関連の情報が流出したはずである。

このように、文侯が大きな力を持っていた三つの要因、すなわち①三晋の連携、②法律改革の優位性、③経済的発展の優位性のうち、武侯の時代に①三晋の連携と②法律改革の優位性が失われることになった。さらに、③経済的発展の優位性についても、失われつつあったのである。

周辺国の強大化

魏の武侯の時代からその子の恵王の時代には、周辺の各国が支配人口の増加を図り、また実践していた。その主な理由は、戦国時代には徴兵制が普及したためである。

春秋時代は貴族制であり、戦争では貴族が戦っていた（第五・七章参照）ため、軍勢の数には大きな変化がなかった。国家に必要な貴族の数が一定である以上、軍勢の数も大きくは変えられなかったのである。一方、戦国時代になると徴兵制が普及し、春秋時代よりも遥かに多くの軍勢になった。しかも、兵士の数は農民の数に比例するので、人口を増やせば増やすほど軍勢も増強できたのである。

こうして、各国が競って人口増加策をとった。未開発地を開拓したり、あるいは「夷狄《いてき》」（野蛮視された人々）を支配下に組み込んだのである。夷狄については、第六章末尾のコラムでも述べたように文化的差別だったので、もともと言語的・人種的に近い人々であれば、比較的容易に支配することができた。

このような条件下では、周辺地域を領有した諸侯が有利であった。斉は黄河下流域を開拓し、また山東半島の萊夷《らいい》を支配することで人口を増やした。同様に、趙は北方へ進出し、楚は南方へ拡大した。秦も西方に未開拓地が多くあり、また南方の蜀《しょく》地（現在の四川省）にも進出した。蜀は集権国家になっていなかったものの、一時的に秦を圧迫するほど強盛になったが、やがて秦が優勢になり征服された（第二章末尾のコラムを参照）。

一方、魏や韓は先進地を領有したため、経済的には豊かであったが、すでに発展した地域であるため、新たな開拓地の保有が難しかった。魏や韓が新たに領土を獲得しようとすれば、周辺のいずれかの国との戦争に勝利する必要があったためである（前掲の**図表9-1**を参照）。

前述のように、『孟子』に記された孟子と魏の恵王の対話は事実とは考えられないが、「人口の増加に腐心した」という点については当時の状況に一致している。

徴兵制が普及した状態では、比較的容易に領土の拡大や人口の増加ができた周辺地域の斉・秦・趙・楚が有利であり、魏・韓は先進地を領有したが故に不利になった。軍事力として見た場合、経済的発展が人口の多さに劣ったのである。これは、春秋時代初期に先進地域の衛・魯・宋などが周辺地域の斉や楚に逆転された（第五章参照）のとよく似ている。

この状況で、魏の武侯の死後、その子の恵王が継承したのである。恵王は優秀な君主ではなかったようで、継承に際して趙・韓の介入を招いている。さらに、『竹書紀年』によれば即位直後（紀元前三七〇年）に晋公を趙・韓に奪われており（これをもって晋公室の滅亡とされる）、三晋の連携が完全に失われた。これにより、春秋時代後期以来の国際関係（前掲の**図表9-2**を参照）も崩壊し、各国が入り乱れて戦うようになる。まさに「戦国」の時代になったのである。

ただし、前述のように、魏は文侯の時代の優位性がすべて失われていたので、仮に恵王が優秀だったとしても没落は免《まぬが》れなかっただろう。

恵王の敗北

魏の恵王は、まず紀元前三六四年に石門《せきもん》の戦いで秦に大敗した。その後、恵王は国都を西の安《あん》邑《ゆう》から東の梁《りょう》（大梁《たいりょう》）へと移転している（『竹書紀年』による）。

さらに紀元前三五三年には、趙との戦いに介入した斉によって桂陵《けいりょう》の戦いで敗れ、翌年には秦の商鞅《しょうおう》（後述）に旧国都の安邑を一時的に占領されている（のちに撤退）。前掲の**図表9-1**は、このころの推定勢力図である。

その後、魏の恵王は斉の威王とともに王号を称しており（年代は諸説あり）、そのため「恵王」という諡《おくりな》になっている。これによって自己の権威を高めようとしたのだが、魏の衰退を止めることはできなかった。恵王は紀元前三四一年にも馬陵《ばりょう》の戦いで再び斉に敗れ、翌年には再び秦の商鞅に敗れている。

桂陵の戦いと馬陵の戦いについては、斉の軍師として孫臏《そんぴん》が活躍したとされる（文献の『孫子』と孫臏の関係については第七章末尾のコラムを参照）。次に挙げたのは、『史記』の孫子呉起列伝からの抜粋・要約である。

孫臏は龐涓《ほうけん》とともに兵法を学んだ。龐涓は魏の恵王に仕えて将軍になったが、自分の才能が孫臏に及ばないのを知っていた。そこでひそかに孫臏に使いを出し、魏に来たところで罪を着せて両足首切断と入れ墨の刑罰に処した。斉の使者が魏に行った際に、孫臏はひそかに会って説いた。使者は得がたい人物として自分の車に隠し乗せた。斉の将軍の田忌《でんき》が孫臏を賓客とした。その後、孫臏は斉の威王と面会して兵法を述べ、威王は孫臏を師とした。

魏の恵王が趙を攻めた際に、趙が斉に救援を求めた。斉の威王は孫臏を将軍にしようとしたが、孫臏は「刑余の者にはできません」と断ったため、田忌を将軍とし、孫臏を軍師とした。そして孫臏の献策により、趙の救援ではなく直接魏軍を攻撃し、大勝した。

それから十三年目、魏が韓を攻め、韓は斉に救援を求めた。斉は魏に入ると、孫臏の策略ではじめは十万の竈《かまど》を作らせ、次の日は五万、その次の日は三万と減らしていった。斉軍を三日間追跡した龐涓は、竈の跡を見て大いに喜び「兵士の過半が逃げた」と言った。そして、歩兵を捨てて軽騎兵で急追した。

孫臏は龐涓の軍行を予測し、日暮れに馬陵に至るとした。馬陵は道が狭く、伏兵に適していたので、大きな木を削って白い幹に「龐涓はこの樹の下で死ぬ」と書き、一万の弩兵《どへい》に伏せさせ、「日暮れに火が見えたら斉射せよ」と言った。果たして夜に、龐涓は大きな木に文字が書かれているのを見て、火をつけて読もうとした。そして読み終わる前に斉軍が一万の弩《いしゅみ》を斉射し、魏軍は大混乱に陥った。龐涓は敗北を知り、自刎《じふん》する前に「遂に青二才の名を成したか」と言った。

文学としては良くできた作品であるが、そうであるからこそ虚構性が明らかである。敵の行軍を時刻まで完全に予測することなど不可能であるし、自殺する直前の言葉も記録されるはずがない。また、当時は騎兵が普及していない（部隊としての騎兵は紀元前四世紀末期に趙ではじめて導入）ので、その点でも後代の創作であることが分かる。

また、「臏《ひん》」には「あしきり」の意味があって、明らかに物語を前提にした命名であり、この点は「孫武」と同様である。しかも、《才能のある人間が妬《ねた》まれて陥《おとしい》れられ、それでも才能によって登用され、陥れた相手に復讐する》というストーリーも、創作された説話であることを明確に示している。《将軍が才能を見いだす》とか《面会してすぐに王が師とする》などが事実としてあり得ないことは、敢えて指摘するまでもないだろう。

そもそも、舌先三寸で大軍を動かす「軍師」は、実在すればこれほど面白い職業はないだろうが、現実には責任を持たない人物に大きな軍権を持たせることはない。君主や将軍が軍法を学ぶことはあり、また武官とは別に軍法を研究する知識人（「兵家《へいか》」という）も存在したが、命を懸けた戦争で口を出すだけの仕事というのは認められないのである。

文侯の時代まで強盛だった魏が、恵王の時代に何度も大敗を喫したので、《何か天才的な能力が働いたのだろう》と考えて、こうした物語が作られたと思われる。しかし、前述のように魏は相対的に弱体化が進んでおり、むしろ敗北が必然であった。

こうして、大国の座から陥落した魏の恵王が晩年に頼ったのが孟子である。それも本章の冒頭で述べたように、大きな意味を持たなかった。

一方、秦は晋覇の時代から晋によって渭水《いすい》流域に封じ込められており、黄河屈曲部の西岸を奪えなかったが、恵王を破ったことで西岸を領有し、さらに東岸にまで進出した。斉もまた晋覇の時代から支配されており、晋覇崩壊後も文侯によって押さえられていたが、桂陵・馬陵の戦いで優位に立った。その後、秦・斉はさらに領土を広げており、戦国時代中期には二大強国になったのである。

商君変法

この時代には各国で法律改革が進んだ。改革担当者として、先に挙げた魏の李悝、楚の呉子のほか、秦の商鞅《しょうおう》や韓の申不害《しんふがい》などの名前が知られている。ただし、のちに中国を統一した始皇帝によって、焚書《ふんしょ》政策で秦以外の国の記録が焼却されてしまったため、詳しく分かっているのは秦における商鞅の改革、すなわち「商君変法《しょうくんへんぽう》」だけである。

呉子については、『呉子』という文献が残っているが、具体的な法律改革は述べられていない。そもそも『呉子』は、呉子の死後かなり経ってから作られたものであり（柴田二〇一〇）、また魏の武侯と呉子の対話として創作された兵法書なので、呉子自身の政治思想は詳しくは分からない。

そのほか、戦国時代の斉については、第五章などで述べたように『管子』に法律関係の記述があるが、稷下の学士による著作なので、一部は戦国時代の斉の実態ですらなく、知識人の理想を反映しているだけの可能性がある。

秦の「商君変法」についても、すべてが商鞅の事績ではない。一部は後代の仮託であり、一部には前後におこなわれた改革が商鞅の功績と見なされたものもある（吉本二〇〇〇）。商鞅は秦の大臣になって法律改革をおこない、さらに長年の敵であった魏を戦争で破ったため、後代に英雄視されたのである。

商鞅の事績は、『商君書《しょうくんしょ》』という文献と『史記』の秦本紀や商君列伝などに記されているが、前漢代に作られた後者はもちろんのこと、前者も商鞅の死後に作られたものであり、大部分は戦国時代後期における著作である（好並一九九二）。そのため、後代の情報が入っている可能性には注意が必要である。

商鞅は、衛の公室出身であり、本名は「衛鞅《えいおう》」だが、のちに秦で「商《しょう》」という土地を名目上の封地として受けたため、「商鞅」あるいは「商君」と呼称される。商鞅は、当時すでに魏の属国になっていた衛から魏に行ったが、重く用いられなかった。そこで、さらに西の秦に行き、即位したばかりの孝公（在位紀元前三六一～前三三八年）に出仕した。

法律に関しては魏が先進、秦が後進であり、魏で学んだであろう商鞅の知識を秦の孝公が必要としていた。なお、『史記』商君列伝は、商鞅は仕官した際に最初から左庶長《さしょちょう》（末席大臣）になったとするが、この点については後代の創作である可能性が高い（吉本二〇〇〇）。商鞅が主体的に変法をおこなったのは比較的短い期間であり、前述のように業績には仮託も多いと考えられている。

孝公は父の献公が確立した君主権力（第八章参照）を継承し、また献公が石門の戦いで魏に勝利した軍事力も受け継いだ。そのうえで、法律によって専制君主制を強固にし、刑罰や法的権威によって公室の構成員や高級官僚の権力を抑えた。前近代には権力と権威が支配の両輪であったが、それを法律的に裏付けるようにしたのである。

こうしたことは他国でも進められており、商鞅だけの発案というわけではないが、集権化の徹底を目指したところが秦の特徴である。他国では、貴族制が廃止された後も、公室の構成員などに「封君《ほうくん》（小領主）」として一定の領地・権力を与えたが、秦では君主への権力集中が進んだ。

また行政区画を設置しており、これも他国と同様の傾向である。秦では、それまでの貴族の領地に代わり、官僚が統治する「県」が設置された。のちに県の上に「郡」が設置され（郡の成立過程には諸説ある）、郡と県から成る統治機構は「郡県制《ぐんけんせい》」と呼ばれる。

なお県の設置は、先んじて春秋時代の晋や楚などに見られるが、当時は領土の一部に限定されており、また必ずしも官僚的統治ではなかった（五位二〇〇二・土口二〇一一など）。官僚による統治を全領土に広げようとしたのが商鞅の改革である。

行政の末端には、「伍《ご》」が置かれた。これは五戸を一組とするもので、日本の江戸時代の「五人組」に近い。これも斉の『管子』などに見える方法である（前掲の**図表5-1**を参照）が、秦では厳しい連座制が適用されたことが特徴である。出土した秦の法律関連資料（『睡虎地秦墓竹簡』法律答問など）によれば、「伍」のうちの誰かが死刑に該当する罪を犯した場合、それを官庁に報告しないと連座で死刑になった。

同時に戸籍も整備されており、一戸単位で税収や徴兵などが管理され、効率化が進んだ。こうした支配体制は「個別人身支配《こべつじんしんしはい》」と通称される。ただし、「伍」や戸籍の作成は孝公代ではなく、その先代の献公の時代から始められていた（『史記』秦始皇本紀による）。

なお、商鞅は行政の末端に《什伍《じゅうご》の制》を実施したとされる（『史記』商君列伝など）が、「什」は秦の史料上に隣保《りんぽ》制度として見えない。文献中では「什伍」は軍事用語として使われており、隣保制度ではなく部隊運用の方法のみを指したと考えられる。

そして、官僚制と徴兵制の対応関係も斉の『管子』と同様である。平時の大臣が将軍となり、平時の官僚が部隊長となって、徴兵された農民を指揮して戦争をおこなったのである。

秦の爵制

秦の改革で最も重要なのが「爵制《しゃくせい》（等爵制《とうしゃくせい》）」である。これは、大臣や官僚、さらに庶民から奴隷まで、君主以外のすべての身分を「爵（爵位）」という概念で覆うものである。

庶民の男性は、爵位がない状態（「士伍《しご》」あるいは「小夫《しょうふ》」という）から始まり、徴兵された戦争で敵兵の首をひとつ取ることで第一級の「公士《こうし》」になり、一代に限り耕作地や宅地が与えられた。二つ目を取ると第二級の「上造《じょうぞう》」になり、より多くの耕作地や宅地が与えられた（**図表9-3**を参照）。

第五章などで述べたように、春秋時代の貴族は特権との交換関係にあったため、積極的な戦争参加が期待できた。一方、戦国時代の徴兵農民は、そうした特権がないため戦闘意欲に乏しい。そこで、爵位を農民にまで及ぼし、戦功に大きな報奨を設けることで戦闘意欲を高めたのである。この爵制は、のちに秦が中国を統一する原動力のひとつになった。なお、庶民は最高でも第四級の「不更《ふこう》」であり、それ以上は官僚の爵位である。

そして、官僚や大臣も部隊長や将軍になって戦争に参加したが、あくまで徴兵農民を指揮する立場であり、自身で直接に敵と交戦することはなかった。小説などでは、戦国時代の戦争として

爵位	昇降級の条件	平時の身分	軍事の役割	賜与
大良造	軍隊の斬首数	卿＝大臣	大将	600家分の租税
小良造	軍隊の斬首数	卿＝大臣	大将	600家分の租税
右更	軍隊の斬首数	卿＝大臣	大将	600家分の租税
左更	軍隊の斬首数	卿＝大臣	大将	600家分の租税
右庶長	軍隊の斬首数	卿＝大臣	大将	600家分の租税
左庶長	軍隊の斬首数	卿＝大臣	大将	600家分の租税
客卿	軍隊の斬首数	卿＝大臣	大将	600家分の租税
五大夫	部隊の斬首数	大夫＝官僚	国尉	300家分の租税
公乗	部隊の斬首数	大夫＝官僚	二五百主	？
公大夫	部隊の斬首数	大夫＝官僚	五百主	？
官大夫	部隊の斬首数	大夫＝官僚	百将	？
大夫	部隊の斬首数	大夫＝官僚	屯長	？
不更	敵兵の斬首	士＝農民	卒	田4頃・宅36畝
簪褭	敵兵の斬首	士＝農民	卒	田3頃・宅27畝
上造	敵兵の斬首	士＝農民	卒	田2頃・宅18畝
公士	敵兵の斬首	士＝農民	校徒・操士	田1頃・宅9畝
士伍	―	士＝農民	校徒・操士	―
司寇	刑罰	刑徒＝奴隷	―	―
隷臣	刑罰	刑徒＝奴隷	―	―
鬼薪	刑罰	刑徒＝奴隷	―	―
城旦	刑罰	刑徒＝奴隷	―	―

※「田1頃」はおおよそ一家が食べていける広さの耕作地であるが、面積には諸説がある。

※「宅9畝」は1家分の宅地であり、「1頃」の9％の面積。

※「卿・大夫・士」は春秋時代の貴族の呼称を流用しているが、世襲ではない。

※「屯長」は50人の隊長、「百将」は100人の隊長、「五百主」は500人の隊長、「二五百主」は1000人の隊長。

図表9-3 秦の爵制
（『商君書』を元にして、『睡虎地秦墓竹簡』や『張家山漢簡』などにより補った。細部には諸説あり）

《部将同士の一騎打ち》という場面が描かれることもあるが、それは実際には起こらなかったのである。それを示した規定を次に挙げた。

百将・屯長（平時の官大夫＝第六級・大夫＝第五級）は、自身で斬首することは許されない。率いる部隊の斬首数が合計三十三以上になったら論功行賞の対象になり、爵一級を賜わる。

（『商君書』境内篇）

このように、戦争形態すら法律によって制御されたのが戦国時代である。近代の「法治」は法によって国家が運営され、また為政者の権力が制限されるものであるが、古代中国の「法治」は「以法治国」（法をもって国を治める。『管子』明法解篇・『韓非子』有度篇）であり、独裁君主が自身や国家にとって都合のよい法律を制定し、それに官僚や人民を従わせるシステムであった。ちなみに、前者が民主制をとる現代日本の「法治」概念であるが、独裁国家である現代中国（中華人民共和国）が「法治」と言った場合には後者の概念であり、その食い違いには注意が必要である。

秦における爵制では、昇級とは逆に、庶民が犯罪で罰せられた場合、奴隷身分へ降級することがあった。秦法では、過失等の軽いものであれば罰金刑であり、殺人や内乱のような重いものでは死刑になったが、その中間に奴隷への降級が設定されたのである。

奴隷身分への降級にも上下があり、軽い方から順に司寇《しこう》・隷臣《れいしん》・鬼薪《きしん》があり、最も重い降級が城旦《じょうたん》であった（**図表9−3**は男性の場合。女性は別途規定があった）。城旦については、罪の重さに

図表9-4 戦国秦の鐓
（『近出殷周金文集録』1249）

よって劓《ぎ》（鼻削《そ》ぎ）や斬左趾《ざんさし》（左足首の切断）のような肉刑《にくけい》（肉体を損壊する刑罰）を伴う場合も見られる（『睡虎地秦墓竹簡』秦律十八種・法律答問など）。

刑罰としての奴隷降級は、基本的に無期刑であり、恩赦以外では身分を回復することができなかった（冨谷一九九五・鷹取二〇〇八など）。奴隷身分の人々は、級に応じた労役に従事し、時には戦争に従軍した。

こうした爵制改革を含め、秦は順調に富国強兵策を進めた。そして前述のように、大臣であった商鞅が将軍となって魏の恵王を破っている。その後も魏から多くの領土を獲得し、また国都も咸陽《かんよう》へ移した（前掲の**図表9-1**は移転後の都を表示）。

商鞅は最終的に大良造《だいりょうぞう》（首席大臣。**図表9-3**参照）になり、さらに形式上の封地（領地）として「商」という土地を受けている。**図表9-4**は、孝公の即位十九年（紀元前三四三年）に商鞅の命令によって作られた青銅製の鐓《いしづき》（槍や矛《ほこ》の末端の金具）であり、発令者名は「大良造庶長鞅」になっている。

戦国時代の社会変化

戦国時代の社会変化については、かつては「鉄器《てっき》牛耕《ぎゅうこう》」（鉄製の農具と牛に犂《すき》を引かせる農法）が重要と考えられていた。鉄器や牛耕の普及により生産が増大し、それによって人口が増加して従来の農村体制が解体し、そして貴族制から官僚制に移行し、より強く人民を支配する専制君主制が成立したという推定である。

鉄器牛耕を原因とする専制君主制の出現という考え方は、生産体制を重視する唯物史観（第一章参照）によるものである。しかし、この説は根拠に乏しかった。本当に専制君主制の成立よりも先に鉄製農具や牛耕が普及したのか、あるいは人口の増加により農村が解体されるのかなどが検証されていなかったのである。

その後の考古学の研究により、春秋時代から戦国時代前期までは、鉄製の農具や牛の鼻輪はごく僅《わず》かしか使われていなかったことが明らかになった（五位二〇〇二・飯島二〇一五など）。要するに、「鉄器牛耕」は比較的早く発明されていたものの、「普及」はしていなかったのである。

実際には、第七章などで述べたように、春秋時代における世族の既得権益の蓄積や、それを原因とする内乱や下剋上があり、その結果として君主に権力が集中したのである。つまり、戦国時代の出現は、范中行の乱（第七章参照）や田氏の専権（第八章参照）などが原因なのである。「鉄器牛耕」の実態としては、戦国時代になって専制君主制が出現し、貴族制が崩壊したことが前提にあった。そして旧来の貴族による農村支配から官僚による統治へと移行し、また徴兵制が普及した。その結果、前述のように軍勢（徴兵農民）を増すためには人口の増加が必要となり、戦国時代中期以降に国家（君主）が主導して鉄製農具や牛耕を普及させたのである。唯物史観の想定とは全く逆の順序であった。

戦国時代には、農業以外にも、さまざまな面で社会の変化が起こった。中国史上でも希《まれ》に見る変革の時代である。図表9−5に序章の図表0−2を再掲したが、中央政府の統治機構や戦争形態のほか、農村や都市も大きく変化した。

春秋時代の貴族制社会は基本的に自給自足的であったが、戦国時代には遠距離の交易が盛んにおこなわれており、都市部では青銅貨幣が普及し、また国境をまたいで大規模な取引をする商人も現れた。農村でも、貴族制崩壊によって農民が独立自営の存在になったため、より良い条件を

		春秋時代以前	戦国時代以後
統治機構	支配体制	貴族制	専制君主制
	君主権力	比較的小さい	絶大な権力
	世襲貴族	大きな権力	多くが没落
	人事登用	家柄中心	能力中心
	法律	慣習法	成文法と判例
	地方統治	貴族の領地	官僚の行政区画
	命令	貴族を通して	直接の文書命令
思想家	思想家	ほとんどいない	多種多数が存在
	外部登用	ほとんどなし	比較的多い
	文化伝統	伝統を重視	新規の文化が出現
戦争形態	主力兵種	貴族の戦車戦	徴兵農民の歩兵戦
	将軍	上級貴族	大臣
	部隊長	中級貴族	官僚
	兵法	ほとんどなし	高度に発達
農村	人口	停滞的	大幅に増加
	開拓地	比較的少ない	積極的に開拓
	農耕	木器などの人力	鉄器牛耕の普及
	農民身分	貴族に従属	自営が多い
都市	商業	小規模	大規模かつ遠距離
	取引形態	主に物々交換	青銅貨幣を使用
	貴金属	青銅を重視	金・銀なども普及
	都市人口	比較的少ない	多い

図表9–5 戦国時代の社会変化（**図表0–2**再掲）

求めて国家間を移住することも少なくなかった。そして、多種多様な思想や新しい芸術も出現している（第八章参照）。

コラム

孟子による説話創作の原因

思想家の目的

本章で述べたように『孟子』には創作された説話が多いが、その理由は何なのだろうか。それは、孟子が歴史に対して事実か否かを重視していなかったからである。

孟子の目的は過去の事実を明らかにすることではなく、現在において自身の思想を広めることであり、また、それによって将来の世の中を安定させることであった。つまり、孟子にとっては歴史は目的ではなく手段だったのである。

そのため、孟子は多くの説話を作ることで上古の時代を理想化（あくまで孟子にとっての）し、それを基準にして現代（孟子が生きていた戦国時代）の批判をおこなったのである。

孟子に限らず、戦国時代の思想家の目的は自身の思想を広めることであり、また、それによって社会を変えること、あるいは個人としての立身出世が重要であった。ごく一部の研究家を除いて、科学的な根拠や歴史的な事実には関心が薄かったのである。

そうであるから、思想の研究としてはともかく、歴史の研究として思想家の文献を扱う場合には、慎重な分析と取捨選択が必要なのであるが、かつてはその視点を欠いた研究が多かった。『春秋』や『竹書紀年』のような国家記録の蓄積と、『孟子』や『管子』のような思想の記述とが、同じように扱われてしまっていたのである。

結果として、同時代の記録を重視する研究と、後代の思想書を重視する研究では、往々にして異なる見解になっていた。当然、歴史学研究としては前者の方が科学的なのであるが、後者の方が物語として分かりやすいことが多いため、今でも誤解が残っていることが少なくない。

また、資料の使い方も重要である。例えば『論語』は、第八章でも述べたように、大部分が孔子とその弟子との実際の対話として使うことができる。しかし、対話の内容は儒家思想を前提にしており、必ずしも科学的な裏付けがあるわけではない。「実際に話されたこと」と、「話された内容が事実であること」は全く別なのである。

孟子の理想論

孟子は歴史を利用して現代批判をおこない、多くの人々の支持を得たのであるが、その全てが作り話だったわけではない。よく知られた事柄は、後になって作り替えることは難しい。つまり、説話が作られる条件のひとつとして、その事柄について詳しいことが分かっていないという点が挙げられる。

もっとも、戦国時代には、詳細な歴史記述が広まっていなかった。魯国の外交記録である『春秋』だけは例外的に、早くから儒家の経典として多くの人々によって読まれたが、それ以外の国の歴史は詳細に知られていなかったのである。

そのため、戦国時代の段階では歴史に未知の部分が多く、孟子にとっては、かなり自由に説話が創作できる状態だった。春秋時代の貴族制や覇者体制の実態すら知られておらず、本章冒頭の《斉の桓公による五ヵ条の誓約》などを作って広めることができた。

また、各国の君主の会話が記録されていないことを利用して、本章冒頭で挙げた《五十歩百歩》など自分自身の説話すら作成することができた。もちろん、恵王など魏の中枢にいた人々にとっては、《五十歩百歩》の対話は明らかに作り話なのであるが、マスメディアがない時代において、広まった情報を後から訂正することは困難である。しかも、『孟子』が作られたころには恵王はすでに死去しており、この点も創作された説話が訂正されずに広まる原因になったと思われる。

そのほかにも、孟子は多くの説話を創作している。例えば、『春秋』を孔子の編纂物としたのは『孟子』が最初である（滕文公下篇・離婁下篇）が、実際には春秋時代の魯の記録を元に孔子の死後に作られている（浅野二〇〇一・湯浅二〇一八など）。また、殷王朝の初代の湯王が当初は小さな諸侯だったとする（公孫丑上篇・滕文公下篇）が、実際には比較的強大な下七垣文化が二里頭文化を滅ぼして建国している（第二章参照）。

繰り返すが、孟子の目的は、自身の思想を広め、それによって世の中を良くすることであり、そのための創作であった。孟子は、自己の理想を「王道政治」の説話として創作し、その実現を目指したのである。『孟子』には、次のような内容が記されている。

善政を敷けば隣国の人々からも父母のように慕われる。隣国が攻めてきても子弟に父母を攻撃させるようなものであり、これは人の世が始まってから成功したことがない。こうなれば天下無敵である。（公孫丑上篇）

徳によって仁政をおこなうのが王者であり、王者となるには大国である必要はない。殷の湯王は七十里（約二十八キロメートル）四方、周の文王は百里（約四十キロメートル）四方の領地から王者になった。（公孫丑上篇）

周の文王を師とすれば、大国なら五年、小国でも七年で必ず王者になって天下の為政者となる。（離婁上篇）

しかし、いずれも実現は望めない内容ばかりであり、孟子の主張はどの国でも政策として採用されなかった。孟子の思想は、あまりにも現実から遊離した理想論だったのである。ただし、理想論であるがゆえに人々の共感を呼び、その考えは後世に残った。そして、南宋時代に隆盛した朱子学において、『孟子』は『論語』などと並んで「四書《ししょ》」のひとつとされている。

第十章

蘇秦と張儀――合従連衡

1　《合従連衡》の説話とその虚構性

《合従連衡》の説話

戦国時代中期には、戦争が激化するとともに、さまざまな外交が展開された。当時は各国が入り乱れて戦うようになった（第九章参照）ため、外交に関する思想が重視されており、それは「縦横家《しょうおうか》」と通称される。

縦横家について述べた代表的な文献として、『戦国策《せんごくさく》』が知られている。『戦国策』には、多数の外交家の説話が掲載されており、その中でも有名なのが蘇秦《そしん》と張儀《ちょうぎ》である。

蘇秦は、趙王に仕えて宰相になり、秦に対抗してほかの諸侯が連合する外交を提唱したとされ、これを《合従《がっしょう》》という。「従」は「縦」の意味であり、秦以外の国が縦（南北方向）に連合することを意味する。

また張儀は、秦の恵文王《けいぶんおう》（孝公の子。恵王とも。在位紀元前三三七～前三一一年）の宰相になり、

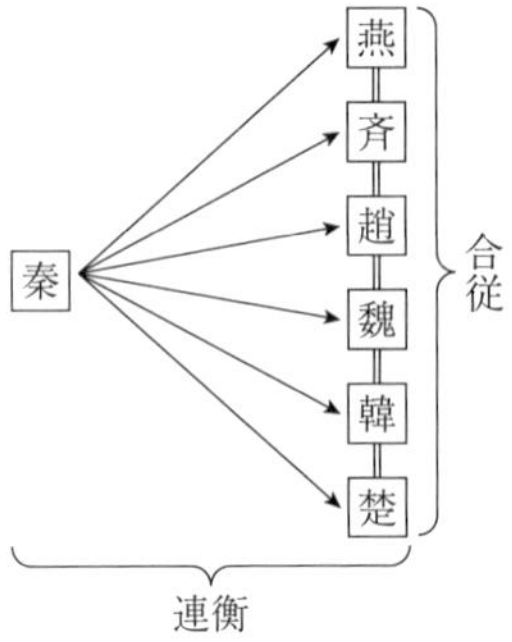

図表10-1『戦国策』に記された《合従》と《連衡》（模式図。矢印が連衡、二重線が合従）

秦がほかの諸侯を従えるような外交を展開したとされ、これを《連衡《れんこう》》という。「衡」は「横」の意味であり、各国の連携を崩して横（東西方向）に秦に服従させる方策である（**図表10-1**を参照）。

まずは『戦国策』に記された蘇秦の説話の抜粋・要約を挙げる（年数は『戦国策』に記載はなく、『史記』六国年表による）。

蘇秦は、はじめ秦の恵文王と面会して連衡を説いたが、採用されず、資金が尽きて故郷に帰った。その夜に書物を開いていると太公望《たいこうぼう》の『陰符《いんぷ》』という兵法書を見つけた。没頭して読み、眠くなると錐《きり》で足を刺して眠気を覚ました。一年後、趙王に面会して説いたところ、趙王は大いに喜び、宰相にして武《ぶ》安君《あんくん》に封じた。そして百乗の馬車を連ねて諸侯を遊説し、のちに合従を約して連衡を崩し、強大な秦を押さえ込んだ。（秦策一）

韓が宋を攻撃したので、宋と同盟していた秦王が怒った。そこで、蘇秦は韓のために秦に行き、「韓は秦に仕えるために宋を攻めた」と言ったところ、秦王は納得した。（韓策三）

斉が燕を攻めて十の都市を奪った。蘇秦が燕のために斉に行き、燕と秦の同盟関係を指摘し、奪った都市を返して燕と秦に恩を売るよう進言したところ、斉王はよろこんで都市を返した。（燕策一）

趙王が蘇秦を武安君に封じ、蘇秦は紀元前三三〇年ごろに斉・楚・魏・韓・燕を従わせて合従を成立させた。(斉策一・楚策一・趙策二・魏策一・韓策一・燕策一)

次は『戦国策』のうち、張儀の説話の抜粋・要約である。

秦の恵文王は蘇秦によって連衡策が破られた。そこで諸侯に対して臣下の白起《はくき》を派遣しようとしたが、寒泉子《かんせんし》の提案で客卿《かくけい》(客員大臣)の張儀を登用した。張儀は恵文王に六国への対策を述べた。(秦策一)

張儀はライバルの樗里疾《ちよりしつ》を陥れるために、はじめは重く用いて楚王への使者とし、同時に楚王に対して樗里疾を秦の宰相に推薦するようにさせた。そして、張儀は樗里疾が楚王とつながっていることを秦王に報告した。秦王は激怒し、樗里疾は出奔した。(秦策一)

紀元前三一二年、斉と楚の協力関係を崩すために、張儀は楚王に六百里(約二百四十キロメートル)四方の土地を割譲すると申し出て、斉と絶縁させた。そして密かに斉と協力関係を結んだうえで、楚王に対して割譲の土地を六里(約二・四キロメートル)四方と伝えた。楚王は激怒し、単独で秦を攻撃したが大敗した。(秦策二)

張儀が使者として各国に行き、紀元前三一一年に六国を秦に服従させた。そして、斉は三百里(約百二十キロメートル)の海岸地域、趙は河間《かかん》、魏は河外、韓は宜陽《ぎよう》、燕は常山《じようざん》の五都市を割譲し、楚は犀《さい》の角や白璧《はくへき》を差し出した。(斉策一・楚策一・趙策二・魏策一・韓策一・

こうした記述から、外交上の駆け引きや離合集散が《合従連衡《がっしょうれんこう》》と呼ばれるようになった。また、「戦国時代」という呼称についても、書名の『戦国策』が元になっている。

時代的矛盾

『戦国策』に記された蘇秦と張儀の活躍は、紀元前四世紀後期が想定されており、《まず紀元前三三〇年ごろに蘇秦が合従を成立させ、その後、紀元前三一一年に張儀が連衡を成立させた》という内容である。

しかし、その時代には合従も連衡も実現不可能であった。まず合従であるが、紀元前三三〇年ごろには、斉は秦よりも趙と対立関係にあり、しかも当時は斉の方が趙よりも大国（本章後述）だったので、趙に服従したとは考えられない。そもそも紀元前三三〇年ごろには、趙はまだ王号を称していなかったので、《趙王による武安君封建》は明らかに矛盾する。

そのほかにも『戦国策』における蘇秦の記述は創作性が強く、《斉の初代君主である太公望（紀元前十一世紀）が記した書物を発見した》（前掲第一条）とか、《舌先三寸で外交関係を好転させた》（同第二・三条）のような話が事実であるとは考えられない（第三章末尾のコラムで述べたように、太公望が《周王の軍師》だったということ自体が後代の創作である）。

連衡についても、紀元前三一一年の段階では、秦はまだ唯一の大国という状態ではなく、斉のほか趙や楚も大きな勢力を持っていた（本章後述）。この段階では、それらの国々が一方的に秦に服従することはあり得ない。

人物の年代などにも矛盾があり、前掲第一条に見える白起は、恵文王ではなくその子の昭襄《しょうじょう》王《おう》に仕えた人物であり、死去は紀元前二五七年（『史記』秦本紀による）なので、張儀と同時代の活動は考えられない。また第二条の樗里疾も、実際には出奔しておらず、秦の大臣になっており、昭襄王の時代の紀元前三〇〇年に死去（『史記』六国年表による）するまで務めている。《「六百里四方」を「六里四方」と言い換えた》（第三条）というのも有名な話であるが、いくら古代とはいえ外交における決定事項は記録が残されるので、このような言い換えが通用するはずもない。

そもそも、紀元前四世紀後期の段階では、秦以外の国が全て縦に並ぶという状態ではなかった。その状況が出現するのは、紀元前三世紀中期になってからである（本章末尾のコラムで述べる）。

このように、『戦国策』の内容は事実との矛盾が非常に多く、ほとんどが後代の創作である（ただし地の文は正しいこともある）。もっとも、創作であるが故に、話としては面白く、『戦国策』を元にした故事成語も多い。《虎の威を借る狐》（楚策一）、《枕を高くして寝る》（魏策一）、《先《ま》ず隗《かい》より始めよ》（燕策一）、《漁夫の利》（燕策二）などであり、『戦国策』は歴史学的な価値は低いが、文学的な価値は高いのである。

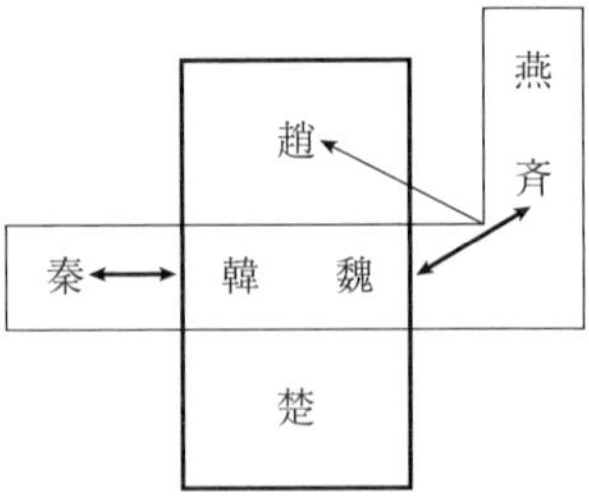

図表10-2『戦国縦横家書』に記された「従」と「合衡」（模式図。太い線が「従」、細い線が「合衡」）

『戦国縦横家書』の従と合衡

『戦国策』は、戦国時代の同時代資料ではなく、前漢代に作られた文献であり（最終的な成立は前漢代末期）、前述のように《合従連衡》は創作された説話であった。

一方、『戦国策』よりも古いものとして、戦後（一九七五年）に外交関連の文字資料が発見された。帛《はく》（絹の布）に記されていたが、書名がなかったので、現在では『戦国縦横家書《せんごくしょうおうかしょ》』と通称されている。ちなみに、前漢代中期までは、これに限らず書名がつけられていない文献が多数あった。例えば『史記』も、著者の司馬遷自身がつけた書名ではなく、後代の通称である。

『戦国縦横家書』は合計二十七章から成り、そのうち前半部分（一～十四章）は斉に仕えた人物の書簡を中心に構成され、紀元前二八九～前二八六年の記述が多い。そして、書簡の発信者の名と推定されるのが「秦」である。そのため、これこそが実在の蘇秦であるとする説が有力視されている。『戦国縦横家書』によれば、蘇秦は斉に仕えているが、燕のために行動しており、燕から斉に送り込まれた「二重スパイ」と考えられている（大西ほか二〇一五）。

なお、『戦国縦横家書』は、秦代～前漢代初期ごろに作られているので、これも一次資料ではなく、二次的な編纂物である。一部には創作された説話も混入している点に注意が必要である。

外交用語として、『戦国縦横家書』には「合従」は見られず、その代わり「従《しょう》」という用語が出現する（第十三章など）。これは、三晋《さんしん》（趙・魏・韓）と楚の四カ国が縦（南北方向）に連携して斉や秦に対抗することを意味して使われており（**図表10－2**の太線部分）、斉や秦が強大であった当時の形勢（後述）と矛盾がない。

また「連衡」も用語としては存在せず、その代わり「合衡《がっこう》」という用語が見られる（第二十一章）。これは紀元前二八八年の一回限りの出来事で、斉・秦・韓・魏・燕の五カ国が横（東西方向）に連合して趙を攻撃することを意味している（**図表10－2**の細線部分）。しかも、『戦国縦横家書』によれば、この五国連合は破綻し、むしろ斉が秦を攻撃している。なお、この出来事については『戦国策』にも記載があるが、「合横《がっこう》」と称しており、合従とも連衡とも別のものとしている（趙策一）。

このように、「従」と「合衡」は本来は秦を中心とする用語ではなかったのだが、これが前漢代に作られた『戦国策』で翻案され、前述のような《合従連衡》の説話になったのである。

2　戦国時代中期の情勢

斉・秦の拡大

ここからは、《合従連衡》の時代（戦国時代中期）の実際の歴史を見ていきたい。

第九章で述べたように、魏の恵王は強大化した周辺諸侯に戦争で敗北し、大国の座から陥落した。それに代わって大国になったのが東の斉・西の秦・南の楚・北の趙である（地図は前掲の**図表9―1**を参照）。

また、魏・斉は紀元前四世紀中期に王号を称した（第九章参照）が、紀元前三二〇年ごろになると、秦・趙・韓・燕・宋・中山《ちゅうざん》（もとの白狄《はくてき》）も王号を称した。早くから王号を用いていた周・楚・越とあわせて、中国に十一人の王が並び立ったのである。これにより、周王室は伝統的権威も喪失することになった。

周辺の大国のうち、特に強力だったのが秦と斉であり、侵略戦争によって領土を広げた。次に挙げたのは、秦による主な戦争である（年数は『史記』六国年表による）。

紀元前三一七年　脩魚《しゅうぎょ》の戦い（韓・趙の連合軍に勝利）
紀元前三一六年　蜀《しょく》（現在の四川省）を併合
紀元前三一二年　丹陽《たんよう》の戦い（楚に勝利）
紀元前三〇七年　宜陽《ぎよう》の戦い（韓に勝利）
紀元前二九九年　楚の懐王《かいおう》を捕虜とする
紀元前二九三年　伊闕《いけつ》の戦い（韓・魏の連合軍に勝利）

なお、このころに秦で外交・戦争に活躍したのは大臣の樗里疾・甘茂《かんぼう》・魏冉《ぎぜん》らである。張儀については、実在はしたようだが、信頼できる資料に詳細な記述がなく、実際にどのような行動をしたのかは明らかではない。

また、次に挙げたのは斉による主な戦争である。

紀元前三一七年　観沢《かんたく》の戦い（趙・魏の連合軍に勝利）
紀元前三一四年　燕都の薊《けい》に侵攻（燕王噲《かい》を殺す）
紀元前三〇一年　垂沙《すいさ》の戦い（楚に勝利）
紀元前二九八年　函谷関《かんこくかん》の戦い（魏・韓と連合して秦を攻撃）
紀元前二八六年　宋を併合

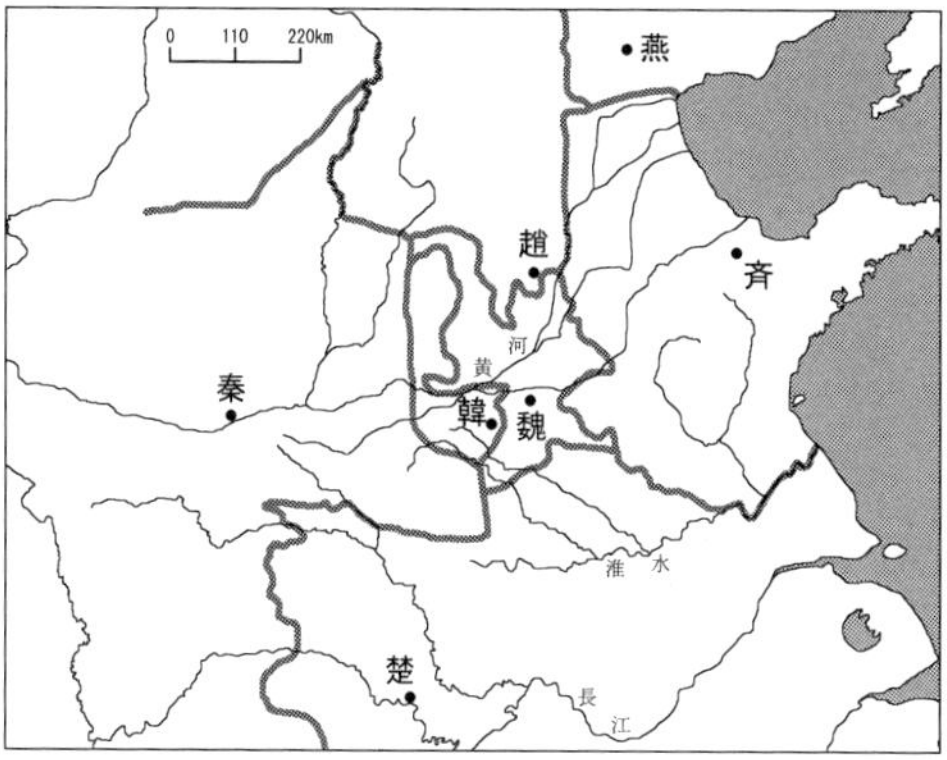

図表10−3 戦国時代中期（紀元前286年）の推定地図（譚1982を元に『史記』六国年表などによって筆者が作成）

紀元前二八六年の段階での推定勢力図を**図表10−3**に挙げた。特に秦と斉の領域が拡大しており、そのほか、楚と趙も比較的大きな勢力であった。趙は紀元前二九六年に中山を併合し、楚は紀元前四世紀末期に越を併合している。

燕の動向

所謂《いわゆる》「戦国の七雄《しちゆう》」のうち、最も北方に位置したのが燕である。燕は、西周代初期に封建されたが、あまりにも遠く、しかも西周代〜春秋時代には南側に夷狄が勢力を持ったため、中原の諸侯とは互いに干渉が少なかった。

燕が積極的に中原と関与するようになるのは、紀元前四世紀の後期になってからである。ただし、当初は相対的に弱小であり、斉からの攻撃を受けていた。

燕は易王《えきおう》（在位紀元前三三二〜前三二一年）の時代に王号を称したが、その後を継いだ燕王噲が、紀元前三一六年に臣下の子之《しし》に王位を譲るという事態が発生した。これが臣下の簒奪か、それとも中国初の禅譲だったのかは評価が分かれるところ（金谷一九六六・野村一九八四など）であるが、いずれにせよ、燕国内で子之派と太子派の対立に至り、さらに周辺国の介入を招いた。

斉は紀元前三一四年に燕都の薊に侵攻し、子之とともに元の王の噲を殺害した。また、中山（前掲の**図表9-1**を参照）も、戦後に発見された鼎の銘文に、子之の糾弾を名目にして燕都を攻撃して略奪をおこなったことが記されている。趙も軍事介入し、別の王子を立てて傀儡《かいらい》政権にしようとした。

最終的に、紀元前三一二年に太子が擁立され、各国も撤退した。これが燕の昭王（在位紀元前三一一〜前二七九年）である。

その後、紀元前二九六年に中山が趙によって併合された（前述）が、燕にとっては、より強大な趙からの軍事圧力が強まっただけである（**図表10―3**を参照）。斉・趙という二大国に挟まれた燕の昭王は、『戦国縦横家書』によれば蘇秦を二重スパイとして斉に送り込み、斉と趙が協力して燕を滅ぼす方向にならないように、二国間の離反を謀った。

なお『戦国策』や『史記』燕召公世家では、昭王が父の仇として斉への復讐の準備を続けたというが、《先ず隗より始めよ》など創作された説話が多く、当時の燕国内の実態を明らかにすることは難しい。

斉の敗北

その後、対斉大連合が結成され、斉が敗北した。その契機になったと推定されているのが、紀元前二八六年の斉による宋の併合である（藤田二〇一一・佐藤二〇二一など）。

宋は、最後の王である宋王偃《えん》（在位紀元前三二六～前二八六年）が「七雄」に次ぐ勢力を持ち、王号を称した。また秦と同盟して、周辺の斉・楚・魏と対立した。

『史記』宋微子世家では、その三国から領土を奪うほど強かったとする。しかし宋微子世家では、《宋王偃が血を入れた袋を射て「天を射る」と称した》としており、滅亡を驕《おご》り高ぶりによる必然とするための修辞《レトリック》と考えられ、宋王偃に関する記述は信頼できない。

また宋微子世家では、斉・楚・魏が協力して宋を滅ぼし、領土を三分したとするが、同じ『史記』でも、六国年表では斉だけで宋を滅ぼしたとする。また『戦国縦横家書』によれば、宋の併合は斉と魏が協力する予定であったが、その関係がうまくいっていなかったという（第十・十二章など)。

つまり、結果として、斉が各国を出し抜く形で宋を併合することになったのである。そのため各国の不信・警戒を招き、二年後の紀元前二八四年に斉以外の全ての雄国が連合し、燕を名目上の盟主として斉を攻撃することになった。

ただし、前述のように蘇秦の任務は斉・趙の離間であって、対斉大連合の結成ではなかった。また、張儀はすでに死去しており、やはり関係していない。

したがって、誰が主体的に動いたかの証明は難しいが、斉の没落によって最も大きな利を得たのが斉と並ぶ大国の秦である。対斉大連合は、少数の外交家によるものではなく、国家政策として秦が主導したと考えるのが妥当であろう。実際に、大連合の前年に秦の昭襄王(昭王とも。在位紀元前三〇六~前二五一年)が楚王・趙王と会合を設け、また単独で斉を攻撃している(『史記』秦本紀・六国年表)。

いずれにせよ、斉が六国連合に大敗し(済西《せいせい》の戦い)、斉に隣接する各国が斉から領土を獲得、あるいは回復した。さらに燕の昭王は、楽毅《がくき》を将軍として斉の都の臨淄《りんし》に侵攻し、足かけ六年も占領したのである。これにより、斉は軍事的に没落した。

その後、紀元前二七九年に燕の昭王が死去し、また後継者の恵王が楽毅を追放したため、斉が首都を回復し、燕も大国になり損ねた。結果として、秦が最大の雄国になったのである。

楚・趙の敗北と秦の一強化

ただし、この段階では北の趙と南の楚も一定の勢力を残していた。両国とも秦に対しては劣勢であったが、秦といえども両国が協力すれば対抗は難しい状況であった。

しかし、秦の昭襄王は両国の連携を防いだ。**図表10-4**に、斉の敗北後、秦が各国に攻撃して勝利した年次を一覧にしたが、二正面作戦を避けて一国を集中して攻撃したことが特徴である。

まず紀元前二八三年に魏を攻撃した後は、連年、趙を攻撃した。そして、趙からある程度の領土を獲得した後に和睦し、今度は楚を攻撃対象に定め、紀元前二七八年には国都の郢《えい》を陥落させている。これによって楚は東方へ遷都し、勢力を著しく減退させた。

その後も、紀元前二七六年からは魏に的を絞って攻撃している。紀元前二七三年だけは魏・趙の連合がおこなわれたが、これも華陽《かよう》の戦いで秦が大勝した。そして紀元前二六五年からは韓を

	魏	韓	趙	楚	燕	斉
紀元前283年	■					
紀元前282年			■			
紀元前281年			■			
紀元前280年			■	■		
紀元前279年				■		
紀元前278年				■		
紀元前277年				■		
紀元前276年	■					
紀元前275年	■					
紀元前274年	■					
紀元前273年	■		■			
紀元前272年						
紀元前271年						
紀元前270年		■				■
紀元前269年			■			
紀元前268年	■					
紀元前267年						
紀元前266年	■					
紀元前265年		■				
紀元前264年		■				
紀元前263年		■				
紀元前262年		■		■		
紀元前261年		■				
紀元前260年			■			

図表10-4 秦による各国への攻撃
（『史記』六国年表を元に、『睡虎地秦墓竹簡』編年記により補正）

集中して攻撃しており、領土の大部分を秦が奪った。紀元前二六〇年には、長平《ちょうへい》の戦いで趙に大勝しており、これによって単独で秦に対抗できる国は存在しなくなった。なお、燕だけは最も遠方にあったため、秦と同盟を組むことができ、攻撃を受けていない。

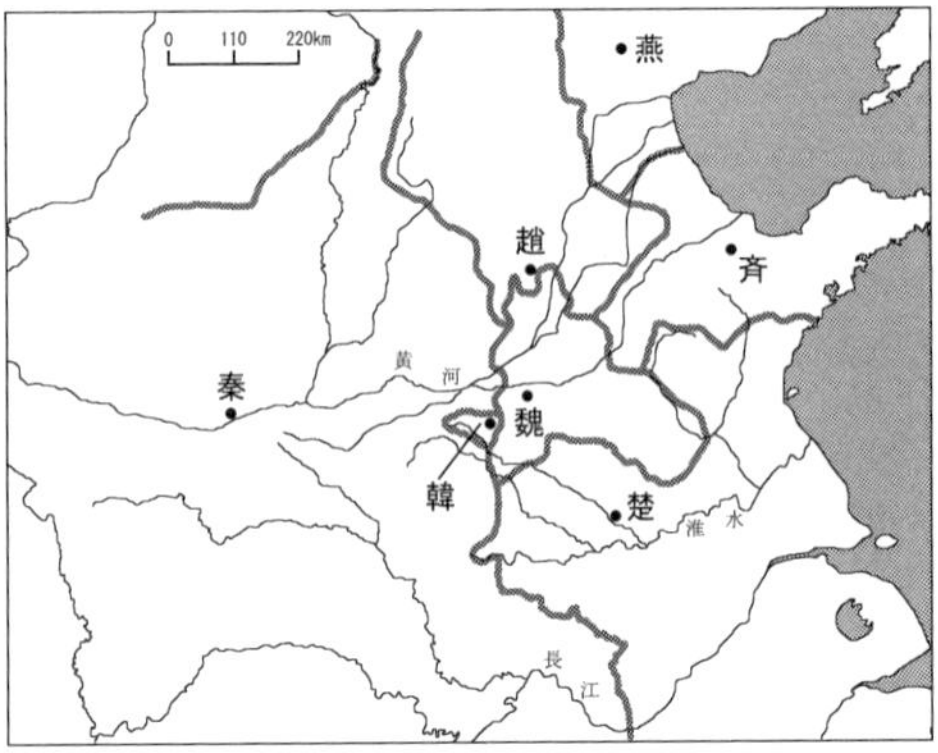

図表10–5 戦国時代後期（紀元前246年）の推定地図（譚1982を元に『史記』六国年表などによって筆者が作成）

戦死者数について、『史記』六国年表などによれば、秦は長平の戦いで《兵士四十五万を殺した》としているが、そもそもこの数字は趙国の動員可能な兵士数を超えている。こうした過剰な数字が出現した経緯は、おそらく次の通りであろう。

まず、趙国が軍勢を過大に宣伝したと考えられる。この方法は「号《ごう》」と呼ばれ、前近代の戦争によく見られる。「号」は実数の二倍以上にすることが一般的であり、長平の戦いでは実数二十万人程度の趙軍が《四十五万》と号したと推定される。そして、戦争で勝利した秦が《敵軍を全滅させた》と宣伝したのであろう。こうして、二重の宣伝によって過剰な数字が出現したのである。

秦は斬首数によって爵位や耕地を与えていた（爵制。第九章参照）ので、正確な数字を把握していただろうが、それと対外的な宣伝は別なのである。

ただし、華陽の戦いや長平の戦いで秦が大勝したことは多くの文献に記されており、また長平では現代の発掘によって何百体もの戦死者の遺体が発見されている（江村二〇〇五・佐藤二〇二一など）。秦軍が非常に強力であったことは疑いない。爵制が徴兵農民の戦闘意欲を増したことも、秦軍を強力にしたのであろう。

このように、秦の昭襄王は各国に連戦連勝した。**図表10－5**に、昭襄王の死去後、始皇帝が即位した年（紀元前二四六年）の推定地図を挙げたが、この段階で秦が「唯一の超大国」になっていた状況が明らかである。中国の統一については、それを成し遂げた始皇帝に注目が集まりやすいが、むしろ始皇帝の即位以前に、秦による中国統一はほぼ決定していたのである。

道家の小国寡民思想

戦国時代には徴兵制の普及によって軍隊の規模が増大し、必然的に戦死者も増加した。こうした悲惨な状況を忌避する思想も多く、多くの人々が平和を求めた。

そのひとつが儒家である。儒家の中にも複数の派閥があった（第八章参照）が、孟子のような理想論者は徳治による王道政治を唱え、それによって社会を安定させようとした（第九章参照）。しかし、あまりにも現実から遊離していたため、同時代的には国家政策として採用されていない。

そして、「道家《どうか》」と呼ばれる思想もまた、独自の理想論を持っていた。道家は、軍事や政治などの人為的な政策を否定する「無為自然《むいしぜん》」を唱えたのである。次に挙げたものは、道家の代表的な文献である『老子《ろうし》（老子道徳経《ろうしどうとくきょう》）』からの抜粋である。

賢者を尊ばなければ、民は争わなくなる。珍しい宝物を貴ばなければ、民は盗みをしなくなる。欲望を刺激するものを見せなければ、民は心を乱さない。常に民を無知・無欲の状態にし、知者にも何もさせなければ、必ず治まる。(第三章)

「道」を知っていた上古の聖人は、人を聡明にするのではなく、愚かにした。民が治め難いのは、知恵が多すぎるからである。そのため知恵で国を治めようとするのは国の害悪である。知恵によって国を治めようとしないのが国の幸福である。(第六十五章)

小国寡民(国が細分化され人民も少ないこと)ならば、立派な器物があっても使わず、命を大事にして遠くへ行かず、舟や車があっても乗らない。軍隊があっても布陣せず、文字を使わず縄の結び目を使う。食糧・衣服・住居などはあるもので満足し、お互いに隣国が見えるほど近く、鶏や犬の鳴き声が聞こえても、民は老いて死ぬまで行き来しない。(第八十章)

儒家の開祖である孔子は愚民政策を唱えていなかった(第八章参照)が、こちらは明確な愚民政策である。第一条の「知者にも何もさせない」というのは、賢者を尊ぶ儒家思想とは全く異質である。

第二条に見える「道」とは、狭義には物事の道理であるが、広義には宇宙の法則である。宇宙の法則を理解してそれに従い、「道」以外のことは何もしないというのが「無為自然」の政治思想である。

そして、第三条では文明すら否定している。無知・無欲で原始社会の生活に満足していれば、世界は平和であるという思想である。

なお、道家の開祖は春秋時代末期の老子（李耳《りじ》・老聃《ろうたん》）とされるが、実在すら確かではなく、文献としての『老子』も戦国時代に作られたものである（最終的な成書は前漢代。金谷一九八八・湯浅二〇一二Bなど）。前掲の文章も、戦国時代の情勢や思想を反映している。

道家思想はかなり多様であって、論理学・神秘思想・処世術など多岐にわたるが、政治思想としては、ここに挙げたように、「無為自然」に基づく愚民政策と小国寡民を理想とした（森一九七八・湯浅二〇一八など）。

しかし、戦争によって滅ぼすか滅ぼされるかという戦国時代において、愚民政策は実行不可能であった。効率的な生産と徴税、そして大規模な軍隊とその運用が必要とされた時代に、知恵を使わない政治など実践できるはずがない。

「小国寡民」についても誤解がある。原始的な社会であっても戦争は起こるのであり（第一章参照）、原始社会を牧歌的なものと見なすのは、近代の唯物史観における《原始共産制》と同様の誤解である。原始社会には優れた武器も徴兵制もないので、戦死者は少なかったのだが、世界各地の新石器時代の遺跡から戦争による犠牲者が発見されている。現在の発掘状況で最も古い戦争は、今から約一万二千年前のジャバル・サハバ117遺跡（スーダン）で起こっており、二十四体の戦死者の遺体が発見されている（赤沢二〇〇五）。

平和とは何か

そもそも「平和」とは何なのか。戦後の日本では、強力な兵器を放棄することで平和になるという思想が流行したが、すでに述べたように原始社会であっても戦争は起こっていた。人間は強力な兵器がなくても斧や弓矢で戦争をするのである。それどころか、人類の近縁種であるチンパンジーですら、群れの間で戦争をするという（ウェイド／安田ほか二〇〇七）。戦争は人間という種の本能である可能性が高い。

「平和」とは、辞書的には「戦争がなくて世が安穏であること」（『広辞苑』）と説明される。つまり、「平和という状態」があるのではなく、「戦争という状態がないこと」が平和なのである。『老子』のような道家や『孟子』のような理想論の儒家は、人々の精神を変えることで「平和という状態」を作り出そうとしたのであるが、それは人間の本能に逆らうものであり、実現は不可能であった。

古今東西、「平和」すなわち「戦争がない状態」が出現するのは、「均衡」か「統一」かのどちらかである。古代中国において、前者を目指したのが墨家《ぼっか》思想であり、後者を目指したのが法家思想であった（いずれも後述）。

なお、近現代の世界は、全体を統一することが不可能な状況であり、均衡だけが平和をもたらしている。そうであるから、戦後日本の「兵器放棄思想」は、軍事的均衡の崩壊をもたらすことで、むしろ戦争を招く危険がある。

実例として、日清戦争（一八九四～九五年）は、西太后《せいたいごう》による軍費流用が均衡の崩壊をもたらし、それによって起こったと考えられている（小学館一九八四・ローリンソン／細見二〇一六など）。当時（清王朝）の権力者であった西太后は、頤和園《いわえん》（北京にある庭園）の整備に莫大な軍費を転用した。軍事費を削減して文化事業に力を入れたのであり、いかにも平和的な行為に見えるが、これによって軍備増強を続けていた日本（大日本帝国）との均衡が崩れ、日清戦争を招いた。

一方的な軍備増強は戦争につながりやすいが、一方的な軍備削減も戦争をもたらすことがある。均衡を目指すのであれば、利害が対立する国家と合わせた軍備の増強・削減が必要なのである。

墨家の非攻思想

墨家は、伝説では春秋時代末期～戦国時代初期の墨子《ぼくし》（墨翟《ぼくてき》）が開祖とされる。中国に「墨」という姓や氏はないので通称であり、奴隷出身で入れ墨をされていたとする説（貝塚ほか二〇〇七など）や技術者出身で設計などで使う墨を指すとする説（草野二〇一八など）があり、現代中国では後者を採っている。しかし、老子と同じく実在すら確かではなく、文献資料の『墨子』も戦国時代後期に作られている（吉本二〇〇二B）。

墨家は、当初は理想論を唱えており、「兼愛《けんあい》」（博愛主義）や「非攻《ひこう》」（侵略戦争の禁止）などを主張した。

しかし、儒家や道家と同様に、どれだけ理想を説いても現実の戦争はなくならなかった。そうして出現したのが実力行使の派閥である。墨家の一部はみずから武装し、さらに民間人をも指揮して防衛戦争をおこなうことで、「非攻」を実践したのである。文献としての『墨子』には、理想論と実力行使の方法の両方が記載されている。墨家にも多数の思想家がいて、それらの著作が後に『墨子』という一つの文献にまとめられたのである。

次に挙げたのは、『墨子』のうち理想論の部分の抜粋である。

もし天下が兼愛（互いに兼《ひろ》く愛すること）し、自分を愛するように他人を愛したとする。まだ不孝の者はいるだろうか。自分と同じように父兄や君主を見るのだから、どうして不孝をするだろうか。まだ不慈（思いやりがないこと）の者はいるだろうか。自分と同じように子弟や臣下を見るのだから、どうして不慈をするだろうか。こうして不孝も不慈もなくなる。まだ窃盗や傷害はおこるだろうか。自分の家と同じように他人の家を見るのだから、誰が盗むだろうか。自分の身体と同じように他人の身体を見るのであるから、誰が傷つけるだろうか。こうして窃盗も傷害もなくなる。（兼愛上篇）

一人を殺せば、これを「不義」と言い、必ず一死罪にあたる。もしこの論法であれば、十人を殺せば十倍の不義であり、必ず十死罪にあたり、百人を殺せば百倍の不義であり、必ず百死罪にあたる。こうしたことは、天下の君子はみな知っていて非難し、これを「不義」と言う。しかし、大いに不義をなして他国を攻めているのに、非難することを知らず、逆にこれを褒め、これを「義」と言う。（非攻上篇）

第一条は「兼愛」を述べており、他人を自分と同じように愛することを説いている。一見すると人道的な主張であるが、極端な博愛主義であり、自己愛や家族愛すら否定している。また、第二条では「非攻」の根拠を述べている。人を殺せば死刑に該当する犯罪であるのに、戦争で多くの人を殺すことが賞讃されることを非難している。

もっとも、第二条は通常の法概念に反する。「犯罪」は当該行為の反社会性によって罪の重さが決まるので、戦争で敵兵（異なる社会の人間）を殺すことは、必ずしも反社会行為ではない。しかし、墨家は社会や国家という枠組みを超えた博愛主義なので、敵国の兵士であっても「殺せば殺人」という考え方になるのである。社会や国家の枠組みすら否定するという思想であり、当然、国家政策に採用されるはずもなかった。

そして、次に挙げたのは、『墨子』のうち「非攻」を実践するための方法を述べた部分である。実力行使の派閥は、侵略の対象になった国におもむき、現地民を指揮して侵略戦争を防いだ。

城壁の四面と四隅には、みな高い櫓《やぐら》を作り、二階建ての家の子弟をその上に登らせて偵察させる。敵の状態や進退左右の動きを監視させ、失敗すれば斬る。敵が城壁の下に穴を掘って進んできた場合には、こちら側でもすみやかに穴掘りの技師に兵士を選ばせ、穴を掘って迎え撃たせる。そのために短い弩《いしゆみ》を備え、敵に応じる。民家にある材木や瓦石など、城壁の備えに役立つものは、すべて城壁に上げ、命令に従わない者は斬る。（備城門篇）

城壁の上で守りにつく男子は、十人につき六人に弩、四人に短兵（刀や槍など）を持たせる。成人女性と老人・少年はそれぞれ矛《ほこ》をもたせる。にわかに危急のことが起こると、中軍は太鼓を早く三回叩いて合図する。城壁の上の通路や都市の中の街路は、みな通行禁止とし、通る者は斬る。（号令篇）

墨家の実力行使の派閥は、二国間で戦争が起こった際に、劣勢の側に味方することで戦力の均衡をもたらし、「非攻」を実践した。ただし「非攻」だけに特化した行動であり、軍法に従わなければ処刑するというのは、前に述べた「兼愛」とは明らかに矛盾している。

戦国時代の前期までは徴兵制が徹底されておらず、各国の軍勢が比較的少なかったため、墨家集団が所謂《いわゆる》「第三勢力《キャスティングボート》」として大きな意味を持った。そして、知識人の間に墨家思想が広まったのである。『孟子』によれば、孟子は「楊朱《ようしゅ》（個人主義）と墨翟の言説が天下に満ちている」（滕文公下篇）と述べている。孟子の発言なので誇張されている可能性が高いが、少なくとも名指しされるほどに広まっていたことは確かであろう。

しかし、戦国時代中期になると、人口の増加や徴兵制の効率化により、大国では十万人程度を動員するようになっており、墨家集団が小国の戦力差を埋めることができなくなった。こうして実力行使の派閥は中国から消滅したのである。理想論についても、戦国時代後期までは残ったが、秦代に急速に衰え、前漢代初期には消滅した。

秦の戦争の特異性

古代中国における平和は、結果としては「統一」によってもたらされた。第十二章で述べるが、秦の始皇帝が中国を軍事的に統一し、その後の混乱も劉邦《りゅうほう》（前漢高祖《こうそ》）によって武力で再統一された。

墨家の消滅については、反文化主義が尖鋭的すぎたため（貝塚ほか二〇〇〇）とも、儒家のような王朝への妥協がなかったため（戸川二〇一四など）とも、あるいは始皇帝の迫害で全滅した（浅野二〇〇五）とも言われるが、墨家が目指した「均衡」ではなく「統一」が平和をもたらしたことにより存在意義を失ったことも要因だったと思われる。

それにしても、秦の戦争は同時代的に見ても異質である。戦国時代の兵法としては、第七章でも取り上げた『孫子』が有名であるが、その思想は、できるだけ戦いを避けること、また戦うとしても損害を少なくすることに重点が置かれている。以下は、『孫子』からの引用である。

　用兵の法は、敵国を傷つけずに降伏させるのが上策であり、敵国を打ち破るのはそれに劣る。百戦して百勝したとしても最高の善ではなく、戦争をしないで敵の軍隊を屈服させるのが最高の善である。そのため、最も上策が敵の謀略を破ることであり、その次が敵の外交関係を破ることであり、その次が敵の軍隊を破ることであり、自軍の損害が大きくなる攻城戦は最も下策である。（謀攻篇）

百戦百勝を最高とせず、自国の損害をできるだけ小さくすることに重点が置かれている。その点では「無為自然」を唱えた道家との類似点を指摘する説（町田二〇〇一）もある。

一方、秦の戦争は法家思想に基づいており、敵兵の斬首によってはじめて恩賞が与えられる爵制（第九章参照）が特徴である。徴兵農民が積極的に戦い、そして敵兵を大量に殺す戦争は、確かに大きな成果を挙げた。

しかし、この方法はハイリスク・ハイリターンである。積極的に戦争することは、『孫子』が述べるように自国の損害も大きくなりやすい。秦の昭襄王は敵の分断に成功した（前述）が、外交的に失敗していれば、軍勢の維持は困難だっただろう。

そして、恩賞として土地を与えるという制度もまた、ハイリスク・ハイリターンである。徴兵農民の戦闘意欲を増すという効果がある一方で、与えられる土地が尽きてしまえばシステム全体が破綻するという危険を抱えている。しかし秦にとって幸いなことに、辺境に位置したため未開拓地を多く残していた。また紀元前四世紀末期に南方の蜀を征服してからは、その地も植民の対象にできた。

さらに言えば、先進地では爵制のような苛烈な制度は採用が難しかった。第五章で述べたように、戦国時代の斉で作られた『管子』では「倉廩《そうりん》実つれば則ち礼節を知り、衣食足らば則ち栄辱を知る」と述べられており、戦功がなくても農民には経済的充足が必要と主張されていた。一方、秦の爵制は、人並みになりたければ敵の首を一つ取り、豊かになりたければ二つ以上取らなければならない（前掲の**図表9-3**を参照）。秦が後進地に位置したことは、中国統一において重要な条件だった可能性が高い。

コラム

なぜ《合従連衡》の説話が作られたのか

平和な時代の軍記物

本章で述べたように、《合従連衡》の説話は前漢代に作られたものである。平和な時代になると、むしろ戦乱を題材にした軍記物が作られるのが一般的であり、日本でも鎌倉時代に保元・平治の物語が作られ、また江戸時代に戦国時代の軍記物が作られた。

中国でも、前漢王朝によって中国が再統一され、平和な時代になると、戦国時代の物語が多数作られた。そのうち外交に関するものを集めたのが『戦国策』である。『戦国策』には、蘇秦と張儀以外にも、商鞅・范雎《はんしょ》・白起など、多くの有名人が登場するが、ほとんどが歴史事実ではない説話である（ただし地の文は正しいこともある）。

《合従連衡》について言えば、先にあったのが「従」と「合衡」の外交政策であり、それが前漢代に翻案された。また、張儀については実態が詳細不明であるが、すでに知られた蘇秦の相手方《カウンターパート》として、こちらも多くの説話が創作された。

このように、《合従連衡》は戦国時代中期の実態を全く反映していないのであるが、戦国時代の形勢や外交を知らない前漢代の人々にとっては、大きな問題にならなかったのだろう。現代ですら、『史記』六国年表や『戦国縦横家書』などを分析することで、ようやくある程度の情報が得られるのであって、歴史を題材にした説話は事実かどうかの検証が難しいのである。

そして、前漢代に《合従連衡》の説話が作られた背景は、のちの秦の一強化である。『戦国策』が想定する蘇秦・張儀の《合従連衡》時代（紀元前三三〇〜前三一一年ごろ）はもちろんのこと、実在したであろう蘇秦の時代（紀元前二八九〜前二八六年）においても、秦が唯一の超大国ではなかった。それが出現するのは紀元前二六〇年の長平の戦い以降のことである。

地理的に見ても、六国が従（縦）に並び、六国の「合従」の概念が成立するのは、三晋が領土の西半を秦に奪われ、また楚が東方に遷都してからのことである（前掲の**図表10－5**を参照）。この点でも、《合従連衡》という発想が出てくるのは早くとも紀元前二六〇年以降となる。

しかし、結果として紀元前三世紀中期に秦が唯一の超大国になり、さら紀元前二二一年に始皇帝が中国を統一したため、前漢代には《当初から秦が強かった》と認識されてしまった。焚書によって、秦以外の記録が燃やされたことも、その認識を強める結果になっただろう。こうして、《紀元前四世紀後半の合従連衡》という、事実としてはあり得ない説話が創作されたのである。

結果を知っていて、かつ過程を知らない場合には、結果によって全てを判断してしまうことになりがちなのは、今も昔も変わらないのである。

創作が現実に与える影響

創作された説話が、説話の中で完結していれば、社会的影響はあまり大きくない。例えば神への信仰も、集落の一体化（第一章参照）や支配の手段（第二・三章参照）として使えば、一定の合理性を持つ。しかし、現実社会が説話を前提にするようになると、さまざまな矛盾が出現する。

例えば、前漢王朝から簒奪した王莽《おうもう》は新たな王朝（王朝名は「新《しん》」）を樹立したが、王莽は儒学経典を信じていた。『周礼《しゅらい》』などの経典を上古の聖人が残したものと本気で考え、そのままの政治を実現しようとしたのである。しかし、『周礼』は戦国時代の儒家による想像の産物であり、当然、王莽の政策は破綻し、一代限り（八～二三年）で新王朝は滅亡した。

後の時代でも、南宋代（一一二七～一二七九年）の朱子学では、孔子や孟子の理想論を重視して『論語』や『孟子』を経典（五経）に並ぶ「四書」とした。朱子学は明代（一三六八～一六四四）には国教となり、さらには郷村支配にも応用されている。こちらはすぐには破綻しなかったが、のちに近代化の失敗という形で表面化した。

こうした過去の理想化は、多くの宗教で見られる。旧約聖書ではアダムとイブの時代を最上とし、仏教の「末法思想」でも釈迦（ブッダ）の時代を最上とする。また古代中国の儒家は五帝（黄帝・顓頊・嚳・堯・舜）や三王（夏・殷・周）を理想とし（第一・九章参照）、本章でも述べたように道家も原始的な社会を理想とした。現代でも、《原始共産制》や《母系社会》のような思想（第一章参照）が見られる。

しかし、いずれも創作された説話であり、歴史的事実ではない。そして、ありもしない《上古の理想社会》を目指す政治活動は、当然ながらすべて失敗した。

もし、本当に過去に理想社会が存在したならば、その構築は容易であり、過去をそのまま復元すればよい。しかし、実際にはそのような社会の存在は歴史学的にも考古学的にも確認されていない。人類が理想社会を構築できるかどうかは分からないが、それがあるとしたら、過去ではなく未来にしかあり得ないのである。

第十一章

戦国四君と呂不韋——奇貨居くべし

1　呂不韋の説話とその虚構性

《奇貨居くべし》

秦の始皇帝は、即位したときには数え年で十三歳であった。若年の始皇帝を摂政として支えたのが呂不韋《りょふい》という人物である。

呂不韋は、初めは始皇帝の父である荘襄王《そうじょうおう》の側近になったのだが、その経緯について、『史記』呂不韋列伝は、次のように述べている（抜粋・要約）。

安国君《あんこくくん》は昭襄王の次子であったが、長子が死去したため太子になった。安国君には二十人あまりの男子があったが、子楚《しそ》（のちの荘襄王）は兄弟の中ぐらいであり、愛されなかったため趙に人質に出された。子楚は馬車や費用が豊かではなく、日常生活にも困っていた。

大商人であった呂不韋は、趙の都の邯鄲《かんたん》で子楚を見て憐れみ、「奇貨居《きかお》くべし（珍しい宝物だから手元においておこう）」と言った。そして子楚のところへ行き、「あなたは二十人あまりの兄弟の中ぐらいで、あまり大事にされなかったので長く諸侯の人質になっています。千金を使ってあなたを適嗣《ちゃくし》（後継者）にしましょう」と言った。

そして、呂不韋は珍しい物を買い集めて華陽《かよう》夫人（安国君の正室だが子がいなかった）やその姉に献じ、子楚を後継者にするように工作した。そして安国君によって子楚が適嗣に指名された。

《呂不韋の財力と行動力によって子楚が秦の後継者になった》という説話である。この説話から、得がたい機会を利用すべきことを《奇貨居くべし》と言うようになった。

呂不韋については、始皇帝の実の父親だったとする説話も見られる。次に挙げたものも呂不韋列伝からの抜粋である。

呂不韋は、美しく舞踊が上手な女性を愛妾としており、その女性が妊娠した。子楚が呂不韋と酒を飲んでいたときにその女性を見て請うた。呂不韋は、初めは怒ったが、子楚のために千金を投じたことを思い出し、愛妾を献上した。その女性は妊娠していたことを隠し、十二カ月たって子の政《せい》（のちの始皇帝）を生んだ。子楚はその女性を正室とした。

秦王の年齢

結論を先に言えば、呂不韋列伝は『史記』の中でも信頼性が低い篇であり、大部分が創作された説話で構成されている。《奇貨居くべし》についても、商人時代の呂不韋の言葉が記録されるはずがない。

また、呂不韋列伝は戦国時代の人質制度についても誤解している。当時の人質は、安全保障の役割があり、殺されては困るような重要人物でなければ務まらなかった。つまり、子楚はもともと安国君の適嗣だったと考えられるのである。同じ理由で、《日常生活にも困っていた》ということもあり得ない。

この点は、秦王の年齢からも傍証が得られる。『史記』秦始皇本紀には王名表が付加されており、各王の即位した年齢（数え年）と即位年数を知ることができる。そこから計算したのが**図表11-1**である。

王名	昭襄王	孝文王	荘襄王	始皇帝
即位年齢（数え年）	19	53	32	13
在位年数	56	1	3	37
紀元前251年の年齢	74	52	30	8
父子の年齢差	└22┘	└22┘	└22┘	

図表11-1 秦王の年齢計算
（『史記』秦始皇本紀付属の王名表による）

昭襄王が死去した紀元前二五一年の段階で、昭襄王が七十四歳、その次子の孝文王（安国君）が五十二歳であり、年齢差は二十二歳である。また荘襄王（子楚）が三十歳、その長子の始皇帝（政）が八歳であり、やはり年齢差が二十二歳である。そして、孝文王と荘襄王の年齢差も二十二歳である。

もし、子楚が《二十人あまりの兄弟の中ぐらい》であったならば、年齢差はもっと大きくなるはずなので、この点からも呂不韋列伝の虚構性を示すことができる。

説話の模倣

《呂不韋が始皇帝の実の父親だった》とする説話も、明らかに創作である。始皇帝の母親がもとは呂不韋の愛妾だったということは現状では否定できないものの、《妊娠していたことを隠し》というのが記録されるはずがない。また、当時は王室の血縁が神聖視されており、始皇帝が本当に呂不韋の子であったら王として即位できるはずがない。

妊娠期間が十二カ月というのも当然、創作である。中国には、偉大な人間は生まれてくるときに妊娠期間が長いという信仰があり、例えば黄帝は《妊娠して二十四カ月で生まれた》(『史記集解』)とされ、堯は《十四カ月で生まれた》(『史記正義』)とされている。そもそも、通常の期間で出産したら先に妊娠していたことが発覚したはずなので、これは辻褄を合わせるためにも必要とされた設定である。

実は、これと類似した説話が『史記』春申君列伝にも記載されている。こちらは、楚の考烈王《こうれつおう》の宰相になった春申君《しゅんしんくん》が《自分の子を妊娠しているのを知って愛妾を考烈王に差し出し、生まれた子が太子(のちの幽王)になった》とする説話である。

『史記』春申君列伝は《都の人でこれを知る者は多かった》とするが、実際に王の子でないことが分かっていれば、幽王が即位できるはずがない。ここから分かるのは、前漢代の人々が《王室の醜聞《スキャンダル》》をテーマにした説話を好み、それが形を変えながら再生産されたということだけである。

ここまでに挙げたように、『史記』の呂不韋列伝などには創作された説話が多く、戦国時代後期の歴史を復元するために有用ではない。同じ『史記』でも、六国年表や各本紀の方が信頼性が高く、実態の歴史はこれらを元に再構築することが必要である。

2　戦国四君と呂不韋の実態

戦国時代の王権と側近の台頭

呂不韋に限らず、戦国時代の後期になると、王が身近な人物を側近として登用する例が目立つようになる。特に斉の孟嘗君《もうしょうくん》、趙の平原君《へいげんくん》、魏の信陵君《しんりょうくん》、楚の春申君が有名であり、すべて「君」を号していることから、「戦国四君《せんごくしくん》」と通称される。彼らは、ときに王権を代行し、ときに国家の軍隊を率いて戦争をおこなった。

なお、こうした側近の台頭は、必ずしも王権の低下を意味しない。むしろ、戦国時代後期に各国で専制君主制（君主独裁制）が確立し、王権が安定した結果、大臣についても王との個人的関係が重要になり、王が身近な人物を登用するようになったと考えられる。もっとも、全くの無能では戦乱の時代の国家経営に携わることはできないので、戦国四君に一定の能力があったことも特徴である。

戦国時代後期には、専制君主制の確立により様々な権力が王に集中した。「独裁」というと「自分勝手」というイメージがあるかもしれないが、実際には反乱が起きないような公平性が求められ、また国家が破綻しないような立法・外交・人事などの能力が必要である。そして戦国時代には、これらに加えて軍事的才能も要求された。

法律や官僚制によって効率化されていたとはいえ、すべての分野を君主が扱いきれない場合もあっただろう。側近の台頭は、そうした場合において、信頼できる人物に王権の一部（主に外交や軍事）を代行させるという側面もあった。

戦国四君は、いずれも多数の知識人を私的に雇用しており、「食客《しょっかく》」と呼ばれる。彼らは一面で思想研究者であり、一面で戦国四君の顧問《コンサルタント》であった。戦国時代中期までは、各国を遊説して大臣にまでなった人物が目立ったが、改革が完成して専制君主制が確立すると、そうした思想家出身の大臣も不要になった（吉本二〇〇五）。そのため、遊説対象も一段低い側近が対象になったようである。

なお『史記』では、孟嘗君や信陵君が「食客三千人」を雇用していたとするが、これは「白髪三千丈」と同じく誇張表現である。ただし、同じく「食客三千人」とされた呂不韋が作らせた『呂《りょ》氏春秋《ししゅんじゅう》』（本章末尾のコラムで述べる）という文献が、直接の執筆者だけで何十人もいたと推定される（陳一九八四・沼尻一九九七）ので、戦国四君も百名以上の食客を雇用していたと考えてよいだろう。これは当時としては大きな知識人集団であり、戦国四君や呂不韋の経済力の一端を知ることができる。

孟嘗君と《鶏鳴狗盗》

戦国四君のうち、孟嘗君だけは活躍期間が一世代ほどずれていて、紀元前三世紀初頭である。孟嘗君は本名が田文《でんぶん》であり、斉（田斉《でんさい》）の王族であるが、《鶏鳴狗盗《けいめいくとう》》の説話で知られている。次に挙げたのは、『史記』孟嘗君列伝の抜粋・要約である。

孟嘗君は数千人の賓客を招き、逃亡した罪人までいたが、貴賤に関わらず対等に接した。秦の昭襄王は、孟嘗君が賢者であることを聞き、面会を求めた。斉の湣王《びんおう》二十五年（紀元前二九九年）、孟嘗君は秦に入り、昭襄王は即座に秦の宰相にしようとした。しかし、昭襄王は臣下の進言で危険視し、孟嘗君を殺そうとした。

孟嘗君が昭襄王の愛妾に使いを送って釈放を求めると、白狐の裘《かわごろも》を要求してきた。孟嘗君が持参した白狐の裘は天下無双の品であるが、すでに昭襄王に献上していた。食客の末席に狗盗（犬のように忍び込んで盗むこと）の上手な者がいて、夜に宮中の蔵に忍び込んで盗んできた。それを愛妾に献上したところ、昭襄王は愛妾のとりなしで孟嘗君を釈放した。

しかし、昭襄王は孟嘗君を釈放したことを後悔し、追跡させた。孟嘗君は夜半に函谷関《かんこくかん》（秦の東の国境に置かれた関所）に至ったが、関法《せきほう》（関所に関する法律）では鶏が鳴かないと出ることができない。孟嘗君は追っ手が来ることを恐れたが、食客に鶏鳴（鶏の鳴きまね）が上手な者がいて、それにつられて鶏が一斉に鳴き出し、無事に関を出ることができた。

この説話から、つまらない技術のこと、あるいはつまらない技術が役に立つことの喩《たと》えとして《鶏鳴狗盗》と呼ばれるようになった。

しかし実際には、鶏は夜明けの直前に鳴くわけではなく、また鳴く時間も一定していない（柿沼二〇二二）。それを法律に使うわけもないので、《鶏鳴》が後代（前漢代初期か）の創作であることは明らかである。なお、前漢代には、《秦法は厳しいうえに杓子定規だった》と信じられていたが、実際には前漢王朝の法律体系は秦法を継承したものである（第十二章で述べる）。《狗盗》の説話も現実味に乏しく、鍵もなく宮中の蔵に忍び込めたとは考えられない。また《天下無双》という白狐の裘を愛妾が持っていれば、盗んだのが明らかになってしまう。ここから分かるのは、前漢時代の人々は説話を作るうえで「愛妾」を好んで使ったというだけのことである（前掲の呂不韋列伝もこの類例）。

このように、《鶏鳴狗盗》は明らかに創作である。そもそも、孟嘗君は父の田嬰《でんえい》（斉の宣王の弟）の後を継いで薛《せつ》の封地を領有しており、領地を放棄してまで秦の宰相になろうとしたとは考えにくい。

実際には、孟嘗君は斉の正式な外交官として秦におもむいたのであり、秦から受けた官職も宰相ではなく客卿《かくけい》（客員大臣）だったと考えられている（藤田二〇一一）。相手国の外交担当者を客卿に任命することで、外交関係をスムーズにするという方法は、孟嘗君に限らず戦国時代に広く見られた慣習である。

孟嘗君は、翌年（紀元前二九八年）に従兄弟の湣王（宣王の子）の宰相になっており、詳しい経緯は不明であるが、秦との外交が評価された可能性がある。

ただし、孟嘗君はのちに湣王と仲違いし、魏に接近した。さらに紀元前二八四年の済西の戦い（第十章参照）では、対斉大連合の側に参加している。こうした主君への裏切り行為が《配下に鶏鳴狗盗の人々がいた》という説話を生んだのかもしれない。

三君による秦への対抗

趙の平原君、魏の信陵君、楚の春申君は、活躍した年代が近く、また、いずれも軍隊を率いて秦に対抗したという共通点がある。

平原君は本名が趙勝《ちょうしょう》であり、趙の恵文王の弟である。恵文王の死後、その子の孝成王の宰相になった。信陵君は本名が魏無忌《ぎむき》であり、魏の安釐王《あんきおう》の弟である。兄の安釐王から封地を受けた。春申君だけは王族ではなく、本名が黄歇《こうあつ》である。楚の頃襄王《けいじようおう》に仕え、その太子の完（のちの考烈王）とともに秦で人質になっていた。その後、考烈王が即位して令尹《れいいん》（首席大臣）に任命された。

秦は、紀元前二六〇年に長平の戦いで大勝し（第十章参照）、さらに紀元前二五七年に趙の都の邯鄲を包囲した。その際に、趙の平原君が援軍を要請し、魏の信陵君と楚の春申君が応じた。そして秦は援軍の到来によって包囲を解いて退却した。翌年にも魏・韓・楚の連合軍が趙を救っている。

これによって秦の拡大は一時的に中断したようだが、秦の一強状態は変化していなかった。秦の昭襄王は、紀元前二五五年に周王朝の本家を滅ぼしており、次の王朝を創始することを行動によって示している。その後、紀元前二五一年に昭襄王と平原君が死去したが、各国の形勢には、ほとんど影響していない。

昭襄王の死去後、秦では孝文王（安国君）が即位したが、直後に死去し、荘襄王（子楚）が王位についた。そして荘襄王は、側近になっていた呂不韋を宰相に任命した（称号は文信侯《ぶんしんこう》）。秦では、昭襄王の晩年から行政官と軍事官を分けるようになっており、軍事については王齕《おうこつ》や蒙驁《もうごう》らが担当した。紀元前二四九年には、荘襄王は残っていた周王朝の分家を滅ぼした。昭襄王の路線を引き継いで中国の統一を目指したのである。

その後も秦は三晋（趙・魏・韓）を攻撃して領土を奪ったが、それに対して、紀元前二四七年に実際の歴史としては初めての合従軍が形成された。前述の紀元前二五七〜前二五六年（趙の救援）の段階では、三晋と楚の連合であり、『戦国縦横家書』が言う「従」の枠組みだったが、今度は斉も加わって五国連合になった。初めて『戦国策』が言う「合従」に近い状態になったのである（「従」と「合従」については第十章を参照）。ただし、この時代には「遠交近攻」の原則で燕は秦と同盟しており、六国連合にはなっていない。

初の合従軍は魏の信陵君が率い、秦軍を黄河北岸で破った。ただし、函谷関を落とすことはできず、秦の勢いを止めるには至らなかった。

そして、合従軍の攻撃の直後に秦の荘襄王が死去した。即位年数は孝文王が一年、荘襄王が三年であり、急速に世代交代が進んだ。

後継者になった秦王政《せい》（以下、始皇帝と呼ぶ）は、即位時点で数え年が十三歳であった。当然、専制君主として国家を治めることは不可能であり、呂不韋が摂政を務めた。軍事についても、引き続き王齕や蒙驁が各国を攻撃し、その死後は王翦《おうせん》・桓齮《かんき》・蒙武《もうぶ》（蒙驁の子）らが担当した。

その後、紀元前二四一年に、再び合従軍が結成された。信陵君はすでに死去しており、合従軍を率いたのは春申君である。三晋と楚・斉の連合軍が再び函谷関まで攻め込んだが、今度は秦が勝利し、合従軍は敗退した。この段階で秦は、それ以外の国が連合しても勝てないほど強くなっていたのである。

呂不韋の権力と失脚

呂不韋は荘襄王によって宰相に任命され、秦の国政を主導した。さらに始皇帝に代替わりすると、より大きな権力を持つようになった。そして、紀元前二四一年の合従軍撃退により、秦による中国統一が見えてきた。

図表11-2 呂不韋の命令で作られた戈（刃のうち柄に結びつける部分。『殷周金文集成』11395）

図表11-2は、呂不韋の命令によって作られた武器の戈《か》であり、始皇帝の即位八年目（紀元前二三九年）のものである。呂不韋の肩書きは「相邦《しょうほう》」となっており、当時の宰相の呼称である。

こうした状況で、紀元前二三七年に呂不

韋が失脚し、その二年後に死去した。その理由について、『史記』呂不韋列伝は次のような説話を掲載している（抜粋・要約）。

始皇帝が即位したときはまだ若く、母の太后《たいこう》は時々呂不韋と密通していた。始皇帝が成長しても太后の淫乱は止まなかったので、呂不韋は発覚して罰せられるのを恐れ、嫪毐《ろうあい》という男を宦官《かんがん》と偽《いつわ》って太后の元に送った。呂不韋の思惑《おもわく》通り、太后は嫪毐を愛し、嫪毐に厚く賞した。

始皇九年（紀元前二三八年）、嫪毐が宦官ではなく、太后と私通しており、すでに子が二人生まれ、太后と謀り「王が死ねば、この子を後継者にしましょう」と言っていることを告発する者があった。そこで始皇帝は事情を調べ、相邦の呂不韋が関係していることを知った。始皇帝は嫪毐と二人の子供を処刑し、太后を都から追放した。十年、呂不韋は相邦を免ぜられ、都から追放された。十二年、始皇帝の叱責の手紙を受け、呂不韋は自殺した。

本章冒頭の《太后（荘襄王の正室）がもとは呂不韋の愛妾だった》という説話が「前振り」になって、この説話につながっている。しかし、これも事実ではない。王権は父系（男系）の継承であるから、嫪毐と太后の子に王位継承権があるはずがないのである。これも前漢代の人々の「スキャンダル好き」が生み出した説話に過ぎない。
また実際には、嫪毐は秦国内の権力者であり、呂不韋列伝が述べるような男娼ではなかった。

次に挙げたのは『史記』の秦始皇本紀からの抜粋である。

始皇八年（紀元前二三九年）、嫪毐を長信侯《ちょうしんこう》とし、山陽《さんよう》（現在の河南省北部）の地を与えた。九年、嫪毐は反乱を起こそうとして発覚した。始皇帝はこれを知り、軍隊を発して嫪毐を攻撃させた。首都の咸陽で戦闘があり、数百の首をとった。嫪毐は敗走し、乱に加担した二十人の者は一族ともども処刑された。太后も都から追放された。十年、相邦の呂不韋が嫪毐の乱に坐《ざ》（連座）して罷免された。十二年、呂不韋が死に、ひそかに葬られた。

嫪毐は当時最前線であった山陽の軍事担当者だったのであり、当然、太后の元に居続けるような存在ではなかった。始皇帝は、即位直後は政権が安定しておらず、前年（紀元前二三九年）にも王弟の成蟜《せいきょう》（長安君）が反乱を起こしている。おそらく嫪毐も王室の誰かを推戴《すいたい》する形で反乱を起こしたのだろうが、詳しい経緯は分かっていない。

そして、嫪毐は邯鄲の出身とされ（『史記索隠』による）、呂不韋と同じく人質時代の荘襄王が側近にしたようである。追放された太后も邯鄲の出身であり、「邯鄲系の人脈を排除する」という意図があったと考えられる（ただし太后は始皇十年に都に復帰）。

もっとも、表向きはそうした地縁的なつながりによる連座だったのだろうが、呂不韋の追放については始皇帝の政治思想が大きく影響したと考えられる。この点について、詳しくは本章末尾のコラムで述べる。

始皇帝による中国統一

呂不韋の失脚により、始皇帝の親政がはじまった。中国統一の路線は曽祖父の昭襄王によってほぼ定められていたものの、優秀な昭襄王の路線を継承することは容易ではなかったはずである。しかし、始皇帝はそれを成し遂げた。特に重要だったのが人事であるが、始皇帝は、自身に忠実で、しかも優秀な人間を選ぶのが上手だったようで、親政開始後も円滑な国家経営がされている。また、領土の急激な拡大に備えることも必要だった。秦では、奪った土地に初め軍政を敷き、のちに行政区画として郡や県を設置している。最終的には、中国全土を郡県制で統一支配した。全国の郡県支配に備えて、官僚の育成（あるいは他国の官僚の支配・教化）が急速に進められたと考えられる。

そして、始皇帝は各国に軍隊を送って領土を奪い、さらに紀元前二三〇年からは順次滅ぼしていった（地図は前掲の**図表10−5**を参照）。その際に、始皇帝は各国の「貪戻《たんれい》」（欲深く道理に背くこと。『史記』秦始皇本紀）を理由にしたが、これは「大義名分」にすぎない。秦の王室構成員ですら封建領主にしなかったのであり、ほかの諸侯を残すはずがないのである（以下の年代は『史記』六国年表による）。

紀元前二三〇年　韓王を捕虜とし、韓が滅亡。
紀元前二二八年　趙王を捕虜とする。王子の嘉《か》が北方の代《だい》で亡命政権を樹立。

紀元前二二六年　燕の国都の薊を占領し、燕王は遼東に逃亡。
紀元前二二五年　魏王を捕虜とし、魏が滅亡。
紀元前二二四年　楚軍を破り、楚の王子と将軍の項燕《こうえん》が敗死。
紀元前二二三年　楚王を捕虜とし、楚が滅亡。
紀元前二二二年　代の王嘉を捕虜とし、趙が滅亡。また燕王を捕らえ、燕が滅亡。
紀元前二二一年　斉王を捕虜とし、斉が滅亡。これによって中国が統一。

始皇帝は中国の統一を達成し、その後の集権化政策も後世に強い影響を与えている（統一後の政策については第十二章で述べる）。始皇帝は、曽祖父の昭襄王に勝るとも劣らない才能の持ち主であった。

コラム

なぜ呂不韋は追放されたのか

呂不韋の思想

呂不韋は嫪毐の乱に連座して追放されたが、史料的に嫪毐との関係は明示されていない。

前述のように地縁的なつながりはあったようだが、それはさほど強いものではなかったということになる。それでは、なぜ呂不韋は追放されたのだろうか。この点には諸説あるものの、呂不韋と始皇帝の思想の不一致が最も重要だったと考えられる。

呂不韋は相邦になった後、雇用した食客に『呂氏春秋』という文献を作らせた。完成したのは紀元前二三九年である（紀元前二四一年とする説もある）。『呂氏春秋』について、『史記』呂不韋列伝には次のような説話が記載されている。

呂不韋は、その食客の知識や学説を集めて八覧《はちらん》・六論《りくろん》・十二紀《じゅうにき》を作り、二十万字あまりになった。天地・万物・古今のことを網羅していると称し、名付けて『呂氏春秋』といった。都の咸陽で、市場の門に並べてその上に千金を掲げ、遊説の士で一字でも修正できるものがあれば千金を与えるとした。

ここから価値の高い文章を《一字《いちじ》千金《せんきん》》と呼ぶようになった。しかし、『呂氏春秋』は、何十人もの食客が制作に参加しており、中には出来の悪い文章や引用の間違いもある。そもそも、当時の思想は後代の儒教のような画一化されたものではなく、きわめて多様だったので、《一字でも修正できるものがあれば千金を与える》ということはあり得ない。本章冒頭の《奇貨居くべし》もそうであるが、呂不韋が大商人の出身であったことから、「千金」をキーワードとして説話が創作されたようである。

ただし、『呂氏春秋』は書写されて現在まで伝わっており、呂不韋の思想傾向を知ることができる。秦の国政は、すでに述べたように法家思想が基礎になっているが、『呂氏春秋』には法家の記述はあまり多くなく、儒家・墨家や道家・神秘思想が多く見られる（陳一九八四・沼尻一九九七）。始皇帝との関わりで重要なのは儒家・墨家であり、その尚賢思想である。

儒家や墨家は、偉大な王が徳によって天下を治め、賢者が宰相として具体的な政策を担当することを理想とする。殷の湯王《とうおう》と伊尹《いいん》、あるいは周の武王と周公がその代表であり、無論それらは説話を前提にしているのであるが、当時は事実と信じられていた。

これを当時の現実と照らし合わせると、「始皇帝は徳によって中国を統一し、賢者である呂不韋が具体的な政策を担当する」という構造になる。呂不韋は、自身の権力を尚賢思想によって正当化していたと考えられる。

始皇帝の思想

一方、始皇帝は、韓非子《かんぴし》（韓非《かんぴ》）の著作である『韓非子』を好んだとされている。次に挙げたのは、『史記』の老子韓非列伝からの抜粋・要約である。

韓非は韓の王室出身であり、法家思想を学んだ。李斯《りし》とともに荀子《じゅんし》（荀況《じゅんきょう》）に師事したが、李斯は自分が韓非に及ばないと思っていた。

韓非は生まれつき吃音《きつおん》であり、韓の国土が削られていくのを見て書面で王を諫めたが、韓王は韓非を登用しなかった。そこで韓非は自分の考えを孤憤《こふん》篇・五蠹《ごと》篇など十万字あまりの著作（『韓非子』を指す）とした。

ある人がその著作を持って秦に至り、秦王（始皇帝）はそれを読んで「私がこの人と会って交遊できれば、死んでも恨みはない」と言った。秦王に仕えていた李斯が韓非の著作であることを告げると、秦王は韓非に会う手段として韓を攻めた。そこで韓王は韓非をはじめて登用し、秦に使わした。

秦王は喜んだが、まだ信用するには至らなかった。李斯は韓非を妬《ねた》み、「韓非は韓の王族なので、韓のためにするでしょう。法に触れたことにして誅殺すべきです」と言った。秦王は賛同して投獄し、李斯が人を使わして韓非に毒薬を送った。秦王は後で悔やんだが、すでに韓非は死んでいた。

始皇帝や李斯の私的な言葉が入っているので、記述としては明らかに創作された説話である。また、文献としての『韓非子』も、一部は本人の著作であるが、一部は死後に付加されたものと考えられている（西野ほか一九七三・冨谷二〇〇三など）ので、当時はまだ《十万字あまり》（現在の『韓非子』の字数に相当）には達していなかったはずである。《同門の才能を妬んで害する》というのも、孫臏《そんぴん》と龐涓《ほうけん》の説話（第九章参照）と同じ類型であり、これも事実とは考えがたい。

韓非子は紀元前二三三年に秦で死去したとされる（『史記』六国年表による）が、その詳しい経緯は現状では不明と言わざるを得ない。始皇帝が本当に韓非子に会ったのか、あるいはその著作を読んだのかは、現状では判断できないのである。

ただし、その後の始皇帝の行動は『韓非子』の主張に沿ったものになっている。君主権を強くし、臣下を無条件には信用せず、法によって国家を統治するというのは、『韓非子』の主張であり、また始皇帝が実践したことである。したがって、思想的共通点があったことは間違いない。『韓非子』には次のような記述がある（抜粋）。

君主の災いは、人を信じるところにある。家臣は君主と肉親の関係ではないのであり、君主の力に縛られてやむを得ず仕えているだけである。そのため、君主が怠けると、君主が脅かされたり殺されたりすることになる。（備内篇）

君と臣は利害が対立するので、臣に忠はない。臣の利益が成立すると、君の利益は失われる。（内儲説下篇）

巫祝《ふしゅく》（シャーマン）は人を祝福して「千年万年長生きさせよう」という。「千年万年」の声は耳にうるさいが、一日でも寿命が延びたという証拠はない。儒者が言葉を飾って「私の言うとおりにすれば覇王になれます」と言うのは巫祝と同じであり、賢明な君主はこれを受けつけない。（顕学篇）

第一条では、臣下は信頼できないことを述べており、師である荀子の性悪説《せいあくせつ》をさらに発展させたものである。また第二条では、君と臣は利害の一致すら期待できないと述べており、互恵関係すら否定している。そして第三条では儒家のような「賢者」の言葉を否定している。

これを当時の現実に照らし合わせれば、「始皇帝は呂不韋を信頼できないし、利害の一致もない。そして呂不韋のような『賢者』は受けつけるべきではない」ということになる。呂不韋が追放されたのは必然と言えるだろう。

もっとも、秦では早くから権力を持った臣下を追放あるいは殺害する傾向があった。孝公の下で法律改革をおこなった商鞅は、大良造（首席大臣）になったが、孝公の死後に後継者の恵文王によって殺された。また、昭襄王に仕えた白起も大良造になり、華陽の戦いや長平の戦いなどで大勝利を収めたが、罪を着せられて殺された。

呂不韋が追放された時点で、始皇帝は数え年で二十二歳になっていた。成人した始皇帝が権力を強めようとすれば、呂不韋と対立したであろうことは明らかであり、呂不韋の排除は嫪毐の乱がなくても既定事項だったのかもしれない。なお、秦の記録における「死」は処刑の場合があり（『史記』六国年表の商鞅や『編年記』の張禄〔范雎〕など）、呂不韋も自殺や自然死ではなく処刑された可能性がある。

第十二章

秦の始皇帝——焚書坑儒

1　始皇帝の説話とその虚構性

《焚書坑儒》

始皇帝は、呂不韋の食客であった李斯を登用し、廷尉《ていい》（司法担当官）に任命した。そして中国統一（紀元前二二一年）の後、李斯は卿《けい》（大臣）になり、さらに丞相《じょうしょう》（首席大臣）に昇進している。その李斯が始皇三十四年（紀元前二一三年）に建議したのが「挾書律《きょうしょりつ》」であり、次のように諸子百家の書などを燃やすこと（焚書《ふんしょ》）を進言している。

史官の秦の記録以外は全て焼く。博士官の職掌による保管以外は、天下の『詩書』や諸子百家の書は、郡の守《しゅ》（長官）や尉《い》（武官）に全て差し出させて焼く。敢えて『詩経』『尚書』について論じる者は処刑する。過去の歴史によって現代を批判する者は、一族全て処刑する。官吏で知っていて見逃す者も同罪とする。命令が下されて三十日以内に焼かない場合、入れ墨のうえ城旦《じょうたん》（奴隷身分への降格）とする。ただし、医薬・卜筮《ぼくぜい》・農業の書は例外とする。もし法令を学びたければ、官吏を師とすることで許可する。（『史記』秦始皇本紀）

秦の公式記録と法律書、および実用書のほか全て禁止とし、焼却処分にすることを建議しており、これが所謂《いわゆる》「焚書」である。

また、次に挙げたのは、始皇三十五年（紀元前二一二年）におこなわれたという《坑儒《こうじゅ》》の記述である（秦始皇本紀の抜粋・要約）。

始皇帝のために不老不死の神薬を捜していた方術士の侯生《こうせい》と盧生《ろせい》が相談して言った。「始皇帝は生まれつき暴虐であり、天下を統一したことでほしいままにし、古今で自分に及ぶ者はいないと考えている。始皇帝は処刑によって権威を示すことを楽しみ、天下は罪を恐れ、忠義を尽くす者はいない。権勢をむさぼることがこのような状態であり、神薬を探すことなどできない。」こうして二人は逃げ去った。

始皇帝はこれを聞き、大いに怒り、御史（監察官）に諸生（諸学者）を取り調べさせた。諸生はたがいに罪をなすりあった。こうして禁を犯したとされた四百六十人あまりが、みな都の咸陽において阬《あなうめ》（生き埋め）にされた。

「阬」は「坑」の古い形で同一字であり、焚書と合わせて《焚書坑儒》と呼ばれる。始皇帝に限らず、思想統制の苛烈さを表現して使われる故事成語である。

事実と虚構の混在

始皇帝の事績として有名な「焚書」と《坑儒》であるが、結論を言えば、前者は事実であるが、後者は創作である。

まず前者については、『詩経』は歌って覚えられるため大部分が復元されたが、文章になった『尚書』は過半が失われており、実際に焚書がおこなわれたことが確認できる。

また、建議の内容は記録されるので、会話内容と違って事実であることが多い。前掲の「焚書」の記述に使われた用語についても、「城旦」など秦代のものであり、事実として矛盾はない。

一方、後者については、前半は《逃げ去った》という二人の会話が記録されており、少なくともこの部分は確実に創作である。そして、この部分が事実でないのならば、始皇帝が取り調べをさせる動機もなくなるので、後半も創作と考えるのが妥当である。

そもそも、《坑儒》については用語の問題もあり、生き埋めにされたというのは「儒（儒学者）」だけではなく「諸生（諸学者）」である。当時はまだ儒学が国教化しておらず、多様な思想が混在していた。後代には儒教が唯一の官学になるので、学者イコール儒者という解釈から《坑儒》という用語になったのである。

そのほか、始皇帝は一人称として「朕《ちん》」を使っていたが、《不老不死の真人《しんじん》（仙人）になろうとして、自称を「真人」にした》という説話も秦始皇本紀に記載されている。しかし、始皇帝による文書や碑文などに「真人」を一人称とするものはなく、これも後代の創作である。『史記』のうち、秦の年代記は、荘襄王までの「秦本紀」と始皇帝以後の「秦始皇本紀」に分かれている。そして、後者は一年あたりの文字数が各段に多い。これは、司馬遷が多数の説話を秦始皇本紀に編入したためであり、部分によって信頼性が全く異なる。「焚書」も《坑儒》も秦始皇本紀に記載されているが、前者は事実、後者は虚構であり、扱いが難しい篇である。

《旁若無人》

始皇帝に関する説話としては、「傍若無人」の語源になった《荊軻《けいか》の始皇帝暗殺未遂》も有名である。次に挙げた文章は、『史記』刺客列伝の抜粋・要約であり、舞台設定としては中国統一の少し前（紀元前二二七年）である。

衛に読書と剣術を好む荊軻という者がいた。当時小国として残っていた衛の元君《げんくん》に説いたが、用いられなかった。その後、衛は秦に滅ぼされ、荊軻も燕に移り住んだ。

燕では、屠殺屋で筑《ちく》（琴に似た楽器）が上手な高漸離《こうぜんり》と友人になった。よく市中で酒を飲みながら高漸離の筑に合わせて歌い、楽しみ、また泣いたが、まるで近くに人がいないかのようだった。

そのころ、燕の太子の丹《たん》は人質として秦にいたが、秦王（始皇帝）からの待遇が悪かったので逃亡して帰国した。丹は秦王を憎んで、その暗殺を計画した。丹は実行役として荊軻を任命し、上卿《じょうけい》（上級大臣）とした。荊軻が出発するとき、太子をはじめ暗殺計画を知る者はみな喪服の白衣を着てこれを見送った。高漸離が筑を奏で、それに合わせて荊軻が歌い、その場にいた者はみな涙した。

秦に至り、降伏の使者と詐《いつわ》って秦王に面会した。荊軻は、降伏の証拠として持参した地図に匕首《あいくち》（短剣）を隠し、秦王の左袖を摑んで刺そうとした。秦王は驚いて身を引いたので、袖がちぎれて刺せなかった。秦王は持っていた剣を抜こうとしたが、長すぎて鞘から抜けず、荊軻に追われて柱の間を逃げた。秦法では臣下は殿上で刃物を持つことが認められなかったので、詔《しょう》（みことのり）がなければ助けられなかった。そのとき近侍の者が「王よ、剣を負え」と言ったので、秦王は長い剣を背負って鞘を抜き、荊軻を斬った。荊軻は「失敗したのは、生かしたまま脅そうとしたからだ」と言い残して殺された。

秦王は大いに怒って兵を発し、将軍の王翦《おうせん》に命令して燕を伐たせた。十カ月で都の薊《けい》が陥落し、燕王と太子の丹は遼東に逃げた。

燕は、東方の六国のうち秦から最も遠くに位置していたため、秦と利害の対立が少なく、同盟を組むことができた。しかし、この段階では韓がすでに滅ぼされ、趙・魏・楚も領土を大きく奪われており、燕にも危機感があったはずなので、暗殺の計画があったこと自体は否定できない。しかし、刺客列伝の説話は明らかに創作である。喪服を着て暗殺の見送りなどするはずがないし、その記録が残るはずもない。また、引っ張っただけで袖がちぎれるような服を王が着ているはずがないし、荊軻の最期の言葉も公式に記録されるはずがない。《秦法が杓子定規だった》というのも、前漢代の認識(本章後述)である。

荊軻の物語は文学作品としては優秀であり、前漢代の思想研究では重要だが、始皇帝に関する歴史学の資料としては使うことができないのである。

そもそも、《読書と剣術》は関連が薄い技術である。冒頭の文章から見て、当初は縦横家(外交思想)の知識人の物語だったと推定される(鶴間二〇二二)が、そこから前漢代の中期に任俠の物語として翻案されたようである。ちなみに、前漢代には任俠的な物語が好まれており、前漢皇帝になった劉邦とその功臣も、『史記』では官僚的組織が任俠集団として描かれている(藤田二〇〇六)。

なお、文中にある《まるで近くに人がいないかのようだった》というのは、原文では「旁若無人(旁《かたわ》らに人無きが若《ごと》し)」である。これを語源とする「傍若無人」は、今では悪い意味にしか使われないが、本来は人目をはばからない友情の表現であった。

秦は、中国を統一したものの、僅か十五年で滅亡しており、良質な史料を残すことができなかった。そのため、前漢代には《坑儒》や《旁若無人》など、始皇帝を題材にした物語が多く作られたのである。

2　始皇帝の政治と秦王朝の滅亡

始皇帝の集権化政策

始皇帝は中国を領土的に統一した後、制度的にも集権化を進めた。始皇帝の政策や思想の実態を知るためには、『史記』秦始皇本紀の記述から創作された説話を除くことが必要である。また、近年に多く出土している竹簡も有効な資料であり、本章でも必要に応じて使用する。

始皇帝の政策として、まず重要なのが「皇帝」号の使用である。戦国時代にも各諸侯が称号として「王」を用いていたが、「唯一の支配者」という意味はなく、互いに王号を認め合っていた（浅野二〇〇一・吉本二〇〇五など）。一方、「皇帝」は王よりも上位の存在として定められた称号であり、天にあって万物を司る「天帝（上帝）」と対比させ、地上の支配者であるとともに最高権威者であることを表示した。「皇帝」号はその後の王朝でも使い続けられており、権力と権威の構築に有効だったことを証明している。

また始皇帝は、一人称の「朕」や命令の意味の「詔」を皇帝専用のものとし、臣下の使用を禁じた。皇帝の権威化とともに命令系統の一元化を図っている。

始皇帝は、中央政府においては、行政官の丞相などと軍事官の太尉《たいい》などを分置した。さらに、監察官として御史《ぎょし》大夫《たいふ》などを設置し、官僚の権力を分散した。そうして分割した権力を始皇帝が一元的に掌握することで、より強い独裁制を構築した。

地方統治においては、それまで秦でおこなわれていた郡県制を全中国に拡大した。『史記』秦始皇本紀は統一直後に三十六郡を置いたとするが、実際には郡は徐々に設置されていったのであり、さらにその後の新設や辺境の征服地（後述）の郡県化により、四十郡を超えている（西嶋一九七四・鶴間二〇〇四など。最終的な郡数はいまだに不明）。

始皇帝は、郡においても、長官の守（郡守）と武官の尉（郡尉）のほか、監察官の監《かん》（郡監）を置き、一人が全権を握らないようにした。また、郡尉の軍事力も強く制限している。こうして始皇帝は地方官の反乱を防いだのである。

法律面でも、それまで秦でおこなわれていた爵制などを全中国に適用した。秦の法律は、ほかの六国よりも厳しかったと推定される（第十章参照）ので、各地で抵抗はあっただろうが、占領した地域から順次施行されていった。

始皇帝は文書の伝達体制についても全中国的に整えている。皇帝が発した法律や詔が速やかに伝達されるように郡を結ぶ道路を整備し、駅伝（馬を用いた文書伝達）の制度も整えた。近年では秦の文書（竹簡）が多数発掘されており、辺境地域まで文書が到達する経緯も復元されている（鷹取二〇一〇・呂二〇一〇など）。

こうした集権化政策は、ほぼそのまま前漢王朝に継承され、さらに後代にも大きな影響を与えた。始皇帝の高い能力を示していると言えるだろう。

統一規格の制定

始皇帝は、法律・行政以外についても様々なものに統一規格を設けた。その代表が度量衡《どりょうこう》（単位）であり、度は長さ、量は体積、衡は重さである。

春秋戦国時代には、各地で諸侯が自立して国家経営をおこなったため、単位についても地域ごとの違いが発生した。当時はそれで良かったのだが、統一帝国においては、同じ法律を適用する際や物資の扱いなどに不公平が生じる恐れがあり、また徴税の公平性も問題になる。そこで、中国の統一直後に、始皇帝は全国で単位を統一することを命令し、丞相（当時）の隗状《かいじょう》と王綰《おうわん》に発布させている。

図表 12–1 始皇帝が作らせた量器（紫 1964 から引用）

また、文字についても統一基準を設けた。文字（漢字）も春秋戦国時代の分裂を反映し、各地で字形が異なるようになっていたが、始皇帝は正式な字形について統一させた。これが篆書《てんしょ》（小篆《しょうてん》）である。ただし、あくまでも正式な字形であって、手書き文字については戦国時代以来の字形が使われることが多かった。

図表12–1に、始皇帝が丞相に作らせた量器《りょうき》（体積を量る器）を挙げた。「量」の統一基準を示すとともに、側面に篆書で中国統一が記されており、これひとつで度量衡の統一、文字の統一、そして皇帝による中国の統一を示した器物である。始皇帝はこうした標準器を大量に作らせ、全国に配布した。銘文は次の通りである。

図表 12-2 秦代の手書き文字（『里耶秦簡』63正面）

即位二十六年目に天下を統一し、人民は大いに安らいだ。ここに「皇帝」の号を立てた。そして丞相の隗状と王綰に詔し、度量の制度で統一されていないものについて、みな明らかにして統一させた。

ちなみに、**図表12-2**は秦代の手書き文字であるが、篆書とは異なる字形が多い。篆書は曲線が多く、手書きには向いていないため、戦国時代の竹簡と同じような字形が多く使われていたのである。現在の漢字は、篆書系を継承したものと手書き系を受け継いだものが混在しており（落合二〇二〇・同二〇二二など）、すでに**図表12-2**にも、略体化が進んで現在と同じような形になった文字がいくらか見られる。

また、始皇帝は貨幣の重量や荷車の車幅（車軌《しゃき》）についても統一し、経済活動まで王朝が管理しようとした。ただし、秦王朝は短期間で滅亡したため、経済的な統一規格が完成したのは前漢代になってからである。

さらに『史記』秦始皇本紀では、始皇帝が《全国の富豪十二万戸を首都の咸陽に移住させた》とするが、この数字は明らかに誇張である。富豪であれば家族や奴婢が多かったはずなので、十二万戸であれば確実に百万人を超える。しかし、当時の咸陽にそれほどの住居はなかった。仮に

「十二万戸」が実数としても、それは全国における移住戸数（あるいは咸陽の総戸数）であろう。

同様に、秦始皇本紀では、始皇帝は《宮殿の阿房宮《あぼうきゅう》や墓所である驪山陵《りざんりょう》の造営に七十万人あまりの受刑者を動員した》とするが、これも誇張である。秦法では刑罰として奴隷身分への降格規定があった（第九章参照）が、それは中央政府だけではなく各地方の郡県でも使役されたものであり（宮宅二〇一一・小林二〇一四など）、一カ所に集めるようなシステムではなかった。

秦王朝の統計が後代に残っていないため、移住や労役の正確な人数は分からない。そのため、現在でも誇張された数字が研究に使われることもあるが、それは非科学的である。不明なものは「不明」とするほかない。

戦争と思想統制

始皇帝は、中国統一（紀元前二二一年）の後、しばらくは大きな戦争を起こしていなかった。その代わり、始皇帝は大勢の臣下を引き連れて征服した各地を巡察しており、安定した支配を志向していたようである。

しかし、始皇帝は即位三十二年目（統一から七年目紀元前二一五年）から大規模な軍事行動を再開した（地図は**図表12-3**を参照）。北方遊牧民の匈奴《きょうど》に対して将軍の蒙恬《もうてん》（蒙武の子）を派遣し、河南《かなん》（オルドス地方）を獲得し、のちに九原郡《きゅうげんぐん》を置いている。

また、南方（東シナ海〜南シナ海の沿岸地域）に対しても、このころに軍隊を派遣した。「百越」と総称された非集権社会（第七章末尾のコラムを参照）のうち、「閩越《びんえつ》」と呼ばれた地域（現在の

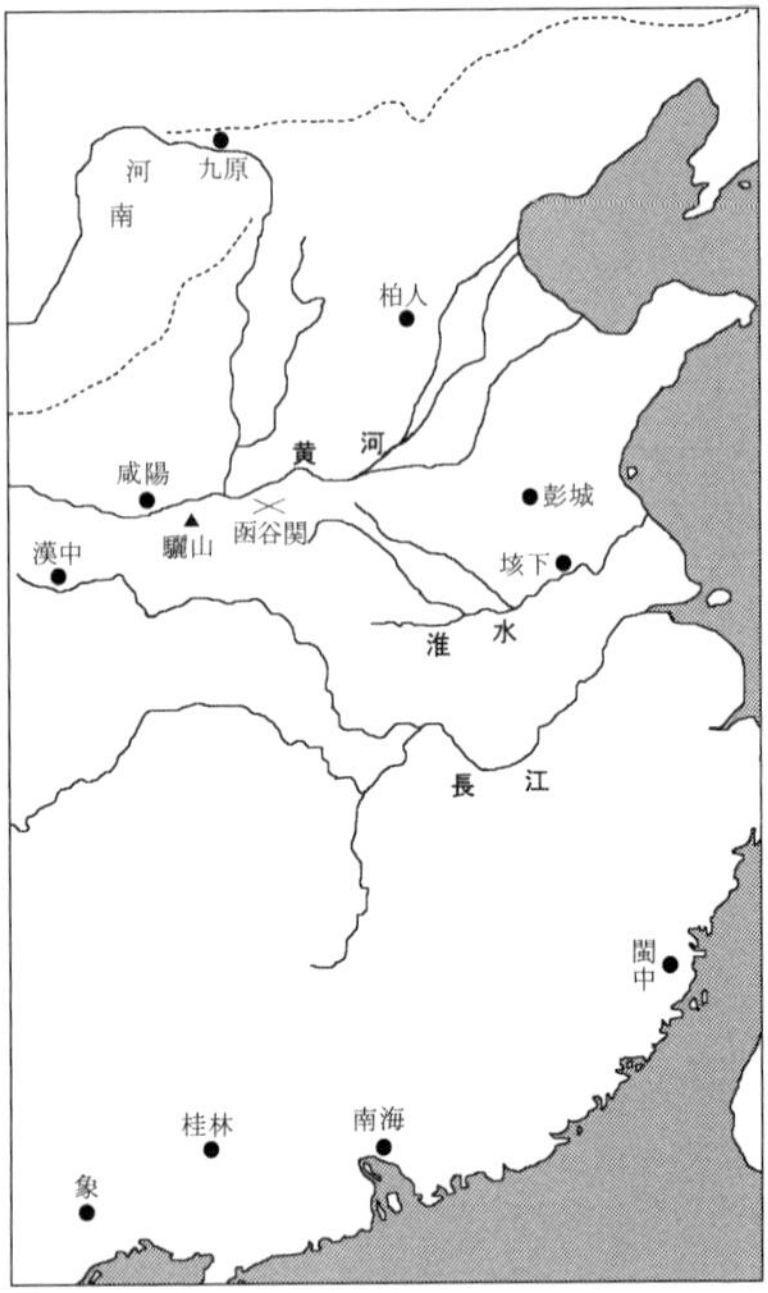

図表 12-3 始皇帝・楚漢戦争関連地図
（中国古代歴史地図集編輯組 1984 を元に筆者が作成。海岸線は当時のもの。点線は万里の長城）

福建省）に派兵し、新たに閩中《びんちゅう》郡を置いた。

さらに、翌年にも北方と南方に大軍を送った。北では蒙恬が匈奴を駆逐して三十四県を新たに設置し、南では百越のうち「南越《なんえつ》」と呼ばれた地域（現在の広東省・広西壮《そう》族自治区）に南海《なんかい》郡・桂林《けいりん》郡・象《しょう》郡を置いている。

なぜ突然に、このような大規模な軍事行動を起こしたのかについて、『史記』秦始皇本紀は《始皇三十二年に方術士の盧生が献上した図書《としょ》（予言書）に「秦を滅ぼす者は胡《こ》である」と記してあった》とする説話を掲載しており、胡とは北方の異民族の総称である。ただし、これは《実は「胡」は始皇帝の子の「胡亥《こがい》」であった》という「落ち」のある説話であり、事実ではない。

現状では、軍事行動の再開についての研究が進んでいない。始皇帝の征服欲によるものか、あるいは周辺地域の安定支配を目指した行動が過激化したのか、よく分かっていないのである。

その後も、始皇三十四年（紀元前二一三年）に北方と南方に大軍を送って長城（万里の長城）などを整備させ、その翌年には九原郡へ続く大道《たいどう》（秦の直道《ちょくどう》）などを作らせている。

こうした大規模な軍事行動や土木事業が始まった後に建議されたのが、本章冒頭の「焚書」である。紀元前二一三年に丞相になった李斯によるもので、孔子が重視した『詩経』と『尚書』を名指ししているので、儒家が主な対象だったことになる。その点では、《坑儒》は創作された説話であった（前述）が、儒家が迫害されたということ自体は間違いないだろう。

また、「過去の歴史によって現代を批判する者」は、孟子のような理想論の儒学者（第九章参照）を念頭に置いたものと思われる。荀子の弟子で韓非子の同門であった李斯らしい発想である。次に挙げたのは『荀子』からの抜粋である。

人の性（先天性）は悪であり、善の部分は偽《ぎ》（人為。後天的に作ったもの）である。人は生まれつき利益を好むので、その本性に従うと、争いが生じて譲り合いがなくなる。（性悪篇）

仁者は人を愛するからこそ、他の人が彼らを害するのを憎む。仁者の軍隊というものは、暴力を禁じ、害を除くためのものである。（議兵篇）

荀子も孔子の学統（前掲の**図表8-4**を参照）なので、思想上で孟子と共通する部分も少なくないが、人間の先天性が善か悪かという点では鋭く対立した。理想主義者《イデアリスト》の孟子は性善を信じていたので、仁政さえおこなえば天下無敵だとした（第九章末尾のコラムを参照）が、現実主義者《リアリスト》の荀子は信じていないので、防衛の軍隊を整備する重要性を説いた。先に出現したのが孟子（紀元前四世紀後期）であり、後に荀子（紀元前三世紀中期）がそれに反論した。現代日本の軍備論争とよく似た経緯である。

後代には孟子が賞讃されたが、戦国時代の現実をよく理解していたのは荀子の方である。そして、荀子の考え方をさらに発展させたのが韓非子であり、また李斯であった。孟子のような理想論でないことはもちろん、荀子のように内面的な礼によって秩序を維持するという方法でもなく、外面的な刑罰によって支配体制を維持しようとする法家思想である。

なお『荀子』は、荀子本人の著作だけではなく、弟子や孫弟子の著作も含まれると考えられている（神田ほか一九八九・戸川二〇一四など）。あるいは前掲の文章も、弟子の韓非子や李斯の作かもしれない。

秦法と漢法

実のところ始皇帝は、当初は儒家を迫害していなかった。それどころか、始皇二十八年（紀元前二一九年）には儒家が重視した「泰山封禅《たいさんほうぜん》」の儀礼をおこなっている。「儒家を迫害する法律が作られた」というのは、「それまで迫害されていなかった」ということの裏返しなのである。

なぜ思想統制に舵《かじ》を切ったのかについて、丞相になったばかりの李斯が主導した（西嶋一九七四）とする説や、大規模化した戦争を維持するための一時的な方策だった（鶴間二〇二二）とする説もあるが、現状では確実な資料や研究がない。

その後、挟書律《きょうしょりつ》（焚書令）は始皇帝死後にも引き続き施行された。さらに、前漢王朝は秦の法律をそのまま継承したため、挟書律も維持された。それが停止されたのは、前漢恵帝四年（紀元前一九一年）のことである。法律は、個々の条文が独立したものではなく、体系を構成しているため、一度制定された条文は改正や廃止が難しい。肉刑（肉体を損壊する刑罰。第九章参照）はさらに長く続いており、前漢文帝十三年（紀元前一六七年）にようやく廃止されている。

なお、前漢代には《秦の法律が異常なほど厳しかった》とする説話が流布した。その結果が本章冒頭の《坑儒》などの説話の創作である。前漢代の人々には、漢法が秦法の継承であることが伝わっておらず、『史記』の著者である司馬遷も《秦王（始皇帝）は、諸子の文書を禁じて刑法を残酷にし、詐欺と武力を優先して仁義を軽んじ、暴虐を天下の第一とした》（秦始皇本紀）や《前漢王朝が成立し、秦の弊害を受けて法律を簡易にした》（高祖本紀）と述べている。

秦法と漢法に強い継承関係があることが判明したのは、近年になって秦法（『睡虎地秦墓竹簡』秦律十八種など）と漢法（『張家山漢簡』二年律令など）の両方が出土し、比較できるようになってからのことである。

集権化の長所と短所

始皇帝は、様々な集権化政策を実施し、独裁制をより強めたのであるが、そこには王朝としての長所と短所があった。

支配のうえでの長所としては、官僚の権力を分割したことが重要であり、臣下による皇帝権力の侵害を防ぐことが可能になった。この方法は支配者にとって都合がよく、少しずつ形を変えながらも中世・近世へと継承された（**図表12－4**参照）。

　中世は貴族が復活した時代であるため、唐代の所謂《いわゆる》「三省六部《さんしょうりくぶ》」には皇帝の詔勅《しょうちょく》を審議する中《ちゅう》書省《しょしょう》が設けられたりしたが、近世の北宋王朝では再び貴族が排され、皇帝独裁に戻っている。そして現代中国（中華人民共和国）も独裁制であり、全国人民代表大会という議会の形をとっているが、日本の国会と違って選挙がなく、独裁政党である中国共産党によって議員が選ばれているため、法案の審議などは事実上存在しない。官僚の権力を行政・軍事・監察などに分割し、独裁

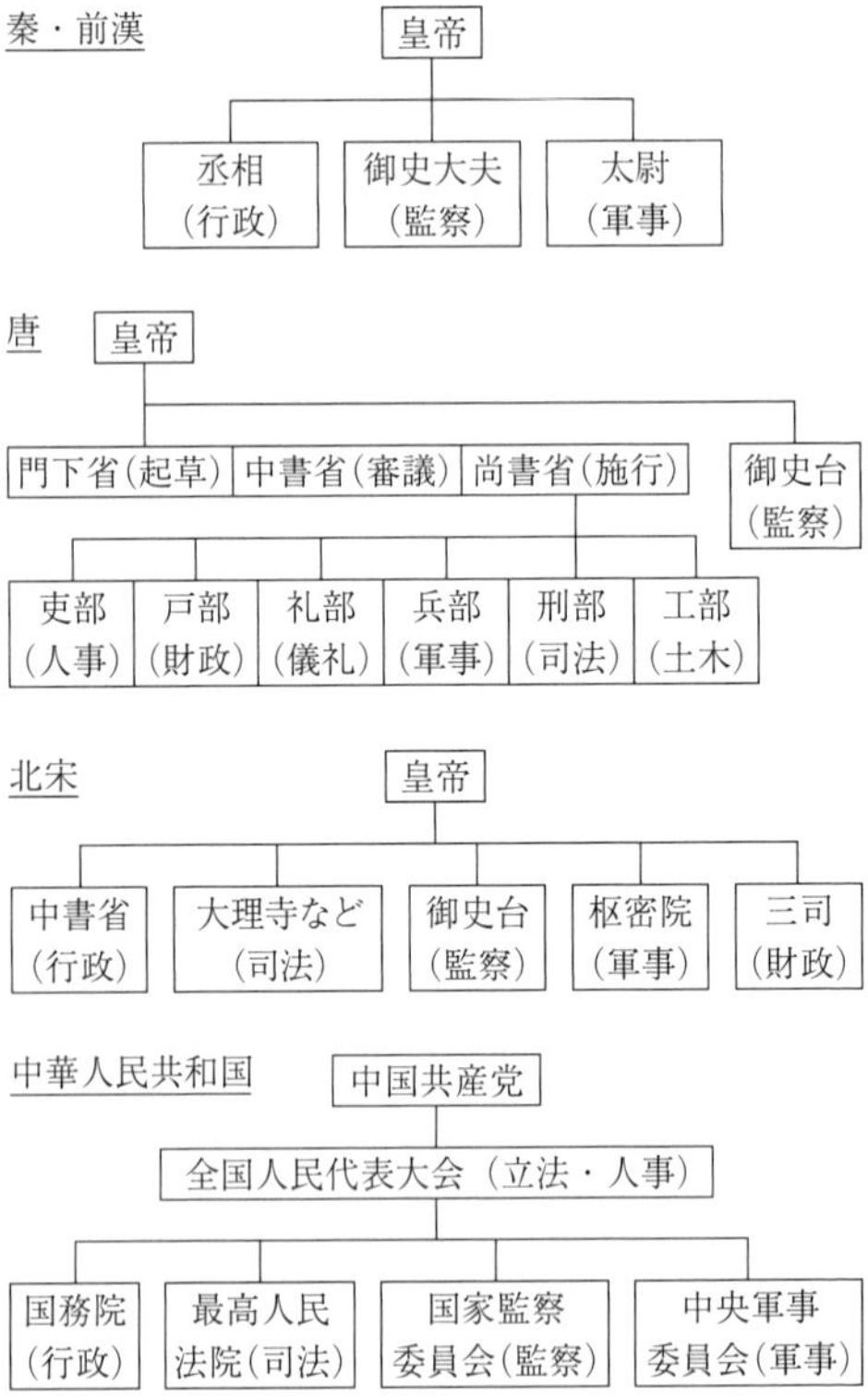

図表 12–4 歴代中国の中央官制

者が一元的に掌握するという形は、二千年以上も続いているのである。

ただし、この長所はそのまま短所になることもあった。全ての権力を皇帝が掌握するということは、支配体系の全てを皇帝が理解する必要があるということである。皇帝が優秀ならば独裁者として君臨できるが、才能がない皇帝や幼少の皇帝の場合には、外戚《がいせき》（皇后の親族）や宦官《かんがん》などの専横が起こった。そうした例として、後漢王朝・唐王朝・明王朝が有名である。

地方支配について見ると、始皇帝は全国で郡県制を施行し、その長官を中央政府から任命するようにした。長官は非世襲の官僚であり、地方の反乱を防ぐために有効であった。しかも、前述のように長官（郡守）のほかに武官（郡尉）と監察官（郡監）を分置し、郡尉の軍事力も大幅に制限した。

しかし、この点にも短所があった。地方官の反乱を防ぐためには有効であったが、地方官が農民の反乱を鎮圧することが難しくなったのである。その結果が後述する陳勝呉広《ちんしょうごこう》の乱である。

もっとも、戦国時代までは大規模な農民反乱は起こっていなかった。各地の諸侯で小規模な反乱が起こることはあったが、諸侯の領土を越えた反乱は前代未聞であった。中国の統一によって、反乱の規模まで大きくなってしまったのであり、さすがの始皇帝も予測は不可能だったのかもしれない。

始皇帝の死と二世皇帝の即位

始皇帝は、即位三十七年目（紀元前二一〇年）に巡察の途中で死去した。そのときの状況について、『史記』秦始皇本紀は次のような説話を掲載している（抜粋・要約）。

始皇帝は平原津《へいげんしん》に至ったところで病気になった。病状が重くなったので、皇子のひとりの扶蘇《ふそ》に賜う璽書《じしょ》（皇帝の命令書）を作り、その内容は「首都の咸陽に帰って葬儀をせよ」というものだった。璽書は封印がされたが、まだ使者に授けられていなかった。

七月に始皇帝が沙丘《さきゅう》の平台宮《へいだいきゅう》で死去した。丞相の李斯は外に知られて天下が混乱することを怖れ、秘匿して喪を発しなかった。このことは、李斯のほかは皇子のひとりの胡亥と趙《ちょ》高《うこう》および始皇帝の近侍の五・六人の宦官しか知らなかった。

趙高は、密かに胡亥・李斯と謀って始皇帝が扶蘇に賜おうとした璽書を破り捨て、遺詔と詐《いつわ》って胡亥を皇太子とした。さらに璽書を偽造して扶蘇と将軍の蒙恬に与え、自殺を命じた。胡亥は即位して二世皇帝となり、趙高を郎中令《ろうちゅうれい》（宮殿の門戸を司る役職）に任命した。

しかし、この内容が事実ではないことは早くから指摘されている（西嶋一九七四など）。《破り捨てられた》という璽書の内容が記録されているのは事実として矛盾し、また李斯・趙高・胡亥の密談も（あったとしても）当人たちしか知らないはずである。

これに対し、近年に出土した『趙正書《ちょうせいしょ》』（北京大学が入手した竹簡の一部）には、また別の説話が記載されていた（抜粋・要約）。

始皇帝は巡察中に柏人《はくじん》（沙丘の近く）に至ったところで病気になった。病状が重くなったので、丞相の李斯に後継者を議《はか》るよう言ったが、李斯は御史大夫の馮去疾《ふうきょしつ》とともに「都から遠いので、群臣に議らせれば謀略が起こるでしょう。皇子の胡亥を後継者になさいますように」と言った。始皇帝は「よし」とした。

始皇帝が死去し、胡亥が即位した。そして兄の扶蘇と中尉《ちゅうい》（首都を守備する武官）の蒙恬を殺した。また趙高の隷臣《れいしん》（奴隷身分）を免じて郎中令とした。

『趙正書』も、作られたのは『史記』と同じく前漢代であり、しかも始皇帝や李斯の個人的な会話が記されているので、事実ではなく説話である。しかし、前掲の『史記』秦始皇本紀とは違い、胡亥は始皇帝本人によって後継者に任命され、また主体的に動いて扶蘇や蒙恬を殺したという記述になっている。

『史記』秦始皇本紀には、胡亥の即位年齢を「二十一」（本文）とする記述と「十二」（王名表）とする記述があり、矛盾している。前掲の『史記』の説話は後者を前提に作られたようであるが、二世皇帝（胡亥）に関する出土文字資料を見ても、皇帝として不自然・未熟な文章はなく、数え年で十二歳の少年であったことを窺わせるものはない。したがって、現状では『趙正書』にどの程度の事実が反映されているかは分からないものの、胡亥は成人後の即位であり、一定の主体性があったと考えてよいだろう。

なお、『史記』は趙高が隠宮《いんきゅう》（宦官）だった（蒙恬列伝）とするが、『趙正書』では隷臣（奴隷身分。前掲の**図表9－3**を参照）としており、食い違いがある。『史記』は「隠官《いんかん》（奴隷身分の総称）」を「隠宮（宦官）」と間違えたのではないかと考えられている（藤田二〇〇六・鶴間二〇二一など）。

《王侯将相いずくんぞ種あらんや》

二世皇帝は、『史記』では無能な君主で趙高の操り人形として描かれているが、実際には前述のように成人後の即位と推定され、一定の主体性をもって統治に臨んだ。しかし、始皇帝ほどの才能はなく、また中国を統一した始皇帝のようなカリスマ性もなかった。

そのため、始皇帝時代の動員で疲弊した農村を回復する間もなく、即位した元年（紀元前二〇九年）の七月に、早くも大規模な反乱が発生した。これが陳勝呉広の乱である。乱の発生について、『史記』陳渉世家は次のような説話を掲載している（抜粋・要約）。

二世元年の七月、閭左《りよさ》（庶民）が守備の軍役に徴され、九百人が屯営した。陳勝（字《あざな》は渉）と呉広もその軍役の対象になり、部隊長になった。しかし大雨に遭い、道が通れなくなり、期日に間に合わなくなった。秦法では遅刻は全て死刑である。

陳勝と呉広は挙兵を計画し、「陳勝が王になる」と書いた絹を兵士が食べる魚の腹の中に入れておいたり、夜に狐の鳴き声をまねて「大楚が興り、陳勝が王になる」と叫んだりした。

そして、監察官を殺し、一同を集めて次のように言った。「諸君らは雨に遭い、期日に間に合わなくなって死刑になる。仮に死刑にならなくても、軍役で死ぬ者は十人のうち六、七人である。どうせ死ぬなら名を挙げようではないか。王侯将相いずくんぞ種あらんや（我々も王侯将相になれるぞ）。」

一同は陳勝の命令に従った。陳勝と呉広は、詐《いつわ》って秦の皇子の扶蘇と楚の将軍の項燕《こうえん》を名乗り、そして国号を「大楚」として反乱を起こした。

《王侯将相《おうこうしょうしょう》いずくんぞ種《しゅ》あらんや》は非常に有名な言葉であるが、これも創作された説話である。文字を書いた絹を魚に入れたことや狐の鳴き声をまねたことは、事実であったとしても、陳勝や呉広が実行したというのは当人たちしか知らないことであり、それが記録されているのは不自然である。

そもそも、本当に《王侯将相いずくんぞ種あらんや》をスローガンに挙兵したならば、扶蘇や項燕といった高貴な「種」を名乗る必然性がなく、論理的に矛盾している。

事実としては、陳勝・呉広が挙兵した後、各地で多数の反乱が起こったが、その中には旧王族が多く見られる。項羽《こうう》が形式上の皇帝とした楚の王族の羋心《びしん》（義帝）、斉（田斉）の王族の田担《でんたん》・田仮《でんか》・田市《でんし》・田安《でんあん》、魏の王族の魏咎《ぎきゅう》・魏豹《ぎひょう》、韓の王族の韓成《かんせい》・韓信《かんしん》（韓王信。劉邦配下の韓信とは別人）、趙の王族の趙歇《ちょうあつ》などであり、まだ戦国時代の「種」が重視されていたのである。

実際には、陳勝・呉広は楚（大楚）の権威を借りようとしたのであり、《王侯将相いずくんぞ種あらんや》とは考えていなかったのである。

一方、最終的に中国を再統一して皇帝になった劉邦は、農民階層の出身であり、まさに「種あらんや」と呼ぶにふさわしい存在であった。しかも、前漢王朝の初期までに、封建されていた旧王族も粛清されている。つまり、《王侯将相いずくんぞ種あらんや》は、諸侯王の階層から貴種が消えることを知っていた前漢代の人々が作った説話なのである。

秦の滅亡

陳勝呉広の乱は僅《わず》か二カ月で全国に広がり、各地で大小さまざまな反乱軍が発生した。項燕の孫の項羽や、後に前漢初代皇帝になる劉邦もこの時に挙兵している。

前漢代の人々は、陳勝・呉広に人並みでない覚悟があって挙兵したのだと想像して《王侯将相いずくんぞ種あらんや》の物語を作ったのであるが、実際には、きっかけさえあれば、どの地域でも反乱が起こる状態になっていたのである。始皇帝時代の動員による農村の疲弊と、それにもかかわらず反乱を抑えていた始皇帝の優秀さ（あるいはカリスマ性）を示している。

陳勝自身は秦の将軍の章邯《しょうかん》に攻撃されて半年で死んだが、その後、項羽が中心になって反乱は継続した。一方、秦の朝廷内では権力闘争が繰り広げられており、李斯が処刑され、さらに二世皇帝も趙高によって殺された。そして趙高も殺されたのであるが、『史記』では子嬰《しえい》（三世皇帝）によるとし、『趙正書』では章邯によるとしている。

いずれにせよ、秦王朝は反乱軍を鎮圧することができず、将軍の章邯も項羽に降伏した。前述のように、独裁制は全ての権力が独裁者に集中するため、独裁者が優秀であれば効率的に機能することもあるが、そうでなければ破綻するシステムなのである。秦も例外ではなく、優秀な始皇帝の死去によって王朝全体が破綻した。

そして、紀元前二〇六年に反乱軍が函谷関を落として咸陽に入城し、三世皇帝が殺され、秦王朝は滅亡した。政権を担当したのは項羽であり、義帝を形式上の皇帝とし、自身は「西楚《せいそ》覇王《はおう》」となり、中国全土に十八人の王を置いた（『史記』項羽本紀による。図表12−5を参照）。

集権化の速度

秦王朝の滅亡につながった直接の失敗は、郡県制を急速に進めたことであった。これによって地方官の反乱は防げたが、地方官が農民反乱を鎮圧することを妨げた。この点について、その後の歴史を簡単に見ていきたい。

義帝 ── 項羽（西楚覇王）

- 劉邦（漢王）
- 章邯（雍王）
- 司馬欣（塞王）
- 董翳（翟王）
- 魏豹（西魏王）
- 申陽（河南王）
- 韓成（韓王）
- 司馬卬（殷王）
- 趙歇（代王）
- 張耳（常山王）
- 英布（九江王）
- 呉芮（衡山王）
- 共敖（臨江王）
- 韓広（遼東王）
- 臧荼（燕王）
- 田市（膠東王）
- 田都（斉王）
- 田安（済北王）

図表 12-5 項羽政権
（『史記』項羽本紀による）

項羽政権は、始皇帝とは逆に全中国を封建制にし、各王に大きな権限を与えたが、政権発足直後から反乱が多発した。説話では項羽は乱暴者というイメージで語られるが、項羽は義帝を形式上の皇帝とし、自身は「九郡の王」（『史記』高祖本紀など）になったにすぎない。当時は全国で四十以上の郡があったので、項羽の直轄地は単純計算で二割程度である。つまり、項羽はほかの王を従属させるだけの権力をはじめから持っていなかったのである。

各地の反乱軍のうち、最も有力になったのは漢中に封建された漢王劉邦であり、元の秦地を全面的に支配し、さらに項羽の本拠地であった彭城《ほうじょう》を攻撃した。その後、項羽が反撃し、戦線が膠着した（地図は前掲の**図表12—3**を参照）。

項羽が西楚覇王、劉邦が漢王だったので、両者の戦争は「楚《そ》漢《かん》戦争」と通称される。楚漢戦争は約四年間にわたって続いた総力戦であり、最終的には生産地を確保して補給体制を確立した劉邦側が優勢になり、垓下《がいか》の戦いで項羽が敗滅した（紀元前二〇二年）。

なお、項羽についても《鴻門《こうもん》の会》や《四《し》面《めん》楚《そ》歌《か》》など説話が多いが、ほとんどが前漢代の創作である。前漢代の文学研究には有用であるが、同時代の歴史資料としては使うことができない。

新たな王朝を建てた劉邦は、早くから郡県制が施行されていた地域（おおよそ始皇帝が即位したころの領域。前掲の**図表10—5**を参照）は引き続き郡県制としたが、旧六国地域には功臣を王（諸侯《しょこう》王《おう》）として封建した。郡県と諸侯国の折衷策は「郡国制《ぐんこくせい》」と通称され、始皇帝や項羽の失敗に学んだものであろう。

劉邦が封建した諸侯王としては韓信・彭越《ほうえつ》・臧荼《ぞうと》・韓王信などが有名であるが、いずれも反乱またはその疑いで廃された。そして劉邦は、あらためて自身の親族を諸侯王として封建した。皇帝と同族の諸侯王は「同姓諸侯王」と通称される。

さらに、前漢代には同姓諸侯王の権力削減も進められた。第二代恵帝《けいてい》の時代には母（劉邦の皇后）の呂后《りょこう》が権力を持ち、諸侯王になっていた劉邦の側室の子を迫害した。呂后の権力は恵帝死後も続いている。呂后の死後、第三代文帝の時代にも諸侯王の権力削減が計画され、第四代景帝の時代にはそれに反発した諸侯王の反乱（呉楚七国《ごそしちこく》の乱）が発生した（紀元前一五四年）。

呉楚七国の乱は短期間で鎮圧され、諸侯王の権力や領土の削減が進められた。こうして第五代武帝（紀元前一四〇〜前八七年）の時代に、諸侯王の統制が完成した。諸侯王の領地は削減あるいは分割され、県に近い規模になっている。

このように、前漢王朝は五代（呂后を含めると六代）にわたり、約百年かかって郡県制を完成させたのである。一方、始皇帝はそれを僅か一代でおこなおうとしたのであり、今から見れば、あまりにも急ぎすぎた結果の失敗であった。

コラム

始皇帝はなぜ不老不死と関連づけられたのか

神薬の説話

本章の冒頭で述べたように、《坑儒》は創作された説話であった。それどころか始皇帝が作らせた文書や碑文には、不老不死の神薬について述べたものが全くない。要するに、《始皇帝が不老不死の神薬を捜させた》ということ自体が後代に作られた説話なのである。
不老不死の神薬に関しては、徐福《じょふく》（徐市《じょふつ》とも）の説話も有名であり、『史記』には次のような記述がある（抜粋・要約）。

始皇二十八年（紀元前二一九年）、斉人の徐福らは上書した。「海に三神山があり、名を蓬萊《ほうらい》・方丈《ほうじょう》・瀛洲《えいしゅう》と言い、仙人が住んでいます。心身を清め、幼い男女とともにこれを探したいと思います。」そこで始皇帝は徐福に幼い男女数千人を与え、海で仙人を探させた。（秦始皇本紀）

始皇帝は徐福に海で神薬を探させた。徐福は帰ってきて詐《いつわ》って言った、「私は海で大神に会いました。『何を献上したらよいでしょうか』と言うと、海神は『良家の男子女子や多くの職人を連れてくれれば神薬を与える』と言いました。」始皇帝は大いに喜び、良家の男女三千人を遣わし、これに五穀の種や多くの職人をつけて行かせた。徐福は平原や広沢《こうたく》を買い、そこに止《とど》まって王になり、帰って来なかった。（淮南衡山列伝）

始皇三十七年（紀元前二一〇年）、方士の徐福らは、海で神薬を探していたが、何年経っても得られなかった。費用がかさみ、始皇帝から譴責《けんせき》されるのを恐れ、詐って言った、「蓬萊に神薬がありますが、常に大鮫が妨害するので行けません。」（秦始皇本紀）

日本や朝鮮半島には《徐福が来訪した》という説話が各地にあり、《徐福伝説》は有名であるが、始皇帝ほどの才能の持ち主が《海で大神に会いました》などの言葉を信用したとは考えられない。始皇帝と思想が近い『韓非子』も、「巫祝の祝福で一日でも寿命が延びたという証拠はない」と述べている（第十一章末尾のコラムを参照）。

そもそも、『史記』における記述は、《詐欺師の徐福が始皇帝をうまく騙した》という説話であって、徐福が実際に神薬を探しに出たという話ではない。仮に徐福が実在したとしても、日本や朝鮮半島に来ているはずがないのである。ただし、各地の徐福信仰は根強く、そのため説話の虚構性が受け入れられにくいという事情がある。

始皇帝は、実際には不老不死を信用しておらず、自身の死後のために驪山に陵を建設していた。また兵馬俑《へいばよう》も作っており、これも自身の死を想定した行為である。ちなみに、秦では献公（在位紀元前三八四～前三六二年）の時代から臣下の殉死が禁じられており、それに代わって俑（人形）が副葬されるようになっていた。

図表12-6に兵馬俑の一部を挙げた。全体としては、少なくとも一万人以上の軍隊を再現したものであり、実在の部隊を反映して、将軍・部隊長・弩兵・槍兵・文官などが見られる。

図表 12-6 驪山陵の兵馬俑
（中国社会科学院考古研究所 2000 から引用）

一方、前漢代には始皇帝の思想や秦王朝の制度などが詳しく伝わらなかったため、多様な説話が作られた。《不老不死の神薬》もその一つであり、前漢代になってから流行した神仙《しんせん》思想《しそう》を反映して作られている。ちなみに、前漢王朝第五代の武帝は、実際に神仙思想にのめり込み、呪いをかけたという讒言《ざんげん》を信じて太子を殺したりしている（巫蠱《ふこ》の乱。後に無罪が判明した）。

また、《始皇帝が不老不死の神薬として水銀を飲んだため早死にした》という俗説も知られているが、信頼できる資料には始皇帝に水銀中毒を窺わせるような記述がない。始皇帝は広大な領土と膨大な人口を支配するため、日夜大量の書類に目を通す必要があったので、過労死の可能性はあるが、死因として水銀中毒とは考えられないのである。

支配機構は永続するか

不老不死を目指したのでなければ、始皇帝の目標は何だったのだろうか。それは支配機構の永続である。

始皇帝が泰山封禅（紀元前二一九年）の際に作らせた石碑（泰山刻石。『史記』秦始皇本紀所載。一部現存）では、貴賤を分別し、男女の礼が正しくおこなわれるなど、社会が安定化したことが述べられ、そうした状態が「後嗣に施され、教化が永遠に続く」としている。つまり、いったん作った法的支配の機構《システム》が、始皇帝の死後も永続すると考えていたのである。

始皇帝に思想が近い『韓非子』にも、次のような記述がある（抜粋・要約）。

堯・舜のような賢い君主も桀・紂のような愚かな君主も、千世に一度も出ないほどであり、ほとんどの君主は中ぐらいである。そのため、堯・舜のような君主の出現を待つのであれば、千世にわたって乱れ、ただ一世が治まるだけである。逆に、法律を守るならば、たとえ桀・紂のような君主が現れるとしても、千世が治まり、ただ一世が乱れるだけである。（難勢篇）

キリスト教の「千年王国（ミレニアム）」ならぬ「千世帝国」である。説話においても上古の王朝に「千世」はないので、「千」は誇張表現であるが、理想論の儒家のようにめったに出現しない賢君に頼るのではなく、法律によって機構的統治をすることで、支配体制が長く続くことを述べている。

始皇帝が泰山封禅の翌年に之罘山《しふざん》に作らせた碑文（之罘刻石。『史記』秦始皇本紀所載）でも、「天下が安定したのは上古よりも優れている」と述べており、『韓非子』と同様の思想を持っていたことが分かる。また同時に、「法律を明らかにして天下を正し、永久の規則とする」とも述べている。この段階までは、始皇帝は自分の作った支配機構が永続すると考えていたのである。

しかし、僅か三年後の始皇三十二年（紀元前二一五年）に、始皇帝は大規模な軍事行動・土木事業を開始し、その二年後には焚書を始めている。法律による機構的な支配から、軍事力と思想統制による支配へと移行したのである。

何が始皇帝を心変わりさせたのかは、本章で述べたように判明していない。『史記』は《盧生が献上した図書》を原因とするが、それは前述のように胡亥（二世皇帝）の時代に王朝が衰退したことを知ったうえでの予言説話である。始皇帝が死去する直前（紀元前二一〇年）に会稽山に作らせた碑文（会稽刻石。『史記』秦始皇本紀所載）でも、自身の不老不死や神薬については述べられていないので、この点も『史記』の《神薬説話》が事実ではないことを示している。

これは憶測であるが、何らかの理由で始皇帝は「千世帝国」の不可能性を悟ったのかもしれない。どれだけ優れたシステムを作っても、その裏をかこうとする人間は必ず出現するし、仮にある時点で完璧なシステムが出来たとしても、文明や社会の変化によっていずれは破綻する。

結局のところ、システムを作るのも維持するのも人間である。人間が人間である以上、「千世帝国」は絶対に出現しないと断言できる。

終章

古代中国史の研究方法

歴史研究と説話

本書では、各章で説話の虚構性と実態の歴史について述べ、また説話が作られた理由について解説した。説話には教訓になる話も多いのだが、あくまでそれは《浦島太郎》や《舌切り雀》のようなものであって、実在の社会の研究として反映《フィードバック》できるようなものではない。文学や思想の研究であればともかく、歴史上の社会の研究としては、事実かどうかの検証は重要なのである。

しかし、本書の「はじめに」でも述べたように、人間は「説話を信じる能力」に長けているので、いったん信じられた説話を否定することが難しい。また、古代史は中世史・近世史に比べて、史料の絶対数が少ないため、明らかに創作であっても、「何らかの事実を反映している可能性がある」として研究に使ってしまう場合もある。こうしたわけで、今でも説話が事実か創作かを判断しないままの研究が少なからず見られる。

歴史学を「人文科学（文化研究）」として見るならば、事実か創作かの区別が必要でない場合もあるが、「社会科学（社会研究）」として見るならば区別は必要不可欠である。今後、歴史学が人文科学と社会科学の学際分野となれるかどうかは、説話をどのように扱うかが大きな要素になるだろう。

正史とは何か

創作された説話が事実と考えられてしまう背景には、史料の権威化という問題もある。特に、古代史研究の基礎資料である『史記』は、その後の『漢書』や『後漢書』などに続く「正史《せいし》」のはじめとされており、約二千年にわたって権威とされてきた。

そのため、かつては『史記』の記述を前提にした古代史研究が非常に多かった。しかし、「正史」とは、「正確な歴史書」ではなく、「歴代の王朝によって正統と見なされた歴史書」であるにすぎない。正史はまとまりがよくて使いやすいという利点はあるが、作られた時代の王朝にとって都合の悪い情報は隠蔽されるし、編者の誤解や見落としがある場合もある。正史は、「それを読めば歴史が分かる」という便利なものではない。

特に、『史記』の場合には多数の資料を編集して作られているので、個々の部分の信頼性は、司馬遷が依拠した原資料の信頼性に大きく影響される。そのため、部分ごとに検証や取捨選択が必要になるという難しさがある。

正史以外にも史料が権威化される例があり、それは儒学経典に多い。中国では前漢代後期から後漢代にかけて儒学が国教とされ、官僚層では唯一の正式な思想になった。さらに隋唐代には、官僚の登用試験として科挙がはじめられ、儒学経典とその注釈書がテキストとされた。

そのため、二十世紀初頭まで儒学経典である『尚書』や『左伝（春秋左氏伝）』などが権威になっており、また官僚層の基礎知識になっていた。近代になって科挙は廃止されたが、知識人階層で経典知識の共有は続き、戦後になっても説話を事実と見なした上での研究が多く発表されたのである。

一次資料の重要性

歴史研究において重要なこととして、一次資料（原資料）かどうかという点があり、後代に作られた資料より一次資料の方が信頼性が高いという一般原則がある。また、同時代の記録が元になっていれば、書写された文献であっても研究上では価値が高い（『春秋』や『竹書紀年』など）。ただし一次資料といえども、作成者の都合で誇張や矮小化がされることがあり、また作成者が関心を寄せていない事柄や出来事は記録されないので、そうした点に注意することは必要である。

一方、後代の編纂物については、文献ごとに扱いが異なる。例えば『左伝』のように、後代の伝承や推測などが混入している場合には、どの部分が信頼できるのかを考えて使わなければならない（第五章参照）。さらに、『尚書』のように後代の創作のみで構成されている場合には、歴史研究では直接的には使用できない（第二章参照。ただし文学的な研究や間接的な利用は可能な場合がある）。

また、編纂者の意図も重要であり、できるだけ当時の事実を残そうとしたのか、それとも自身の利益になるように過去を利用しようとしたのかで、信頼性が変わってくる。この点から言えば、

『論語』の内容は信頼できる（第八章参照）が、『孟子』は必ずしも信頼できない（第九章参照）。

本書が対象とした年代で言えば、新石器時代から二里頭文化の研究が最も単純であり、文献資料は全く信頼できないので、現状では考古学資料のみが有効である（第一・二章参照）。しかし、文献資料の方が分かりやすく、また昔から《三皇五帝》や《夏王朝》が有名だったこともあり、いまだに文献資料を考古学資料に足し合わせた研究が見られる。特に中国（中華人民共和国）では、国威高揚として「偉大な歴史」を必要としているので、それに阿《おもね》って考古学者が『史記』の五帝本紀や夏本紀を使用する場合も見られる。

また殷王朝や西周王朝についても、文献資料に信頼できる部分が少なく、基本的には一次資料である甲骨文字や金文に依拠しなければならない（第三・四章参照）が、やはり甲骨文字や金文に文献資料の情報を足し合わせた研究が少なくない。殷代や西周代については、「二重証拠法」という方法論も問題であった。

「二重証拠法」の非科学性

「二重証拠法」の提唱者は、戦前に中国（中華民国）で活躍した王国維《おうこくい》という人物である。当時、金文のほかに甲骨文字の解読も進められるようになっており、王国維は文献資料と出土文字資料（甲骨文字・金文など）の両方を利用した研究を進めようとした。

ただし、当時は甲骨文字や金文の情報が少なく、結果として王国維の方法論は、「文献資料の内容を出土文字資料によって証明する」という形になってしまった（佐藤二〇一八）。つまり、信頼性が低い資料を主とし、信頼性が高い資料を従としてしまったのである。

しかし、王国維の方法論は、一見すると成功したような形になった。それは、王国維の代表的な論文である「殷卜辞中所見先公先王考」（王一九一七A）が『史記』殷本紀の系譜を題材にしたからである。

司馬遷は、殷本紀を作成するにあたって様々な資料を用いた。大きく分けると、成立が春秋時代以前にさかのぼりうる系譜資料、春秋戦国時代に作られた『詩経』や『尚書』、そして前漢代に流布していた諸種の説話の三種である。つまり、偶然にも信頼性が高い系譜資料を研究対象としたため、文献と甲骨文字が近い情報になっており、「二重証拠法」が無条件に成立するかのように見えたのである。

しかし、これは偶然の結果であって、文献資料の信頼性が低い場合には適用できない。実際に、王国維のもう一つの代表作である「殷周制度論」（王一九一七B）は、《殷代には兄弟継承であり、嫡庶の区別がなかった》とするが、一次資料である甲骨文字には「長子（あるいは大子）」や正室を意味する「𡚱司《きょうし》（あるいは𡚱）」という語が見えており（落合二〇一六）、誤りであった。また、殷代の金文でも祭祀対象はほとんどが直系の父祖であり、兄はごく少ない（落合二〇〇二A）ので、ここからも誤解が明らかである。

そもそも殷王朝の系譜資料にしても、細部を見ると甲骨文字と『史記』の間には食い違いが多く（第三章の**図表3－4**を参照）、「二重証拠法」は成立していない。

しかし、いったん《二重証拠法が有効である》という認識が広まると、文献資料と出土文字資料を足し合わせただけの「研究（と称するもの）」が大量に発表されるようになった。この傾向は戦後も続いており、さすがに出土文字資料を主、文献資料を従とするようになったが、足し合わせるだけの「研究」は二十一世紀になるまで乱造された。

近年では、日本でも中国でも出土文字資料の重要性が理解されており、専門研究としては説話を鵜呑みにしているものは減少しつつある。しかし、全くなくなったわけではなく、今でも目にすることがあるので、しばらくは注意が必要であろう。

また、一般向けの概説書や昔の研究をまとめた再版書などには、今でも文献資料と出土文字資料を足し合わせた記述がより多く見られる状態である。そうしたものは、歴史学の社会科学としての価値を貶《おとし》めていると言わざるを得ない。

「二重証拠法」が成立するのは、文献資料の側に出土文字資料に近い信頼性がある場合だけである。文献資料と出土文字資料に限らず、無前提に複数の資料を足し合わせることは非科学的な結論をもたらすので、注意しなければならない。

「歴史に学ぶ」とは何か

本書では、古代と現代とで共通点がある現象についても述べた。古代と現代とでは、科学技術の水準が違い、また政治・経済の状態も異なるので、完全に一致することは少ない。しかし、社会を形成しているのは同じ人間であり、共通点は多く見られる。したがって、歴史の事象を現在・未来に応用すること、すなわち「歴史に学ぶ」ということが可能なのである。

ただし、「創作された説話に学ぶ」という方法は危険である。現実の社会は説話のように都合良く事は運ばないので、安易に真似してはいけない。学ぶとすれば、それは事実にしかありえないのである。

また、よくある間違いが「成功例に学ぶ」という方法である。前述のように古代と現代とでは状況が異なるので、完全な同一状況は再現されない。少しでも条件が違えば、異なる結果をもたらす可能性が高い。

一方、「失敗に学ぶ」という方法は可能である。なぜならば、「どのような条件でも絶対に成功する方法」は希《まれ》であるが、「どのような条件でも絶対に失敗する方法」はありふれているからである。

これは科学も同じである。いきなり正解にたどり着くことはほとんどないが、間違いを見つけることは比較的容易である。そのため科学的な証明においては、膨大な仮説を検証し、論理的な破綻や事実との相違などを見つけ出し、残ったものが正解という手順を経ることになる。

もっとも、現状の資料状況や分析技術では可能性を一つに絞りきれないという場合もある。逆に、現在の仮説は全て何らかの瑕疵《かし》があるという場合もある。それでも、一足飛びに正解に至れない以上、「仮説の提示→検証」を地道に続けていくしかない。

「歴史に学ぶ」というのも、おそらく同じであって、成功例を学ぶのではなく、多数の失敗例を学び、失敗の可能性を低くしていくしかないのであろう。

結び

古代中国には、説話（歴史上の事実として伝えられたが実際には事実ではない物語）が非常に多い。本書は、説話の虚構性を指摘し、また実態としての歴史を述べた。

説話は、長年にわたって書き伝えられ、あるいは語り継がれてきた。そのため、文学や思想の研究では重要であるが、当然、事実ではないのであるから、実在した社会の研究としては直接的には使えない。歴史学を社会研究として見る場合には、事実と説話を区別することが重要である。

例えば本書の第五章で述べたように、春秋時代の最初の覇者である斉の桓公について、『管子』を事実としてしまえば実態が分からない。『管子』は名目上は桓公の宰相だった管仲の作であるが、実際にはその死後、数百年たってから作り始められたものである。覇者体制の成り立ちや構造を知るためには、『春秋』など信頼性の高い資料を使う必要がある。

そして、歴史に学んだり、人間社会の普遍性を知るためにも、史料から説話を取り除くことが不可欠である。本書でも事実と説話を区別したうえで、人間社会の普遍性として、社会の成り立ちについて（第一・二章参照）や覇権構造の一般性（第五〜七章参照）、あるいは平和とは何か（第十章参照）のような考察をした。

本書の対象は古代中国の政治史や社会史であるが、同時に政治学や社会学との共通点も存在する。本書が目指したのは、人文科学（文化研究）と社会科学（社会研究）の融合である。その試みが成功したかどうかは読者の方々に判断を委ねたいが、歴史学を人文科学の枠組みだけに留めておくことが大きな損失であることは間違いない。

今後、歴史学を人文科学と社会科学を橋渡しする分野にするためにも、積極的に事実と説話の区別がされていくことを期待したい。

二〇二三年　三月　落合淳思

主要参考文献

著者の姓の五十音順であり、数字は出版年である。中国語文献も音読みで配列した。副題は省略した。訳注は掲載したが、原典資料は省いた。

【ア行】

アーマン、バート・D／津守京子訳　二〇一〇『キリスト教成立の謎を解く』柏書房（原題 *Jesus, interrupted*, 2010）

浅野裕一　一九九七『孫子』講談社学術文庫（原著は一九八六年）

浅野裕一　二〇〇一「『春秋』の成立時期」『中国研究集刊』二九

浅野裕一　二〇〇四Ａ「上博楚簡『容成氏』における禅譲と放伐」『中国研究集刊』三六

浅野裕一　二〇〇四Ｂ『諸子百家』講談社学術文庫（原著は二〇〇〇年）

浅野裕一　二〇〇五『古代中国の文明観』岩波新書

浅野裕一　二〇一七『儒教』講談社学術文庫（原著は一九九九年）

赤沢威編著　二〇〇五『ネアンデルタール人の正体』朝日選書

浅原達郎　一九八五「蜀兵探原」『古史春秋』二

安倍道子　一九八〇「春秋時代の楚の王権について」三田史学会『史学』五〇

飯島武次　二〇一二『中国夏王朝考古学研究』同成社

飯島武次　二〇一五『中国考古学のてびき』同成社

池田末利　一九七六『尚書』集英社

石川日出志　二〇一〇『農耕社会の成立』岩波新書

石黒ひさ子　二〇〇三「『伍子胥』の意味するもの」『駿台史学』一一八

泉拓良　二〇〇二「縄文文化論」白石太一郎編『日本の時代史』一、吉川弘文館
伊藤道治　一九六七『古代殷王朝のなぞ』角川新書（増補再版、講談社、二〇〇二年）
伊藤道治　一九七五『中国古代王朝の形成』創文社
伊藤道治　一九七七『中国社会の成立』講談社現代新書
伊藤道治　一九八七『中国古代国家の支配構造』中央公論社
井上源吾　一九五七「周公摂政説話の成立」長崎大学『人文科学研究報告』七
ウェイド、ニコラス／安田喜憲監修・沼尻由起子訳　二〇〇七『5万年前』イースト・プレス（原題 *Before the dawn*, 2006）
上田信　二〇二〇『人口の中国史』岩波新書
宇治谷孟訳　一九八八『日本書紀』講談社学術文庫（全二冊）
謡口明　二〇〇〇「『韓非子』における儒家思想の受容」文教大学『文学部紀要』
内山知也　二〇一三『漢籍解題事典』明治書院
宇都木章　二〇一二『春秋戦国時代の貴族と政治』名著刊行会
NHK・NHKプロモーション編　二〇〇〇『世界四大文明　中国文明展』NHK・NHKプロモーション
江村治樹　二〇〇五『戦国秦漢時代の都市と国家』白帝社
袁仲一　二〇〇二『秦始皇帝陵的考古発現与研究』陝西人民出版社
遠藤哲夫　一九八九『管子』明治書院（全三冊）
王巍総主編　二〇一四『中国考古学大辞典』上海辞書出版社
王国維　一九一七A「殷卜辞中所見先公先王考」『観堂集林』巻九（『王観堂先生全集』所収、文華出版、一九六八年）
王国維　一九一七B「殷周制度論」『観堂集林』巻十（『王観堂先生全集』所収、文華出版、一九六八年）

王震中／西山尚志訳　二〇〇八　「竜の原型」『大東文化大学　漢学会誌』四七
王震中／柿沼陽平訳　二〇一八　『中国古代国家の起源と王権の形成』汲古書院（原題『中国古代国家的起源与王権的形成』二〇一三年）
王文耀　一九九八A　『簡明金文詞典』上海辞書出版社
王妙発　二〇一二　『中国先史集落の考古地理学研究』大阪大学出版会
王立新　一九九八B　『早商文化研究』高等教育出版社
大西克也・大櫛敦弘　二〇一五　『戦国縦横家書』東方書店
小笠原弘親・小野紀明・藤原保信　一九八七　『政治思想史』有斐閣
岡村秀典　二〇〇五　『中国古代王権と祭祀』学生社
岡村秀典　二〇〇八　『中国文明　農業と礼制の考古学』京都大学学術出版会
荻野友範　二〇〇三　「紂王の形象」『早稲田大学大学院文学研究科紀要』第2分冊、四九
小倉芳彦訳　一九八八（～八九）『春秋左氏伝』岩波文庫（全三冊）
小澤正人・谷豊信・西江清高　一九九九　『中国の考古学』同成社
落合淳思　二〇〇二A　『殷王世系研究』立命館東洋史学会
落合淳思　二〇〇二B　「殷末暦譜の復元」『立命館文学』五七七
落合淳思　二〇〇六A　「殷代占卜工程の復元」『立命館文学』五九四
落合淳思　二〇〇六B　「金文の賜与物と王権」『東亜文史論叢』二〇〇六年特集号
落合淳思　二〇〇八　『甲骨文字に歴史をよむ』ちくま新書
落合淳思　二〇〇九　『古代中国の虚像と実像』講談社現代新書
落合淳思　二〇一二　『殷代史研究』朋友書店
落合淳思　二〇一五　『殷』中公新書

落合淳思　二〇一六『甲骨文字辞典』朋友書店（第二版、二〇一八年）
落合淳思　二〇二〇『漢字の構造』中公選書
落合淳思　二〇二二『漢字字形史字典【教育漢字対応版】』東方書店

【カ行】

貝塚茂樹編　一九六〇『世界の歴史1　古代文明の発見』中央公論社
貝塚茂樹・伊藤道治　二〇〇〇『古代中国』講談社学術文庫（原著は一九七四年）
貝塚茂樹・小川環樹・森三樹三郎・金谷治　二〇〇七『諸子　百家　争鳴』中央公論新社
柿沼陽平　二〇二一『古代中国の24時間』中公新書
柿村峻・藪内清訳　一九六八『韓非子・墨子』平凡社
郭物　二〇〇四『国之大事　中国古代戦車戦馬』四川人民出版社
郭宝鈞　一九八一『商周銅器群綜合研究』文物出版社
加地伸行　一九九〇『儒教とは何か』中公新書
金谷治訳注　一九六一（〜六二）『荀子』岩波文庫（全二冊）
金谷治　一九六六『孟子』岩波新書
金谷治編　一九七八『唐抄本鄭氏注論語集成』平凡社
金谷治訳　一九八七『管子の研究』岩波書店
金谷治　一九八八『老子』講談社（学術文庫版、一九九七年）
金谷治訳注　一九九九『論語（改版）』岩波文庫
河南省文物研究所編　一九九三『鄭州商城考古新発現与研究』中州古籍出版社
神田信夫・山根幸夫編　一九八九『中国史籍解題辞典』燎原書店

許宏　二〇〇〇『先秦城市考古学研究』北京燕山出版社
許進雄　一九七三『卜骨上的鑿鑽形態』芸文印書館
龔書鐸・劉徳麟　二〇一四『図説中国02 春秋・戦国』智能教育出版社
京大東洋史辞典編纂会編　一九八〇『新編 東洋史辞典』東京創元社
草野友子　二〇一八『墨子』角川ソフィア文庫
胡厚宣　一九四四「殷非奴隷社会論」『甲骨学商史論叢』初集、斉魯大学国学研究所
顧棟高（清）／呉樹平・李解民点校　一九九三『春秋大事表』中華書局（全三冊）
五位直弘　二〇〇二『中国古代の城郭都市と地域支配』名著刊行会
高至喜主編　二〇〇〇『楚文物図典』湖北教育出版社
黄樹余　二〇一〇「簡析商代農業的生産技術」『伝承』二〇一〇年第四期
黄展岳　一九九〇『中国古代的人牲人殉』文物出版社
黄天樹　一九九一『殷墟王卜辞的分類与断代』文津出版社
黄文新　二〇〇七「先秦馬車乗座方式与乗員」『江漢考古』二〇〇七年第三期
高明　一九九六『中国古文字学通論』北京大学出版社
甲元眞之　二〇〇一『中国新石器時代の生業と文化』中国書店
古賀登　一九七四「秦商鞅の軍制・軍功褒賞制と身分制」『社会経済史学』四〇
国分拓　二〇一〇『ヤノマミ』日本放送出版協会
小竹文夫・小竹武夫訳　一九六二『史記』筑摩書房（ちくま学芸文庫版〔全八冊〕、一九九五年）
小南一郎　二〇〇六『古代中国 天命と青銅器』京都大学学術出版会
小林勝人訳注　一九六八（〜七二）『孟子』岩波文庫（全二冊）
小林伸二　二〇一五『春秋時代の軍事と外交』汲古書院

小林文治　二〇一四「里耶秦簡よりみた秦の辺境経営」『史観』一七〇
湖北省博物館編　二〇一二『晋国宝蔵』文物出版社

【サ行】

佐藤信弥　二〇一六『周』中公新書
佐藤信弥　二〇一八『中国古代史研究の最前線』星海社
佐藤信弥　二〇二一『戦争の中国古代史』講談社現代新書
山東省文物考古研究所・山東省博物館・済寧地区文物組・曲阜県文管会編　一九八二『曲阜魯国故城』斉魯書社
紫渓　一九六四「古代量器小考」『文物』一九六四年第七期
柴田昇　二〇一〇「『呉子』小考」『愛知江南短期大学紀要』三九
島邦男　一九五八『殷墟卜辞研究』弘前大学文理学中国研究会
下田誠　二〇〇八『中国古代国家の形成と青銅兵器』汲古書院
小学館　一九八四（～八九）『日本大百科全書』小学館（全二十五冊）
白川静　一九五五「召方考」『甲骨金文学論叢』第二集、立命館大学中国文学研究室
白川静　一九六四（～八四）『金文通釈』白鶴美術館（全七巻）（『白川静著作集』別巻収録、平凡社、二〇〇四～二〇〇五年）
白川静　一九七〇『詩経』中公新書
白川静　一九七一『金文の世界』平凡社（『白川静著作集』収録、二〇〇〇年）
白川静　一九七二『甲骨文の世界』平凡社（『白川静著作集』収録、二〇〇〇年）
白川静　一九七五『中国の神話』中公文庫（一九八〇年文庫版）
白川静訳注　一九九八『詩経雅頌』平凡社（全二冊）

白川静　二〇〇三　『漢字の世界』平凡社（全二冊。原著は一九七六年。『白川静著作集』収録、二〇〇〇年）
白川静　二〇〇四　『新訂　字統』平凡社（初版は一九八四年）
辛怡華　二〇〇四　「仰韶文化時期的人口問題研究」『考古学集刊』一四
人民教育出版社歴史室編著／小島晋治・大沼正博・川上哲正・白川知多訳　二〇〇四　『中国の歴史　中国高等学校歴史教科書』明石書店（原題『全日制普通高級中学教科書』中国古代史・中国近代現代史上冊・下冊、二〇〇〇年）
新村出編　二〇一八　『広辞苑　第七版』岩波書店
杉本憲司　二〇〇二　『中国の古代都市文明』思文閣出版
西安半坡博物館・陝西省考古研究所・臨潼県博物館　一九八八　『姜寨』文物出版社（全二冊）
宋兆麟・馮莉　二〇〇四　『中国遠古文化』寧波出版社

【タ行】
鷹取祐司　二〇〇八　「秦漢時代の刑罰と爵制的身分序列」『立命館文学』六〇八
鷹取祐司　二〇一〇　「秦漢時代の文書伝送方式」『立命館文学』六一九
竹内康浩　二〇〇六　「𤏡公盨の資料的問題について」『史学雑誌』一一五―一
竹内照夫　二〇〇〇　『四書五経入門』平凡社ライブラリー
谷秀樹　二〇〇八　「西周代天子考」『立命館文学』六〇八
谷秀樹　二〇一五　「西周代姫姓諸侯考」『立命館文学』六四二
谷口満　一九九九　「夏の桀王と殷の紂王」『しにか』一九九九年七月号
田上雅徳　二〇一五　『入門講義　キリスト教と政治』慶應義塾大学出版会
田村和親　一九八一　「殷の紂王の酒池肉林説話の生成」『二松学舎大学論集』昭和五十五年度

譚其驤主編　一九八二『中国歴史地図集』第一冊、地図出版社
中国古代歴史地図集編輯組　一九八四『中国古代歴史地図集』上冊、遼寧人民出版社
中国社会科学院考古研究所　一九八四『新中国的考古発現和研究』文物出版社
中国社会科学院考古研究所　一九九四『殷墟的発現与研究』科学出版社
中国社会科学院考古研究所　一九九九『偃師二里頭』中国大百科全書出版社
中国社会科学院考古研究所　二〇〇〇『20世紀中国考古大発現』四川大学出版社
中国社会科学院考古研究所　二〇〇三『中国考古学　夏商巻』中国社会科学出版社
中国社会科学院考古研究所　二〇一〇『中国考古学　新石器時代巻』中国社会科学出版社
中国社会科学院考古研究所　二〇一二『殷墟小屯村中村南甲骨』雲南人民出版社
張学海　二〇〇六『竜山文化』文物出版社
張桂光主編　二〇一四『商周金文辭類纂』中華書局
張克・黄康白・黄方東編著　一九九一『史記人物辞典』広西人民出版社
陳偉／湯浅邦弘監訳　二〇一六『竹簡学入門』東方書店
陳奇猷　一九八四『呂氏春秋校釈』学林出版社（全四冊）
陳克炯　二〇〇四『左伝詳解詞典』中州古籍出版社
陳夢家　一九四一「夏世即商世説」『古史弁』七上
陳夢家　一九五六『殷虚卜辞綜述』科学出版社
土口史記　二〇一一『先秦時代の領域支配』京都大学学術出版会
都出比呂志　一九八九『日本農耕社会の成立過程』岩波書店
都出比呂志　二〇一一『古代国家はいつ成立したか』岩波新書
常石茂・大滝一雄訳　一九七二『戦国策・国語（抄）・論衡（抄）』平凡社

鶴間和幸　二〇〇四『ファーストエンペラーの遺産』（中国の歴史03）、講談社
鶴間和幸　二〇〇二『新説 始皇帝学』カンゼン
唐際根　一九九九「中商文化研究」『考古学報』一九九九年第四期
滕壬生　二〇〇八『楚系簡帛文字編』湖北教育出版社
東京国立博物館・朝日新聞社編　二〇〇〇『中国国宝展』朝日新聞社
東京国立博物館・読売新聞社編　二〇一〇『誕生！ 中国文明』読売新聞社
戸川芳郎　二〇一四『古代中国の思想』岩波現代文庫（原著は放送大学教育振興会、一九八五年）
冨谷至　一九九五『古代中国の刑罰』中公新書
冨谷至　二〇〇三『韓非子』中公新書
冨谷至　二〇一二『四字熟語の中国史』岩波新書
冨谷至編　二〇二一『岩波講座 世界歴史5 中華世界の盛衰』岩波書店
冨谷至・森田憲司編　二〇一六『概説 中国史』昭和堂（全二冊）

【ナ行】
内藤湖南　一九二二「禹貢製作の時代」『東亜経済研究』第六巻第一号
中島隆博　二〇一二『悪の哲学』筑摩選書
中島隆博　二〇二二『中国哲学史』中公新書
中村慎一　一九九五「良渚文化の社会考古学」『日中文化研究』七
中村慎一　一九九六「良渚文化の滅亡と『越』的世界の形成」安田喜憲・林俊雄編『講座［文明と環境］5 文明の危機』朝倉書店
中村慎一　二〇〇三「玉の王権」『古代王権の誕生1 東アジア編』角川書店

西嶋定生　一九七四『中国の歴史2　秦漢帝国』講談社
西野広祥・市川宏訳　一九七三『韓非子』徳間書店
沼尻正隆　一九九七『呂氏春秋の思想的研究』汲古書院
野間文史　一九七二「春秋時代における楚国の世族と王権」広島哲学会『哲学』二四
野村茂夫　一九八四「燕国王子噲譲位問題と孟子」『愛知教育大学研究報告』三三

【ハ行】

馬承源主編　一九八八『商周青銅器銘文選』三、文物出版社
馬承源主編　一九九〇『商周青銅器銘文選』四、文物出版社
橋場弦　二〇二二『古代ギリシアの民主制』岩波新書
服部良久・南川高志・山辺規子編　二〇〇六『大学で学ぶ西洋史［古代・中世］』ミネルヴァ書房
林巳奈夫　一九八九『春秋戦国時代青銅器の研究』殷周青銅器綜覧三、吉川弘文館
林巳奈夫　一九九二『中国古代の生活史』吉川弘文館（二〇〇九年新版）
林巳奈夫　一九九五『中国文明の誕生』吉川弘文館
樋口隆康編著　一九八八『世界の大遺跡9　古代中国の遺産』講談社
ファルケンハウゼン、ロータール／吉本道雅訳　二〇〇六『周代中国の社会考古学』京都大学学術出版会（原題 *Chinese Society in the Age of Confucius*（*1000—250 BC*）, 2006）
藤尾慎一郎　二〇一五『弥生時代の歴史』講談社現代新書
藤田勝久　二〇〇六『項羽と劉邦の時代』講談社選書メチエ
藤田勝久　二〇一一『史記戦国列伝の研究』汲古書院
藤田勝久　二〇一五『史記秦漢史の研究』汲古書院

平凡社編　二〇〇七『改訂新版　世界大百科事典』平凡社（全三十四冊）
本田貴彦　二〇〇二「殷代の金文について」『立命館史学』二三

【マ行】
町田三郎　一九八七『呂氏春秋』講談社
町田三郎訳　二〇〇一『孫子』中公文庫
マードック、ジョージ・ピーター／内藤莞爾監訳　一九七八『社会構造』新泉社（原題 *Social structure*, 1949）
松井嘉徳　二〇〇二『周代国制の研究』汲古書院
松井嘉徳　二〇一九『記憶される西周史』朋友書店
松崎つね子　二〇〇〇『睡虎地秦簡』明徳出版社
松丸道雄　一九六三「殷墟卜辞中の田猟地について」『東洋文化研究所紀要』三一
松丸道雄・池田温・斯波義信・神田信夫・浜下武志編　二〇〇三『世界歴史大系　中国史1』山川出版社
水野卓　二〇二〇『春秋時代の統治権研究』汲古書院
溝口雄三・池田知久・小島毅　二〇〇七『中国思想史』東京大学出版会
宮宅潔　二〇一一『中国古代刑制史の研究』京都大学学術出版会
宮本一夫　二〇〇五『神話から歴史へ』「中国の歴史01」、講談社
宮本一夫・白雲翔編　二〇〇九『中国初期青銅器文化の研究』九州大学出版会
村山孚訳　一九七六『孫臏兵法』徳間書店
孟世凱　二〇〇九『甲骨学辞典』上海人民出版社
森三樹三郎　一九七八『中国思想史（上）』レグルス文庫、第三文明社

【ヤ行】

箭内亙編　一九二五『東洋読史地図』冨山房
山下晋司・船曳建夫編　一九九七『文化人類学キーワード』有斐閣
山田崇仁　一九九八「春秋楚覇考」『立命館文学』五五四
山田崇仁　二〇〇四A「歴史記録としての『春秋』」『中国古代史論叢』立命館東洋史学会
山田崇仁　二〇〇四B「『孟子』の成書時期について」『立命館東洋史学』二七
山田崇仁　二〇〇四C「N-gramモデルを利用して先秦文献の成書時期を探る」東京大学東洋学研究情報センター・アジア研究情報Gateway（http://ricas.ioc.u-tokyo.ac.jp/asj/html/034.html）
湯浅邦弘　二〇〇九『諸子百家』中公新書
湯浅邦弘　二〇一二A『論語』中公新書
湯浅邦弘編著　二〇一二B『名言で読み解く中国の思想家』ミネルヴァ書房
湯浅邦弘　二〇一四『入門　老荘思想』ちくま新書
湯浅邦弘　二〇一五「『水戦』の思想」『中国研究集刊』六〇
湯浅邦弘編著　二〇一八『教養としての中国古典』ミネルヴァ書房
游国慶　二〇一四『吉金耀采』国立故宮博物院
横田恭三　二〇一二『中国古代簡牘のすべて』二玄社
好並隆司　一九九二『商君書研究』溪水社
吉本道雅　一九九七「孟子小考」『立命館文学』五五一
吉本道雅　二〇〇〇「商君変法序説」『史林』八三―四
吉本道雅　二〇〇二A「左伝成書考」『立命館東洋史学』二五
吉本道雅　二〇〇二B「墨子小考」『立命館文学』五七七

吉本道雅　二〇〇三「古代中国の系譜を読み解く」『古代王権の誕生Ⅰ 東アジア編』第六章、角川書店
吉本道雅　二〇〇五『中国先秦史の研究』京都大学学術出版会
吉本道雅　二〇〇六「夏殷史と諸夏」立命館東洋史学会『中国古代史論叢 三集』
吉本道雅　二〇一三「清華簡繫年考」『京都大学文学部研究紀要』五二
吉本道雅　二〇二二「孟子考」『京都大学文学部研究紀要』六一

【ラ行】

雷黎明　二〇二〇『戦国楚簡字義通釈』上海古籍出版社
李学勤・彭裕商　一九九六『殷墟甲骨分期研究』上海古籍出版社
李学勤主編　二〇一六『清華大学蔵戦国竹簡書法選　第六輯』文物出版社
李桃元・何昌義・張漢軍編著　二〇〇二『盤竜城青銅文化』湖北美術出版社
李峰　二〇〇七『西周的滅亡』上海古籍出版社
劉煒編／稲畑耕一郎監修　二〇〇五（～〇七）『図説 中国文明史』創元社（全十冊）
呂静　二〇一〇「秦代における行政文書の管理に関する考察」『東洋文化研究所紀要』一五八
林澐　二〇一九「長子口墓不是微子墓」『林澐文集』上海古籍出版社（原著は二〇〇五年）
路国権・西江清高・渡部展也・金井サムエル　二〇一九「春秋戦国時代青銅鉶考」南山大学紀要『アカデミア』人文・自然科学編一七
ローリンソン、ジョン・L／細見和弘訳　二〇一六「中国近代海軍の発展（1885～1894）」『立命館経済学』六五―二（原題 *China's Struggle for Naval Development 1839–1895*, chap. 7, 8）

【ワ行】

若槻俊秀　一九九六「論語『民可使由之不可使知之』章解釈私攷」『大谷学報』七五―四
渡邉義浩　二〇一〇『儒教と中国』講談社選書メチエ
渡邉義浩　二〇一六『中国古代史入門』洋泉社
渡邉義浩　二〇一八『春秋戦国』洋泉社
渡邉義浩　二〇二二『孫子』中公新書
渡辺芳郎　一九九五「墓地における階層性の形成」『考古学雑誌』八〇―二

落合淳思 おちあい・あつし

1974年愛知県生まれ。立命館大学大学院文学研究科史学専攻修了。博士（文学）。現在、立命館大学白川静記念東洋文字文化研究所客員研究員。主な著書に『殷代史研究』『甲骨文字辞典』（以上、朋友書店）、『漢字字形史字典【教育漢字対応版】』『漢字の音――中国から日本、古代から現代へ』（以上、東方書店）、『殷――中国史最古の王朝』『漢字の字形――甲骨文字から篆書、楷書へ』（以上、中公新書）、『漢字の構造――古代中国の社会と文化』（中公選書）、『甲骨文字の読み方』『古代中国の虚像と実像』（以上、講談社現代新書）、『甲骨文字に歴史をよむ』（ちくま新書）、『甲骨文字小字典』『漢字の成り立ち――『説文解字』から最先端の研究まで』（以上、筑摩選書）などがある。ほか論文多数。

筑摩選書 0259

古代中国《こだいちゅうごく》 説話《せつわ》と真相《しんそう》

二〇二三年七月一五日 初版第一刷発行

著者 落合淳思《おちあいあつし》

発行者 喜入冬子

発行所 株式会社筑摩書房
東京都台東区蔵前二-五-三 郵便番号 一一一-八七五五
電話番号 〇三-五六八七-二六〇一（代表）

装幀者 神田昇和

印刷製本 中央精版印刷株式会社

 ISBN978-4-480-01778-9 C0322